맥락과 한국어교육

한국 언어·문학·문화 총서

14

맥락과 한국어교육

강현화 · 홍혜란 · 박지순 · 김진희 · 김보영

보고사
BOGOSA

머리말

본서는 실제 언어 사용 맥락에 기반을 둔 문법 사용의 특성과 원리에 대한 질문과 그에 대한 답을 찾아가는 과정을 담고 있다. 실제 언어 사용 상황에서 문법은 그 형식이 드러내는 고유의 문법 의미 외에 주어진 맥락 속에서 다양한 담화 의미를 나타낸다. 이는 문법의 사용을 위해서 맥락에 대한 이해와 지식이 필요함을 의미한다. 맥락에 따른 문법의 사용은 민족지학적 특성과 밀접한 관련이 있다. 한국 문화 속에서 오랜 시간 동안 관습화된 행동 양식이나 사고방식이 자연스럽게 언어 사용에 녹아들면서 문법 사용에서도 언어 공동체가 공유하고 있는 사회문화적 배경과 맥락적 특성이 고스란히 반영되는 것이다. 따라서 제2 언어 학습자들이 한국어 문법을 적절히 사용하기 위해서는 사회문화적인 특성에 대한 이해를 바탕으로 실제 언어 사용 맥락에서 어떤 태도를 보여야 하며 그것이 어떠한 표현으로 어떻게 나타나야 하는가를 알아야 한다. 또한 실제 맥락에 기반을 둔 한국어 문법 교수를 위해서는 문법 항목이 사용되는 맥락을 분석하여 언어 외적 요소로 작용하는 다양한 맥락 특성들이 문법 사용에 어떠한 영향을 미치는지를 파악해야 한다. 그리고 더 나아가 실제 언어 사용 상황에서 맥락 조건들이 특정한 발화 의도를 선택하기 위한 문법의 선택에 어떻게 작용하는가를 밝혀 체계화할 필요가 있다.

　이러한 생각을 바탕으로 맥락 기반 문법 연구를 해 온 다섯 명의 저자들이 뜻을 같이하였다. 저자들은 '맥락'과 '문법 교수'를 공통의 키워드로 하여 앞선 연구의 쟁점과 동향을 짚어 보고, 실제 문법 사용에 나타난 맥락의 특성을 통해 맥락 기반 문법 교수의 가능성을 탐색하였다. 각 논의는 저자들의 이전 연구를 토대로 한 것으로 당시에 미처 해결하지 못한 문제를 다시 꺼내어 새롭게 고민하며 답을 찾아가는 과정이 오롯이 드러난다. 맥락 기반 문법 연구와 교수의 관점에서 저자들은 다음의 다섯 가지 연구 주제에 관하여 탐구하였다.

　'맥락 기반 문법, 실제성 제고하기'에서는 문법 항목의 실제적 사용 양상을 통해 한국어 문법과 맥락 간의 패턴화된 관계를 규명하고, 이러한 자료를 체계적으로 구축해야 함을 제안하였다. 그리고 실제성 분석의 사례로 '부정 표현'이 담화 상황에서 다양한 발화 의도를 나타낼 때 나이, 친밀도, 지위, 장소 등의 맥락이 어떻게 관여하는지를 보였다. 이를 통해 언어의 사용이 언어 형식과 그것을 사용하는 사용자, 그리고 사용자 집단의 사회문화적 환경을 포괄하고 있음을 규명함으로써 언어와 문화를 매개하는 연구로서의 맥락과 문법 연구의 가치와 의의를 조명하고 있다.

　'문법은 단지 문장을 만드는 규칙일까?'에서는 담화 상황에서 화자(필자)가 어떻게 여러 가지 문법 표현 중 하나를 선택하고, 청자(독자)가 상대방의 발화 의도를 파악하는 데에 작용하는 기제가 무엇인지를 찾아가는 과정을 담고 있다. 네 가지 사용역으로 구성된 말뭉치에 나타난 복합 구성의 사용 양상을 보이고, 사용역이 포괄하고 있는 다양한 맥락 요인을 살펴봄으로써 실제 언어 사용에서 화자와 청자가 공유하는 맥락이 무엇인지, 그리고 그것이 어떻게 언어 사용에 관여하는지를 밝히고 있다.

‘'습니다'는 아주 높임의 종결어미일까?'에서는 준구어 말뭉치를 통해 상대높임법에 영향을 주는 맥락 요인을 분석하여 현대 국어의 상대높임법 사용 양상을 구체적으로 보임으로써 맥락 문법의 체계를 세우기 위한 시도를 하고 있다. 상대높임법은 한국 문화의 단면과 한국 문법의 특성을 잘 보여 주는 문법 범주이다. 언어 사용 상황에서 화자가 상대를 적절히 대우하고자 종결어미를 선택하는 과정에서 화자와 청자의 관계 외에도 발화 장면, 발화 장소, 제3자의 유무, 매체 등 발화의 전반적인 맥락을 구성하고 있는 요소들이 영향을 미친다. 이러한 양상을 통해 높임법의 실현 방법 중 하나로 여겼던 상대높임법이 담화보다 더 큰 사회적인 맥락 속에서 선택되고 사용됨을 규명하였다.

‘'의문사'가 사용되면 모두 의문문일까?'에서는 실제 언어 사용에 나타난 의문사 구성의 사용 양상과 담화 기능에 대해 고찰하고 있다. 한국어 '의문사'는 의문이 아닌 표현에서도 폭넓게 사용되는데, 이는 관습화된 쓰임으로 맥락 의존성이 높다는 특징이 있다. 이로부터 '의문사가 사용된 비의문 표현에는 어떤 것이 있으며, 그것의 특성은 무엇일까?', '우리 사회의 언중들은 왜 이러한 표현을 선택적으로 사용하는 것일까?'라는 두 가지 질문을 던지고 그에 대한 답을 찾아가는 과정을 통해 언어 현상과 맥락 문법, 언어 교육의 관점에서 언어 사용의 특성을 조망하고 있다.

‘시제 형태소의 미실현은 미습득을 의미할까?'는 한국어 학습자의 ‘시간성 지시(temporal reference)'의 습득 과정에 관한 연구이다. 시제 습득에 관한 연구가 주로 형태소 습득 순서, 시상 가설과 담화구조 가설 등의 관점에서 시제 형태소의 습득 양상을 살피는 형태 기반 연구를 취하였던 것과 달리 의미 기반 연구의 전통에 기대고 있다.

그럼으로써 시간성 지시 장치의 습득 과정에 작용하는 수많은 요인을 담화 맥락과 사회 맥락적 측면에서 검토하여 한국어 학습자가 시간성 지시 장치를 시제 형태소 차원에서만이 아니라 어휘와 화용적인 수단을 통해 복합적으로 사용하고 습득해 감을 밝히고 있다.

맥락과 문법, 실제 언어 사용에서 맥락화된 문법의 특성을 규명하는 일은 큰 숲에 빼곡하게 서 있는 한 그루 한 그루의 나무들을 살피는 일과 같다. 저자들은 한 그루 한 그루의 나무와 같은 문법 항목들이 '맥락'이라는 큰 숲에서 어떠한 모습으로 존재하고 사용되는지를 살펴보았다. 그 과정에서 문법이 언어를 운용하기 위한 규칙 체계를 넘어서 언어 사용자의 발화 의도를 나타내기 위한 섬세하고도 풍부한 표현 체계임을 다시 확인할 수 있었으며, 그것이 언어 사용의 맛, 즉 말의 맛임을 알 수 있었다. 또한 교육적 관점에서 맥락을 구체화하고 체계화하고자 하는 시도를 하였으나 향후 더 다양한 문법 항목들을 대상으로 심도 있는 논의가 진행되어야 함을 확인할 수 있었다. 본서의 출판을 허락해 준 보고사의 관계자에게 감사를 전하며, 저자들의 논의가 향후 맥락 기반 문법 연구와 교수를 하고자 하는 연구자와 교원들에게 작은 디딤돌이 될 수 있기를 바란다.

2022. 10.

대표 저자 강현화

맥락 기반 문법, 실제성 제고하기

이 글은 문법 항목의 실제적 사용 양상을 분석해야 할 중요성을 강조하고, 이러한 실제성 분석의 방안으로 맥락 분석을 보이고자 했다. 언어 습득은 보편적이고 선천적인 기제에 의하기보다는 시간의 흐름에 따른 지역적 경험에 의해 형상화되며, 문법의 습득 역시 맥락화된 담화에의 반복되고 유의미한 경험을 통해 이루어진다. 그런데, 의사소통의 상호작용 규범은 사회마다 다르며 공유된 가치와 기대치의 문화적 메시지가 다르므로, 맥락에 따른 문법의 사용은 이러한 민족지학적 특성과 밀접한 관련을 가진다.

실제 맥락에 기반을 둔 한국어 문법 교수를 위해서는, 문법 항목의 맥락 분석을 통해 언어 외적 요소로 작용하는 다양한 맥락 특성들이 문법 사용에 어떠한 영향을 미치는지를 파악하는 일이 중요하다. 해당 연구 결과를 바탕으로 하여, 역으로 화자가 특정 발화 의도를 표현하기 위하여 특정 문법을 선택할 때 어떠한 언어 외적 맥락 조건들이 어떻게 작용하는가를 규명해 낼 수 있을 것이다.

이에 한국어 문법과 맥락 간의 패턴화된 관계가 존재하는지를 규명하고, 이에 대한 자료를 체계적으로 구축할 필요가 있다. 이러한 논의들은 언어의 사용은 언어 형식과 그것을 사용하는 사용자, 그리고 사용자 집단의 사회문화적 환경을 포괄하고 있다는 것을 전제로 하며, 이런 의미에서 본다면 맥락과 문법의 연구는 언어와 문화를 매개하는 연구로서의 중요한 의의를 가진다고 하겠다.

1. 들어가기

1.1. 맥락 기반 문법 연구의 의미

대화상에서 문법의 선택은 화자에 달려 있다. 화자는 청자와의 심리적 거리에 따라, 혹은 상대를 평가하는 태도에 따라, 혹은 예의를 표시하고 싶은지 여부에 따라, 혹은 발화를 완곡하게 할 필요가 있느냐 등에 따라 상황에 가장 적절한 문법을 선택하게 된다. 아울러 상대와의 힘의 관계나 자신이 속해 있는 집단이나 자신이 속해 있는 연령대, 출신 지역, 개인적 성향에 따라서도 문법의 선택은 달라진다. 한 언어의 모국어 화자들은 늘 같은 패턴의 문법으로 발화하는 것은 아니며, 위의 여러 가지 다양한 변인을 고려해, 해당 언어 집단에서 관습적으로 용인되는, 혹은 해당 집단이 기대하는 문법 요소를 선택하게 된다. 이러한 특정 집단의 관례적인 발화의 패턴들은 대화의 적절성과 의도 전달의 효용성의 측면에서 본다면, 외국인 학습자들도 학습할 필요가 있는 요소들이라고 볼 수 있다.

즉, 문법의 선택은 언어 공동체가 속해 있는 집단의 관습에 영향을 받게 된다. 이에 의사소통이라는 상호작용에서 특정 문법 항목이 사용될 수 있는 적합한 규칙 및 기준을 제시하는 것은 해당 문화권의 문화 표현 방식 연구에도 직접적인 도움을 주게 된다. 이런 규칙과 의사소통의 상호작용 규범은 사회마다 다르며 공유된 가치와 기대치의 문화적 메시지 또한 다르다. 그래서 우리는 자신의 대화를 만들고 타인의 대화를 해석하는 데에도 암묵적으로 이런 지침을 사용하게 되는 것이다. 이처럼 맥락에 따른 문법의 사용은 이러한 민족지학적 특성과 밀접한 관련을 가진다.

따라서 문화와 관련해서 나타난 언어 변이의 특징을 이해하기 위해서는 대화 행위를 문화적·사회적 맥락에서 분석할 필요가 있다(Harris, 1952). 이에 인간 상호 작용의 언어적, 비언어적, 사회적 변수의 여러 가지 측면을 자세히 다룸으로써 의사소통을 위한 명시적·암시적 규범을 모두 기술하는 일은 중요하다. Hymes(1974)는 "한 사회의 의사소통 행위를 민족지학적 방법으로 분석하는 것이 언어 교육의 출발점이다"라고 주장한다. 의사소통 기능에 대한 연구들은 모든 문화에는 의사소통의 상호 작용에 적합한 규칙이 있어서, 주어진 상황에서 일어나는 행위들을 규정한다고 보았다. 이런 규칙은 어린 시절부터 시작되는 공식·비공식 사회화 과정을 통해서 배우게 되는데, 어린이들은 특정 장소에서 특정인에게 어떻게 행동해야 하며 무슨 말을 해야 하는지(혹은 말해서는 안 되는지)에 대해 명백히 배운다. 예컨대, 부모는 아이에게 "친절하게 해 주신 저 여자분께 '고맙습니다.'라고 말씀드려야지."나 "버스 안에서는 소리치지 마라."등을 발화를 통해 끊임없이 말과 행위의 관습을 가르치게 되며, 아이는 훈련받게 되는 것이다. 이에 어린이들은 적절한 의사소통 행위를 규정하는 대부분의 규칙을 가족과 또래, 심지어는 공공장소의 낯선 사람들을 관찰하면서 직접 배우게 되는 것이다.

이렇게 문화마다 다른 규칙이 존재한다면, 효율적인 한국어교육을 위해서, 한국어만의 문화적인 지식과 가정을 포함하는 문법을 밝히는 연구는 매우 중요할 것이다. 언어 규범도 마찬가지이다. 일반적으로 대화 참여자는 메시지를 해석하고 반응하는데, 이때 대화 참여자의 반응하는 발화 방식 역시 사회적으로 습득된다. Yule(1996)에 따르면 문화적인 지식과 가정이 대화 참여자가 상대방의 메시지에 반응하는 방식에 결정적인 역할을 한다고 한다. 사람들이 대화를 하고 그러한 대화를 이해하는 것은 다양한 의사소통적 방식과 규범들을 공유할 때 가능하게 되는데, 의사소통 목적을 달성하기 위한 언어 규범들은 자신이 속한 문화에서 사회화 즉 학습을 통해 습득하게 된다. 결국, 의사소통 능력은 행동과 신념에 대한 전제와 이것들이 언어적 기호와 대응되는 방식에 대한 지식을 요구하게 된다. 같은 이야기라도 다른 상황에서 이야기하거나 실행이 되면, 기저 내용은 동일하다 해도 텍스트의 길이나 사용하는 문법 항목은 발화 상황과 화자의 의도에 따라 상당히 다르게 나타날 수 있다.

한국어 학습의 목적이 다변화되면서 도구적 동기를 가진 학습자들이 늘고 있는데, 이들은 특정 맥락에서의 구체적인 언어 사용을 목적으로 하고 있다. 우선, 특정 직업에 종사하기 위해 필요한 언어나 담화 기술, 특정 학문 분야에 종사하기 위한 학문 목적의 학습자가 증가하고 있고, 이주 노동자와 같은 중장기 체류자나 결혼이민자나 국제결혼자, 귀화인과 같은 영구 체류자들도 함께 증가하고 있다. 이들은 실생활에서의 성공적인 의사소통과 문화적 적응을 위한 실제 상황과 관련된 과업 중심의 학습에 중점을 두는 학습자들이다. 문제는 외국인 학습자들이 상황에 따른 언어 형태를 선택하는 규칙을 저절로 습득하기란 매우 어렵다는 데에 있다. 외국어 학습자들이 목표 언어 연속체의 비언어적 의미를 유추하거나 맥락적 요소를 파악하기는 쉽지 않다. 그러므로 한국어 문법 교육에서는 언어적 지식을 넘어 해당 문법이 사용되는 맥락 요소의 적절성까지도 다루어 줄 필요가 있으며, 이에 연구자들은 이를 위한 기반 연구에 힘을 기울일 필요가 있다. 왜냐하면 언어 교수의 초점은 단순한 형식적인 부분뿐만 아니라 학습자가 의사소통의 내용을 쉽게 만들 수 있는 메시지 구성 능력과 화자의 의도를 추론할 수 있는 능력에 두어야 하기 때문이다.

　　Marianne Celce-Murcia(2003)은 담화 맥락 분석(Contextual Analysis) 에서 '언어 습득은 보편적이고 선천적인 기제에 의하기보다는 시간의 흐름에 따른 지역적 경험에 의해 형상화되며, 문법의 습득 역시 맥락 화된 담화에의 반복되고 유의미한 경험을 통해 이루어진다'고 보았 다. 그에 의하면 대부분의 영문법은 맥락에의 고려에 의해서만 적용 되며, 맥락 고립적으로 설명되는 문법은 4개 범주에 지나지 않는다.[1] 나머지 대부분의 영어 문법(관사, 시제, 조동사, 능동태/수동태, 서술형과 의문형의 선택, 긍정형과 부정형의 선택, 간접목적어의 이동, 분열문 사용 등) 은 모두 맥락과 무관하지 않으며, 화자로 하여금 맥락에 따라 언제 왜 한 형식을 사용해야 하는지에 대한 결정을 수반한다고 보았다.

　　언어는 인간 생활에서 핵심적인 역할을 한다. 관계 형성과 유지, 사회 참여 등도 언어를 통해 이루어진다. 언어의 사용은 무의식에 가까운 자연스러운 현상이지만 의도적으로 조정하고 선택하는 측면 도 있다. 이렇듯 언어 사용 이면에 존재하는 행동에 대한 선택이나 추론은 매우 중요하다. 언어 교육에서 관심을 가지는 기능주의 언어 학은 언어를 의사소통의 수단으로서나 언어를 수행하기 위한 목적으 로 사람들이 어떻게 실질적으로 언어를 사용하는가에 관심을 둔다. 이러한 언어 사용에 대한 관심은 '언어 자료 기반' 연구로 연계되며, 연구자들은 실증적 자료를 통해 광대한 자료를 구축하여 직관에 의

1　영어에서는 전치사 뒤에 나타나는 동명사, 한정사와 명사의 호응, 절 내 역행적 대명사 화, 부정문에서 some-any의 보충법과 같은 네 가지 규칙, 프랑스어, 독일어 등에서 성과 수의 일치 정도가 고립된 문장 내에서 작용하는 문법 규칙이다(Celce-Murcia & Olshtain, 2000:51-52).

해 알 수 없는 언어의 규칙을 찾아낸다. 의사소통 접근법은 언어 형태의 습득 외의 다른 언어능력과 지식이 필요하다고 보는 관점이며, 형태는 그 자체로 가르치기보다는 맥락 안에서 가르칠 때 효용성이 있다고 보는 이론이다. 이에 실제 맥락에 기반을 둔 한국어 문법 교수를 위해서는, 문법 항목의 맥락 분석을 통해 언어 외적 요소로 작용하는 다양한 맥락 특성들이 문법 사용에 어떠한 영향을 미치는지를 파악해야 한다. 해당 연구 결과를 바탕으로 하여, 역으로 화자가 발화 의도를 표현하기 위하여 특정 문법을 선택할 때 어떠한 언어 외적 맥락 조건들이 어떻게 작용하는가를 규명해 낼 수 있을 것이다. 이를 통해 결과적으로는 한국어 문법과 맥락과의 패턴화된 관계가 존재하는지를 규명하고, 이에 대한 자료를 체계적으로 구축할 수 있을 것이다. 이러한 논의들은 언어의 사용은 언어 형식과 그것을 사용하는 사용자, 그리고 사용자 집단의 사회문화적 환경을 포괄하고 있다는 것을 전제로 하며, 이런 의미에서 본다면 맥락과 문법의 연구는 언어와 문화를 매개하는 연구로서의 중요한 의의를 가진다고 하겠다.

1.2. 맥락이란?

맥락을 구성하는 개별 요인으로서, 발화의 의미 생산과 이해에 관여하는 것들을 파악하는 일은 중요하다. Hewings & Hewings(2005)에 따르면 발화를 둘러싼 맥락 범주는 다음과 같이 매우 다차원적이다. 아래와 같이 맥락은 언어적인 맥락과 비언어적인 맥락으로 구분될 수 있으며, 발화의 직접적 맥락과 배경적 맥락으로 구분될 수도 있다.

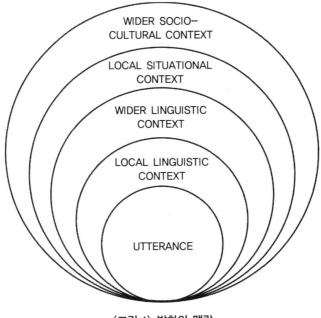

〈그림 1〉 **발화의 맥락**

그림에서 보듯이 발화를 둘러싼 맥락은 '근접 언어적 맥락', '광범위한 언어적 맥락', '근접 상황 맥락', '광범위한 사회문화적' 맥락으로 그 차원이 확대된다. 우선, '근접 언어적 맥락'은 해당 발화의 전후에 오는 언어를 일컬으며 문맥(co-text)라고도 한다. 지시어, 대명사 등은 근접 언어적 맥락이 필요한 대표적인 언어 요소이다.

'광범위한 언어적 맥락'은 텍스트들이 서로 관련되는 방식, 텍스트의 해석에 다른 텍스트가 영향을 미치는 방식을 말하며, 학술 텍스트에서 다른 학술 텍스트의 내용을 인용하는 것이나 글쓴이가 독자가 관련 텍스트를 경험했으리라 전제하고 글을 쓰는 것(예를 들면 해리포터 속편에서 전편의 사건을 다시 설명하지 않고 이후의 이야기를 전개하는 것) 등이 그러한 예이다. '근접 상황 맥락'이란 발화가 이루어지는 직접적인 환경으로 시간, 장소, 대화 참여자의 성별, 나이, 지위 등을 포괄하는 것이고, '광범위한 사회문화적 맥락'은 그보다 넓은 배경으로서 의사소통이 해석되는 목표어 문화 또는 국가의 사회 정치적인 측면을 가리킨다. 본서에서 다루는 맥락이란 이들 모두를 포함하는 개념이다.

　누군가 어떤 단어의 의미를 물어 올 때 그에 답하기 위해서는 먼저 그 단어가 어떤 맥락에서 쓰였는지를 알아야 한다. 맥락에 따라 단어의 의미는 달라질 수 있기 때문이다. 또, 어떤 문장은 특정 맥락에서는 적절하지만 다른 맥락에서는 부적절할 수도 있고, 특정 맥락에서 더 효과적이고 다른 맥락에서는 덜 효과적일 수도 있다. 이러한 언어의 맥락의존적인 성격은 언어도 일종의 행위임을 생각할 때 어찌 보면 당연한 일이다. 행위가 특정한 시간과 공간을 배경으로 행위자와 피행위자, 행위의 대상 등의 맥락 속에서 일어나듯이 언어 행위도 특정 시간과 공간을 배경으로 하며 언어 사건의 참여자가 존재하는 맥락 속에서 발생한다. 따라서 문장의 의미를 그 문장이 발화된 실제 맥락에서 독립시켜 분석해서는 정확한 의미를 파악할 수 없다. 따라서 언어 사용자가 적절한 의미를 생산하고 발화의 의미를 해석하기 위해서 알아야 할 지식은 단순히 언어 체계만이 아니다. 어떠한 상황 맥락에서 특정 표현이 어떤 의미인지를 아는 것이 필요하다. 모어 화자들은 이러한 맥락에 대한 지식을 일종의 암시적인 지식으로 공유하고 있다. 맥락에 대한 고려 없이 문장 차원의 문법 규칙은 그다지 많지 않으며, 대부분의 문법은 맥락의존적이라고 볼 수 있다.

　그렇다면 '맥락'의 구체적인 의미는 무엇일까? 맥락에 대한 사전적 정의를 살펴보면 아래와 같이 다양하다.

- 연세한국어사전: 글이나 말의 부분들의 뜻이나 내용이 서로 이어져 있는 관계나 흐름
- 표준국어대사전: 사물 따위가 서로 이어져 있는 관계나 연관
- 연세초등국어사전: 말 글 토론 따위가 일정하게 이어지면서 이루는 내용의 줄기나 흐름
- David Crystal, 언어 백과사전: 주의의 초점이 되는 언어 단위의 바로 앞이나 가까이에 있는 발화의 부분
- 영어학 사전: 특정 언어 단위의 전후에 위치하여 그 언어 단위의 용법에 제약을 가하거나 의미를 밝혀주는 발화의 한 부분
- 콜린스 코빌드 사전: 1. 어떤 생각이나 사건과 관련되어 그 생각이나 사건이 이해되도록 도와주는 일반적 상황 2. 어떤 단어나 문장, 텍스트의 의미를 명확하게 드러내 주는 앞뒤의 단어나 문장, 텍스트
- 웹스터 사전: 1. 어떤 세계나 구절을 둘러싼 것으로 그것의 의미를 밝혀 줄 수 있는 담화의 일부 2. 어떤 것이 존재하거나 발생하는 관련된 것
- 옥스퍼드 사전: 문어나 구어의 어떤 구절 앞뒤에서 의미를 결정해 주는 연관된 구절의 총체적 구조
- 국어교육학 사전: 발화(發話)의 표현과 해석에 관여하는 정보, 또는 그러한 정보를 제공하는 언어적·물리적·사회적·문화적 요소, 언어적 표현은 전후에 또 다른 언어 요소들과 인접하여 존재하는데, 이때 인접한 언어 요소들로 된 언어적 맥락(이를테면 linguistic context, literary context, co-text, environment 등), 화자, 청자를 포함한 시간·공간 등의 물리적 상황인 상황적 맥락(context of situation), 그 밖에 언어 표현이 속한 세계의 사회적 맥락, 문화적 맥락 등 여러 유형의 맥락이 있다

일번 언어 사전의 정의에서는 '의미들의 관계, 연관, 흐름'으로 기술하고 있으며, 국어교육학 사전에서는 '표현과 해석에 관여하는 정

보' 또는 그런 정보를 제공하는 언어적·물리적·사회적·문화적 요소
들로 규정하고 있음을 알 수 있다. 세부 요소로 언어적 맥락, 상황적
맥락, 문화적 맥락을 명시하고 있어 구체성을 보이고 있다.

'맥락'의 개념 연구들은 주로 텍스트언어학, 화용론, 사회언어학 등
에서 이루어졌는데, 이 분야에서 맥락과 관련한 논의는 최창렬 외(1986)
과 노은희(1993)이 비교적 초기 논의이다. 두 논의 모두 맥락을 언어적
맥락과 언어 외적 맥락으로 나누고 있는 것이 특징이다. 사회문화적
맥락 또한 하나의 중요한 요인으로 보고 있는 현재 관점과는 다르나
국내 맥락 논의의 출발점이라는 점에서 의의가 있다. 이주섭(2001)에서
사회문화적 맥락의 중요성을 제기함으로써 기존에 이분화된 맥락 연구
에 좀 더 다양한 관점을 제안한 바 있으며, 이후 김슬옹(2010)에 이르러
서는 국어교육학적 관점에서의 맥락이 집중 조명되었다.

- 이주섭(2001): 맥락은 언어 자체도 아니고 상황 자체도 아닌 언어와
  언어가 맺고 있는 '관계', 언어와 상황이 맺고 있는 '관계'
- 임성우(2005): 텍스트의 주변 사정으로서 발화 과정에서 동반되는
  언어적 비언어적 의사소통의 보조 장치를 포함하는 포괄적인 개념
- 이재기(2006): 텍스트 생산, 수용 과정에서 작용하는 물리적, 정신적
  요소라고 규정 ① 어떤 상황(상황 맥락, 사회문화 맥락)에서 ② 어떤
  화자(주체 맥락)가 ③ 어떤 청자(주체 맥락)에게 ④ 어떤 주제(주제
  맥락)에 대해서 ⑤어떤 형식(형식 맥락)으로 ⑥ 무엇(텍스트)이라고
  표현(양식 맥락)한다고 할 때, 무엇(⑥)을 제외한 모든 것이 '맥락'에
  속한다고 봄
- 김슬옹(2010): 담화와 글의 수용·생산 활동에서 의미를 명확히 하기
  위해 주체가 고려해야 할 상황과 사회·문화적 배경과 그런 활동을
  통해 구성되는 의미 작용과 지식

　다음으로 '맥락의 특성'에 대한 선행 연구는 다음과 같은 논의들이 있는데, 아래는 주요 내용들이다.

- '상황 맥락'은 말의 이해에 필수적이이며 발화는 '상황 맥락' 속에서만 의미를 가진다(Malinowski, 1923:307).
- '맥락'이란 언어 사건의 참여자들이 공유하고 있으며, 발화의 형식이나 의미를 체계적으로 결정하는 요인들을 말한다(Lyons, 2013:306).
- 실제 의사소통에서 문법과 '맥락'은 너무나 밀접하게 관계되어서 적절한 문법적 선택은 오직 '맥락'과 의사소통 목적을 참조할 때에만 가능하다(Nunan, 2001:192).
- '맥락'은 담화가 생산되고, 소통되고 해석되는 조건의 총체이다 (Blommaert, 2005:251).
- '맥락'은 의사소통의 과정에 참여한 사람들이 상호작용할 수 있게 해 주고, 이 상호작용의 언어적 표현들을 알아들을 수 있게 해 주는 가장 넓은 의미의 환경이다(May, 1993:38).
- '맥락'은 텍스트 생산, 수용 과정에 작용하는 물리적, 정신적 요소이다 (이재기, 2006:103).
- '맥락'은 의사소통에 관여하는 폭넓은 '지식'이다(오현아, 2011:238-239).
- '맥락'은 의사소통 과정에 참여한 사람들이 공유하는 정보의 집합이다 (최명원, 2012:484).
- 언어는 형태와 의미로 고정되는 것이 아니라 '맥락'에 따라 선택되는 것이다(강현화, 2012).
- '맥락'은 한 편으로 언어 사용의 외적 상황을 말하며 다른 한 편으로는 언어 내적 환경을 말하기도 한다. 어떤 단어가 사용되는 하나의 문장, 문단, 텍스트는 모두 그 단어의 (텍스트) '맥락'이다(강범모, 2014:3).

2. 선행 연구에서의 맥락

2.1. 맥락 연구

언어학에서 맥락을 하나의 연구 대상으로 삼은 것은 그리 오래되지 않았다. 일찍이 1923년 말리노브스키(Malinowski)에 의하여 상황 맥락(context of situation)의 중요성이 제기되었으나, 맥락에 대한 본격적인 논의는 1957년 퍼스(Firth)에 이르러서야 비로소 언어학으로서의 내용으로 다루어지기 시작했다. 대표적인 국외 연구로는 Hymes (1964, 1966, 1972, 1974), Halliday(1978, 1989), Auer and Luzio.(eds) (1992), Figueroa(1990, 1994), Duranti & Goodwin(1992), Widdowson (2004), Blommaert(2005), Hanks(2006), Richard Edwards, Gert Biesta and Mary Thorpe. eds(2009) 등이 있다. 이들 연구에서는 맥락의 기본적인 개념 정립에서부터 시작하여 맥락의 구성 요소를 좀 더 정교화하고 구체화하는 논의가 이루어져 왔다.

맥락의 구성 요인에 대해서는 학자에 따라 시각의 차이가 있었다. 첫째, 텍스트 해석 시 맥락이 이미 주어져 있다고 보는 관점이 있었다. Hymes는 맥락을 네 가지 요인으로 구성되었다고 보았는데, 물리적 공간이나 시간을 나타내는 '상황' 요인, 참여자 간의 관계와 상호작용과 관련되는 '참여자' 요인, 메시지의 내용과 형식 및 장르 그리고 그것의 전달과 관련된 '텍스트'로 맥락이 구성된다고 보았다. 텍스트 해석 시 맥락이 이미 주어져 있다고 보는 관점의 또 다른 연구로는 Verderber & Verderber(2006)가 있는데, 그에 의하면 맥락은 물리적, 문화적, 역사적, 심리적 요인으로 구성되며 스피치를 표현하는 상황 (setting)에 관여하는 것이다. 그의 논의는 Hymes보다 구체적인 구인 요소를 설정하였다는 점과 맥락을 역사적 상황 맥락과 심리적 상황 맥락으로까지 확장시켰다는 점에서 차이를 보인다. 그러나 물리적 상황 맥락 및 역사적 상황 맥락과 달리, 문화적 상황 맥락 및 심리적 상황 맥락은 구체적 내용의 확정이 어렵다.

■ 텍스트 해석 시 맥락이 이미 주어져 있다고 보는 관점
□ Hymes(1972 외)
● 상황: 물리적 공간이나 시간
● 참여자: 참여자 간의 관계와 상호작용 목적
● 텍스트: 메시지의 내용, 형식, 장르, 전달
● 상호작용과 해석을 위한 사회적 규범

□ Verderber(2006)
: 맥락은 물리적, 문화적, 역사적, 심리적 요인으로 구성되며 스피치를 표현하는 상황(setting)에 관여
● 물리적 상황: 방의 크기, 좌석 배열, 화자와 청자의 거리, 시간, 방의 온도 및 조명 등
● 문화적 상황: 청중들의 가치, 신념, 의미 등
● 역사적 상황: 발화 주제와 관련한 스피치 이전의 사건
● 심리적 상황: 청중들의 분위기, 느낌, 신념

둘째, 맥락이 이미 주어져 있다고 보는 관점과 반대되는 논의로, 텍스트를 해석하는 과정에서 맥락이 새롭게 선택되고 확대된다고 보는 관점이다. 이러한 논의 더 다양한데, 이에는 지식 중심의 맥락 관점으로, Lyons(1984), Sperber & Wilson(1986), Givón(1989), Schiffrin

(1994), Esther Figueroa(1994) 등이 있다.

- 텍스트를 해석하는 과정에서 맥락이 새롭게 선택되고 확대된다고 보는 관점
  □ Lyons(1984): 맥락은 이론적 구성이며 실제 상황으로부터 추상화되는 것으로 언어 사태에서 참여자들에게 영향을 미치고 결과적으로 발화의 형식, 타당성, 의미를 체계적으로 결정하는 요소
  □ Givón(1989):
  - 포괄적 초점: 공유된 세계와 문화, 세계에 대한 지식 포함
  - 지시적 초점: 공유된 스피치 상황, 직접적인 스피치 상황에 대한 지식, 참여자 역할에 대한 지식 포함
  - 담화 초점: 공유된 선행 텍스트, 선행 담화에 대한 지식이나 담화 양식에 대한 지식 포함

셋째, 지식 중심의 맥락뿐만 아니라 그것과 더불어 화자나 청자가 맥락을 선택하고 확장하며 해석한다고 보는 관점이 있다. 국외 연구에서 맥락과 관련한 연구는 시간이 흐르면서 그 영역이 보다 더 확장되었다.

- 화자나 청자가 맥락을 선택하고 확장하며 해석한다고 보는 관점
  □ Sperber, Wilson(1986): 발화 해석에 영향을 미치는 심리적 구성으로 세계에 대하여 청자가 가정하는 하나의 부분 집합으로 미래에 대한 기대, 과학적 가설이나 종교적 신념, 일화적 기억,

일반적인 문화적 가정들, 화자의 지적 상태에 대한 신념 포함

☐ Schiffrin(1994): 지식, 지식과 상황, 상황과 텍스트, 지식과 상황과 텍스트

☐ Esther Figueroa(1994): 지식과 관련을 맺고 있는 심리적 구성으로 주어진 상황에서 화자와 청자(또는 필자와 독자)가 의미를 새롭게 형성

국내에서는 1980년대부터 간헐적인 연구가 이루어지다가 개정 교육과정에 맥락이 포함된 2007년 이후부터 국어교육과 관련한 맥락 연구가 활발히 진행되기 시작하였다. 이들 논의는 초기의 연구에서는 주로 언어의 의미 파악이나 의사소통 맥락 연구[2]에 집중되어 있으며, 2007년 이후에는 교육과정과 직접 관련시킨 총론 차원의 논의[3]와 국어교육에서의 맥락의 문제[4]로 집중되는 것을 볼 수 있다. 국어교육에서 이와 같이 논의가 진행되어 온 것과 달리 맥락과 관련한 한국어교육에서의 논의는 활발하지 않았다.

2.2. 맥락 범주 및 요인

먼저 맥락의 범주에 대한 선행 연구를 살펴보면 다음과 같다. 맥락

---

2 최창렬(1983), 홍상오(1984), 김태자(1993), 김재봉(1994), 권영문(1996), 김슬옹(1998), 손병룡(1998), 손병룡(1999), 손병룡(2001), 최명원(2002), 김익환(2003), 임성우(2005), 황기동(2007) 등.

3 이재기(2006), 김재봉(2007), 임천택(2007), 최규홍(2007), 노은희 외(2008), 이경화(2008), 박정진·이형래(2009), 진선희(2009), 김슬옹(2009) 등.

4 최인자(2001), 이성영(2007b), 김도남(2007), 이재승(2008), 이경화·김혜선(2008), 김명순(2008), 박태호(2000a) 등.

은 언어 맥락과 언어 외적 맥락으로 크게 두 가지로 구분되며 언어 외적 맥락의 경우 상황 맥락만을 포함하는 관점과 텍스트 간 맥락, 상황 맥락, 사회문화 맥락을 포괄하는 관점으로 나누어진다는 것을 알 수 있다.

<표 1> 맥락의 범주

구분	텍스트 내 맥락	텍스트 간 맥락	상황 맥락	사회문화 맥락
최창렬 외(1986)	언어 맥락		언어 외적 맥락	
할리데이와 하산 (Halliday & Hasan, 1989)	언어적 맥락	언어 외적 맥락		
	텍스트 내 맥락	텍스트 간 맥락	상황 맥락	문화 맥락
노은희(1993)	언어적 맥락		언어 외적 맥락	
렉스 외(Rex, 1998)	텍스트 내 맥락		텍스트를 둘러싼 맥락	텍스트 너머의 맥락
서울대 국어교육 연구소(1999)	언어적 맥락		상황적 맥락	사회문화적 맥락
이주섭(2001)	언어 맥락		상황 맥락	사회문화적 맥락

다음으로, 맥락의 요인에 대한 주요 연구들을 살펴보면 다음과 같다.

   □ Dell Hymes(1974)는 대화를 분석하기 위한 맥락 요인의 체크리
     스트(SPEAKING)로 다음과 같은 사항을 목록화하였다.
   ● S(setting and scene): 사건이 만들어지는 시간, 장소, 구체적인
     물리적 환경 등

- P(participants): 대화 참여자
- E(ends): 사건의 목적, 목표 등
- A(act sequence): 사건을 이루는 일련의 행위나 형식, 내용. / 강의, 잡담, 쇼핑 목록, 지시 매뉴얼 등은 서로 다른 종류의 언어로 서로 다른 것에 대해 말하거나 쓰여져 있다.
- K(key): 의사소통 행위가 이루어지는 어조. 심각하거나 고통스러운 어조
- I(instrumentalities): 의사소통이 발생하는 채널. 발화, 글, 그밖의 다른 의사소통 수단
- N(norm of interaction and interpretation): 상호작용과 해석의 규범. 교회 예배에서의 상호작용에 관련된 규범, 또는 낯선 사람에게 말할 때의 규범 등
- G(genre): 시, 설교, 농담 등

  □ Michael Halliday(1978)
  : 맥락의 어떤 측면이 우리가 언어를 사용하는 방식에 영향을 주는가를 탐구하였는데, 특히 사회적 맥락은 상황의 일반적인 특징들로 구성되며 이러한 상황이 종합적으로 텍스트의 결정인자가 된다고 보았다. 상황의 일반적인 특징은 다음의 세 가지 차원으로 구성된다. 이는 언어의 3가지 기능을 개념적 기능(ideational function), 관계적 기능(interpersonal function), 텍스트적 기능(textual function)으로 구분하고 여기에 대응하는 3가지 차원의 맥락 변수(필드-테너-모드)를 설정한다. 필드(Field), 테너(Tenor), 모드(Mode)는 언어 형식이 조절되는 관계를 나타내며 이 세 가지가 작용하여 문법이 선택되고 그에 따라 사회적 맥락이 실현된다.

- 필드(Field): 언어가 무엇에 대해서 말하는 데 사용되고 있는가?
- 테너(Tenor): 상호작용에 관계된 사람들 간의 역할 관계로서 상호작용자들의 상대적 지위, 그들 간에 얼마나 자주 상호작용이 일어나느냐, 상호작용자들이 어떤 상황에서 감정적으로 얼마나 관련되어 있는가 등의 요인
- 모드(Mode): 언어가 특정 상황에서 기능하는 방식(구어, 문어)

  ◻ 강현화(2012): 한국어 교육에서 의미를 가지는 상황 맥락의 주요 요소를 제시했다
- 화자, 청자, 화청자 관계 정보
- 물리적 상황(시간, 장소)
- 발화 의도(상호작용 목적)
- 텍스트의 형식 및 장르
- 사회적 맥락/심리적 맥락
- 문화적 맥락/역사적 맥락

이 글에서는 특정 발화가 특정 기능을 가질 때 어떠한 맥락에서 어떻게 사용되는지 그 발화 맥락적 요소를 파악하는 데에 중점을 두고 있다는 점에서 시공간으로 대표되는 상황 맥락과 참여자로 대표되는 화청자 간의 관계, 텍스트로 대표되는 발화 형태 및 사용역 분석을 모두 포함하며, 이밖에도 텍스트를 해석할 때 작용하는 사회문화적 규범을 부가적으로 살피고자 한다.

3. 맥락 기반 문법 적용의 실제 – '부정 표현'을 사례로

3.1. 연구 방법 및 절차[5]

본 장에서는 '부정 표현'을 사례로 하여, 코퍼스 기반의 맥락 분석의 방법을 구체적인 실례를 통해 살펴보았다. 맥락 분석의 대상으로 '부정 표현'을 삼은 이유는, 부정 표현이 맥락에 따라 다양한 담화적 기능을 나타내기 때문이며, 맥락에 따라 동일 문법 항목이 어떠한 의도의 차이를 보이는지를 드러내는 데에 적합하다고 보았기 때문이다.

Cook(2003)에서도 영어의 부정 문형들은 형태가 동일하다 해도 담화 상황에 따라 다양한 발화 의도를 나타낼 수 있다고 기술한 바 있다. 한국어의 부정 표현도 나이, 친밀도, 지위, 장소 등의 다양한 맥락 요인에 따라 다양한 발화 의도를 나타낸다고 보았다.

맥락 분석을 하기 위해서는 분석의 객관성을 확보하는 것이 매우 중요할 것이다. 이에 맥락 분석의 가장 효율적인 방법은 무엇일까를 고민해 볼 수 있다. 우선 담화에 대한 귀납적인 연구 방법은 주로 말뭉치 연구로 나타난다. 말뭉치 연구는 귀납적인 방식의 자료 분석을 통해 연구자의 주관적인 가설을 객관적으로 검증해 준다는 점에서 의미가 있다. 또한 발화의 상황 맥락이나 화·청자 관계 변인 등 담화 연구에서 중요한 담화 정보를 포함하고 있어 담화 연구에서 가장 보편적으로 활용되었다. 그러나 연구에 사용된 말뭉치 자료는 연구에 타당한 자료이기보다 연구자의 편의로 쉽게 얻을 수 있는 자료로 구축되어 있어 적합한 양적 타당성을 확보하기 어려웠다.

---

5 3장의 내용은 2013년에 제출한 한국연구재단의 보고서(중견 연구자 개인 과제) 내용의 일부를 정리한 것이다.

반면, 질적인 연구인 설문 연구에서는 담화 완성 설문조사 연구가 가장 활발하게 사용되었는데, 이 또한 자료 수집의 용이성에 의한 것이다. 그러나 도구의 설계 및 조사 방법의 문제, 수집 자료가 쓰기의 형식을 취하고 있는 문제, 유도 발화로 자연 발화의 특성을 보이기 어렵다는 문제 등으로 인해 비판적으로 볼 수 있다. 기존의 연구들은 대부분 자료 수집과 연구 방법이 용이한 방식을 채택했다는 점에서 설문에 의한 연역적인 연구와 말뭉치에 의한 귀납적인 연구 모두 한계를 보여 왔다고 하겠다. 하지만 이 두 연구 방법은 대립적이기보다 상호보완적으로 보충할 수 있다.

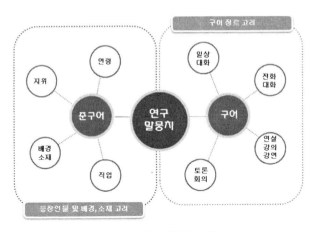

〈그림 2〉 대상 말뭉치의 설계

본 연구에서의 연구 방법은 일차적으로 말뭉치 자료의 귀납적인 연구를 진행한 후 이차적으로 모국어 화자의 직관 조사를 거치고자 했다. 담화와 맥락 연구는 대표성을 가진 언어 사용 자료를 대상으로 하는 실제 자료의 분석과 말뭉치가 모두 드러낼 수 없는 모국어 화자의 판단이 함께 분석될 필요가 있을 것이다. 물론, 균형적이고 대표성을 가지는 말뭉치라면 해당 자료의 분석으로 충분할 수 있으나, 장르가 편중되었거나 문어에 치중된 말뭉치에서는 실제 사용상의 모든 용례들을 담지 못하는 사례가 적지 않기 때문이다. 현재 한국어 말뭉치는 구어에 비해 문어 편중성이 심하며, 장르 균형성 면에서도 부족한 부분이 있다. 이런 점에서 특히 구어를 대상으로 하는 맥락 기반의 연구는 말뭉치 외에도 해당 공동체의 맥락 적절성에 대한 인식 조사의 결과가 부가될 필요가 있다고 보았다.

우선 연구 말뭉치는 구어에 초점을 두었으며, 구어와 준구어를 포함하였다. 준구어의 경우에는 가능한 주제가 편중되지 않게 다양한 소재와 배경의 드라마를 고르게 선정하고자 하였고, 등장인물도 세대별로 10대~60대까지 다양한 인물들이 포함되도록 하였으며, 직업 및 지위 또한 고려함으로써 연구 말뭉치의 균형성을 최대한 확보하고자 하였다. 또한 특정한 의사소통 상황에서의 발화의도가 발화자와 청자와의 관계에 따라 달라질 수 있으므로 이를 체계적으로 파악하기 위하여 자료로 삼은 준구어 자료의 등장인물 정보를 조사하여 화청자 관계의 균형성을 확보하고자 하였다.

〈표 2〉 연구 말뭉치 구성

구분	구성	규모(어절)
준구어	드라마(52편 1,228회 분량), 영화(55편)	7,205,682
세종 구어	대화/일상	427,433
	대화/전화	13,325
	연설/강의/강연	224,745
	토론/회의	21,003
합계		7,892,188

또한 부정 표현이 어떤 맥락에서 누가 누구에게 어떤 형태로 특정 담화 기능을 수행하고 있는가를 분석하기 위해 다음과 같이 맥락 요인을 설정하였다. 구체적인 방법으로는 부정 표현의 형태에 따른 담화 기능(발화 의도)를 분석한 후 화자의 성별, 지위, 화청자 관계, 발화 장소, 사용역, 장르적 특성 등을 맥락 요인으로 삼고 맥락별 함의를 도출하고자 했다.

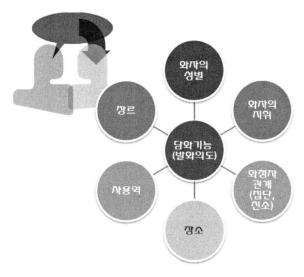

〈그림 3〉 맥락 요인

아울러, 말뭉치의 한계를 넘어서 자료 분석 결과의 타당성을 검증하기 위해 한국어 공동체의 직관 분석을 실시하였다. 말뭉치 결과의 분석이 일반 모국어 화자의 직관에도 부합하는지를 규명하여, 부정 표현이 사용되는 맥락 특성에 대한 분석 결과의 적절 여부를 파악하고자 했다.

3.2. 연구 대상

먼저, 분석의 대상이 되는 한국어교육 자료에서 추출한 부정 관련
문법 항목의 목록은 다음과 같았다.

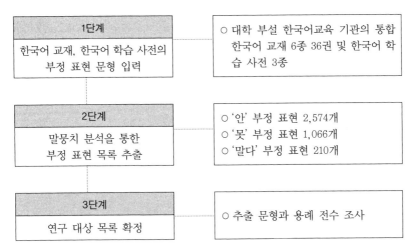

〈그림 4〉 부정 표현 목록 추출 절차

다음으로, 1단계에서 추출한 한국어 교육 자료에서의 부정 관련
문법 항목은 다음과 같다. '안, 못, 말다' 부정 외에도 '아니다'를 포함
하였다.

〈표 3〉 한국어 교재 및 학습 사전의 부정 표현 문형

부정소	문형	출현빈도		
		교재	문법사전	합계
안	-는지 안 -는지	1		1
	-어야지 그렇지 않으면	1		1
	-지 않고서는	1		1

부정소	문형	출현빈도		
		교재	문법사전	합계
안	-(으)ㄴ 지가 얼마 안 되다	1		1
	-(으)ㄹ 맛이 안 나다	1		1
	-면 안 되다	4	3	7
	-고 안 -(으)ㄴ/는 것은-에(게) 달려 있다	1		1
	-고 안 -(으)ㄴ/는 것은 얼마나/언제/어떻게-(느)냐에 달려 있다	1		1
	-다지/ -(이)라고 하지 않아요?	1		1
	밖에 안 하다	1		1
	-아서는 안 되다		1	1
	-어 -어서는 안 된다	1		1
	-어서 -지 않으면 안 되다	1		1
	-어서는 안 되다	1		1
	에 지나지 않다	1		1
	-으면 안 되다	1		1
	-지 않겠다		1	1
	-지 않겠습니까?	1		1
	-지 않다	9	3	12
	-지 않아도 되다	1		1
	-지 않아요?	1		1
	-지 않으면 안 되다	4	3	7
	-지도 않고 -지도 않다	1		1
	(반드시) -지 않으면 안 되다	1		1
	가 -ㄴ다고 하지/-겠다지 않아요?	1		1
	가 -지 않습니다	1		1
	그다지/그리 -지(는) 않다	2		2
	그리 -지 않아서	1		1

부정소	문형	출현빈도		
		교재	문법사전	합계
안	는 -지 않습니다	1		1
	밖에 안	1		1
	별로 -지 않다	1		1
	별로 안	1		1
	안	9		9
	안 -고 말다	1		1
	여간 -지 않다	3		3
	왜 -지 않겠어요?	1		1
	하나도 안	1		1
	한 -(이)라도 -면 안 되다	2		2
	한 -도 안	1		1
	그렇지 않아도 (-(으)려던 참이다)	2	1	3
	안 그래도 -아서/어서/여서 골치(가) 아프다)	2		2
	-(이)잖아요	1		1
	-는다잖아		1	1
	-는대잖아	1		1
	-다잖아/라잖아		1	1
	-잖아(요)		1	1
	-잖아요	7		7
	그러기에 N1-을/를 N2-(이)라고 하잖아요?	1		1
	그러찮아도(=그러잖아도)		1	1
못	-다 못해	2		2
	-다가 못해		1	1
	-는지 못 -는지	1		1
	-(으)ㄹ 거라고는 생각조차 못했다	1		1
	-(으)ㄹ 생각도 못 하다	1		1

부정소	문형	출현빈도		
		교재	문법사전	합계
못	-(이)라고는 못 V	1		1
	-고 못 -(으)ㄴ/는 것은-에(게) 달려 있다	1		1
	-느니만 못하다		1	1
	-만 못하다	3		3
	-밖에 못 하다	1		1
	-지 못하다	6	3	9
	-지 못해(요)?	1		1
	너무 -아서/어서/여서 못 V	1		1
	못	7		7
	밖에 못	1		1
	별로 못	1		1
	하나도 못	1		1
	한 ~도 못	1		1
	마지못해	2		2
	만 못하다	1		1
말다	-(으)나 마나	3	1	4
	-거나 말거나	1	1	2
	-건 말건	1		1
	-어 보나 마나		1	1
	-지 말고 (-(으)세요)	1	1	2
	-(으)ㄹ 듯 말 듯하다		1	1
	-(으)ㄹ까 말까 생각 중이다	1		1
	-(으)ㄹ까 말까 하다	1	2	3
	-(으)ㄹ락 말락 하다		3	3
	-는 둥 마는 둥 (하다)	2	1	3
	-다가 말다		1	1

부정소	문형	출현빈도		
		교재	문법사전	합계
말다	N도 마	2	2	2
	-지 마세요	1		1
	-지 마십시오	2		2
	-지 말다	11	1	12
	-지 말라고 하다	1		1
	-지 말자	1		1
	-지 말자고 하다	2		2
	-지도 마	2		2
	마는 듯하다		1	1
	서슴지 말고	1		1
	말고		1	1
	말고는		1	1
	말고도		2	2
아니다	-(으)ㄹ 것이/게 아니라	4	2	6
	-(으)ㄹ 만한 -은/는 아니지만	1		1
	-(으)ㄹ 뿐만 아니라	9	1	10
	뿐(만) 아니라	3		3
	-거나 아니면	1		1
	가 아니라	2		2
	만 아니면		3	3
	인지 아닌지	1		1
	-(으)ㄹ 바가 아니다	1		1
	(이)라고 해도 과언이 아니다	1		1
	(이)라고/다고 해서 누구나/어디나/무엇이나/언제나 -(으)ㄴ/는 것은 아니다	2		2
	-는 바가 아니다	1		1

부정소	문형	출현빈도		
		교재	문법사전	합계
아니다	만이 아니다	1		1
	(혹시) ~가 ~가 아니에요?	1		0
	가 바로 ~가 아니겠어요?	1		0
	가 아니고-이다	1		1
	가 아니다/아니에요	7		7
	그렇다고 -는 것은 아니다	1		1
	설마 -는 건 아니겠지요?	1		1
	아니오, -가 아닙니다	1		1
	여간 -(으)ㄴ -가 아니다	2		2
	가 아닐 수 없다	1		1
	다른 게 아니라	1		1
	다름이 아니라	1		1
	아닌 게 아니라	1		1
	가 아닌 다음에는		1	1

다음으로, 2단계의 말뭉치 분석을 통한 부정 표현의 용례 수는 다음과 같으며, 목록의 수는 '안' 부정 표현 2,574개, '못' 부정 표현 1,066개, '말다' 부정 표현 210개에 달할 만큼 다양한 변이형이 사용되고 있었다.

〈표 4〉 전체 부정 표현의 말뭉치 용례 수

부정소	유형	빈도	합계
안	단형	23,590	33,873
	장형	10,283	
못	단형	9,111	10,444
	장형	1,333	
말다		6,349	6349
합계			50,666

마지막으로, 3단계에서의 대상 최종 목록의 다음과 같다.

〈표 5〉 분석 대상 부정표현 목록

부정소	부정표현
안	-지 않으면 안 되다, 안 -지 않다, -(으)려고 하지(도) 않다, -지 않아도 되다, -지 않을 수 없다, -지도 -지도 않다, N에 지나지 않다, -지 않겠습니까?, -지 않아요? (이상 9개)
못	N도 못(생각도 못), -지 못하고, -지 못해, -지도 못하고, 밖에 못, -지 못하게, -지 못해요, -지도 못하면서, -지 못했어, -지 못했어요, -지 못했습니다, 하나도 못, 별로 못, -지도 못해요(요), -지 못합니다, -만 못하다, -지 못할 거야, -지도 못했어(요), -지 못하니, N조차 못하다(생각조차 못, 상상조차 못, 기억조차 못), -지도 못하게 (이상 21개)
아니다	여간 -(으)ㄴ -가 아니다, -(으)ㄹ 바가 아니다, (이)라고 해서 누구나/어디나/무엇이나/언제나 -(으)ㄴ/는 것은 아니다, 만이 아니다, (혹시) ~가 ~가 아니에요?, 가 바로 ~가 아니겠어요?, 그렇다고 -는 것은 아니다, 설마 -는 건 아니겠지요?, 여간 -(으)ㄴ -가 아니다, 가 아닐 수 없다, -는 것/거/게 아니다, -(으)ㄹ 바 아니다, -(으)ㄴ/는/(으)ㄹ 거 아니에요?, -(으)ㄴ/는/(으)ㄹ 거 아니겠지(요)?, -(으)ㄴ/는/(으)ㄹ 거 아니지?, -는 거/게 아닐까?, -는 거/게 아닌가?, -(으)/는 것은 아니다 (이상 18개)

말다	(−지) 마 /N 마, (−지) 마세요/N 마세요, (−지) 마라/N 마, (−지) 말아요/N 말아요, (−지) 마요/N 마, (−지) 말자/N 마, (−지) 마십시오/N 마십시오, (−지) 말라, (−지) 말라고, (−지) 말라구요, (−지) 말게, (−지) 말란 말(이)야, (−지) 말아 주세요, −ㄹ까 말까 하다, −나 마나, (−지) 맙시다 (이상 16개)

3.3. 분석의 사례

3.3.1. 맥락 분석의 예시: '−지 못하냐'의 맥락 분석

본 절에서는 구체적인 맥락 분석의 예시를 보이고자 한다. '−지 못하다' 관련 표현 문형 중 가장 높은 빈도로 나타나는 것은 '−지 못해요'와 '−지 못해'로서, 공히 부정하기라는 능력 부정의 기본 의도와 재촉, 명령, 책망, 원망 등 체면 손상의 위협 정도가 높은 의도로 발화되는 경향을 나타냈다. 그러나 화자의 성별, 화청자 관계, 장소 등 그 밖의 상황맥락에서는 유의미한 특징이 발견되지는 않았다. 이에 반해 빈도수는 낮으나 유의미한 맥락 관계를 보이는 문형도 있었는데, 이러한 것으로는 '−지 못하냐'가 대표적이다.

〈표 6〉 '−지 못하냐' 맥락 분석

발화 의도	화자 성별	화청자 정보			장소	사용역	장르
		지위	관계	친소			
재촉하기	여	화〉청	모→녀	친	거리	비격식	일상대화
	여	화〉청	조모→손녀	친	집		
명령하기	남	화〉청	부→녀	친	집		
핀잔주기	남	화〉청	부→녀	친	다방		
경고하기	남	화〉청	부→자녀	친	집		

'-지 못하냐'의 경우 여타 '-지 못하다'의 활용형과 달리 그 사용 맥락이 화청자 관계 면에서 명확한 차이를 드러내고 있다. 즉, 가정 내에서 (조)부모가 (손)자녀를 나무라거나 어떠한 행동의 이행을 촉구하는 상황에서는 모두 '-지 못하냐'의 형태로 해당 발화 의도를 전달하고 있는 것이다. '-지 못하냐'는 '-지 못하다'에 해라체의 의문형 종결어미 '-냐'가 결합한 것으로, 발화 의도 면에서 여타의 의문형 종결어미 '-나', '-니', '-아/어요' 등과 결합할 때와 다른 양상을 보인다. 즉, '-지 못하냐'의 경우 '못'의 기본 의미인 능력 부정의 기능은 거의 이루어지지 않는다는 것인데, 다음과 같은 예를 들 수 있다.

(1) 모친: **빨랑빨랑 좀 걷지 못하냐**. 동네 사람들 볼까 봐. 새벽차 탄
      거 몰라서 그래?
    딸: …
    모친: 잘못한 거 하나 없단 얼굴이네…?
    딸: …
    모친: 속 터져. 또 시작이다. 또 시작이야.

위의 예문은 어머니가 딸에게 차 시간에 늦을 것을 걱정하며 딸이 걸음을 빨리 할 것을 재촉하고 있는 장면이다. 이렇게 '-지 못하냐'의 대부분의 예는 누군가에게 반문하듯 상대방의 체면에 위협을 가하는 재촉, 명령, 핀잔, 경고 등의 의도로 전달되는 경향이 있다. 말뭉치 용례 상에서는 '-지 못하냐'가 재촉, 명령, 핀잔, 경고 등의 발화 의도를 가질 때 여성 화자보다는 남성 화자가 더 많이 사용하는 것으로 나타났다. 그러나 이를 일반화하기에는 말뭉치 규모가 적다. 문법 항목과 지위의 관련성을 보면, 다른 문형과 달리 '-지 못하냐'는 화자의 지위가 청자의 지위보다 우위일 때 사용되는 경향이 있다. 말뭉치

용례상에서 가장 많은 비율을 차지하고 있는 텍스트 출처가 60, 70년
대 시골을 배경으로 하고 있는 드라마였으며, 극중 보수적인 부모와
자녀 관계에서 부모가 아들이나 딸을 나무라거나 강하게 명령할 때
주로 발화되는 것으로 나타났다.

(2) 종말: (안절부절 못하다 따라 나간다.)
후남부: 종말아. 종말이 **당장 들어오지 못하냐?**
    —시간 경과—
종말: (꿇어앉아 있다)
후남부: 남녀칠세부동석이라고 했다. 어디서 이 따위 짓을 하는고?
종말: … 다신 안 그럴게요, 아버지.

　　문법 항목과 화청자 관계의 관련성에서 보면, 여타의 활용형과
달리 '−지 못하냐'는 그 사용 맥락이 화청자 관계 면에서 명확한 차이
를 보였다. 주로 가정 내에서 (조)부모가 (손)자녀를 나무라거나 어떠
한 행동의 이행을 촉구하는 상황에서는 대부분 '−지 못하냐'의 형태
로 해당 발화 의도를 전달하는 것으로 나타났다. 이러한 사실을 생각
해볼 때 '−지 못하냐'는 1차 집단 즉, 가정 내 가족관계나 친밀한 혈연
관계에서 주로 사용된다고 할 수 있겠다. 향후 2차, 3차 집단 내에서
도 이러한 경향성이 발견되는지, 혹은 가족 관계만큼 친밀한 2차,
3차 집단 내에서도 사용될 수 있는지를 밝혀야 할 것으로 본다.

(3) 모친: (뒤뜰에서 키를 들고 나오며) 소영이 **당장 나오지 못하냐?**
첫째 딸: (오줌 묻은 요를 널며) 어머니, 정말 소영이한테 키를 씌
    우시게요?
사위: (방에서 나오며) 다신 오줌 안 싸겠다고 약속을 했습니다.
모친: 소영이 나와, 당장 나오란 말야.

특정 문법 항목이 선호되는 장소는 해당 문법 항목을 주로 사용하는 집단이 명확하면 명확할수록 보다 추론하기 쉬울 것이다. '-지 못하냐'의 경우 가족관계에서만 주로 사용되는 것으로 나타났으므로, 이러한 관계적 특성을 살펴볼 때 가족이 함께 모여 있는 주거 공간이나 자주 가는 장소 등 1차 집단의 생활 반경 내에서 사용된다고 할 수 있겠다. 실제 용례에서도 집이라는 공간에서 발화되는 경우가 많았으며, 그 밖에 가족들이 주로 왕래하는 길이나 상점 등으로 나타났다.

(4) 후남모: 아범아! 귀남아! 너까지! 세상 사람 다 뭐라고 해도 넌 나한테 이러면 안 돼. 넌 이러면 안 돼.
후남부E: **그만들 두지 못하냐.**
남: (밖으로 나가버린다)
후남: (진정을 해서) 죄송해요, 어머니. 제가 다 잘 했다는 거 아니에요.
후남모 : 아니다. 너 다 잘 했어.

문법 항목과 화청자 관계의 상관성 및 장소의 상관성과 밀접한 관련이 있는 것으로 보인다. 즉, '-지 못하냐'와 같이 사용 집단이나 사용 장소가 가족관계 및 가족의 생활 반경으로 비교적 명확할 경우에는 비격식적 상황에서 주로 사용될 것이라 볼 수 있는데, 이는 실제 용례에서도 그대로 나타났다. 문법 항목과 장르의 관련성을 보면, '-지 못하냐'의 경우 해라체의 의문형 종결어미가 결합된 형태이므로 일상대화 장르 외에는 특별한 장르적 특성은 나타나지 않았다. 이러한 방식으로 개별 문법 항목의 맥락 요인별 분석이 가능한데, 구어 자료 규모의 한계로 다수의 용례가 나오지 않아 통계 등의 방식을 사용한 일반화에는 이르다.

3.3.2. 부정 유형 별 발화 의도

이 절에서는 부정의 유형인 '안' 부정, '못' 부정, '말다' 부정을 대상으로 하여, 각 부정 표현의 맥락 분석의 결과를 차례로 살펴보기로 하겠다.

3.3.2.1. '안' 부정

ㅁ 발화 의도

'안' 부정 표현은 전체 부정 표현의 용례 수인 27,135회 가운데 18,673회로 그 사용 빈도가 상당히 높은 것으로 나타났다. 이 가운데 단형의 부정표현이 12,830회(68.7%), 장형의 부정 표현이 5,843회 (31.3%)로 장형보다는 더 선호되었으며, 다양한 종결어미 또는 문형과 결합하여 다양한 발화 의도를 표현하는 데에 사용되었다. 발화 의도에 있어서는 단순 부정이 51.52%, 화자에게 일정한 발화수반력을 행사하는 화행 기능을 나타내는 것이 48.48%로 나타나, 실제 구어 사용 상황에서 '안' 부정 표현은 본래의 의미인 명제에 대한 '단순 부정'이나 '의지 부정' 외에도 화자의 다양한 발화 의도를 나타내는 데에 적극 관여하고 있음을 알 수 있었다.

〈표 7〉 '안' 부정 표현의 의미 빈도

단순 부정, 의지 부정	특정 화행 기능
9,622 (51.52%)	9,015 (48.48%)

　　단순 부정을 제외한 '안' 부정 표현을 통해 나타내는 발화 의도는
총 61가지로 다음과 같다.

확인	1,857(20.6%)	설명	71(0.79%)	이유	8(0.09%)
금지	1,194(13.24%)	결심	65(0.72%)	협박	8(0.09%)
강조	859(9.53%)	당부	64(0.71%)	반대	7(0.08%)
불평	640(7.1%)	비아냥	61(0.68%)	의무	6(0.07%)
동의구함	634(7.03%)	책망	53(0.59%)	감탄	4(0.04%)
추측	416(4.61%)	지적	52(0.58%)	답답함	4(0.04%)
요청	345(3.83%)	주장	50(0.55%)	변명	2(0.02%)
경고	342(3.79%)	당위	47(0.52%)	완곡한주장	2(0.02%)
의견제시	238(2.64%)	비난	46(0.51%)	위로	2(0.02%)
의지표명	208(2.31%)	추궁	44(0.49%)	자책	2(0.02%)
용인	185(2.05%)	조언	37(0.41%)	충고	2(0.02%)
불가능	176(1.95%)	질책	29(0.32%)	한탄	2(0.02%)
설득	175(1.94%)	명령	22(0.24%)	후회	2(0.02%)
재촉	170(1.89%)	자문	22(0.24%)	동의	1(0.01%)
제안	164(1.82%)	부탁	20(0.22%)	부인	1(0.01%)
거절	146(1.62%)	원망	20(0.22%)	선언	1(0.01%)
핀잔	108(1.2%)	반문	19(0.21%)	아쉬움	1(0.01%)
의문	96(1.06%)	우쭐거림	17(0.19%)	폄하	1(0.01%)
반박	94(1.04%)	다짐	12(0.13%)	허락	1(0.01%)
걱정	89(0.99%)	전달	12(0.13%)		
약속	87(0.97%)	가정	8(0.09%)		

진술형: 가정, 당위, 동의, **동의 구함**, 반대, 반박, 변명, 부인, 부정,
불가능, 설명, 이유, **의견 제시**, 자문, 전달, 지적, **추측**
지시형: **경고**, **금지**, 당부, 명령, 반문, 부탁, 설득, **요청**, **용인**, 의무,
의문, 재촉, 제안, 조언, 질책, 책망, 추궁, 충고, 허락, **확인**
공약형: 약속, 협박
표현형: 감탄, **강조**, 답답함, **불평**, 비난, 비아냥, 아쉬움, 우쭐거림, 원
망, 위로, 자책, 폄하, 한탄, 핀잔, 후회
선언형: 거절, 결심, 다짐, 선언, 완곡한 주장, **의지 표명**, 주장

ㅁ 화자 성별의 관련성

화자의 성별과 발화 의도와의 관련성이 뚜렷이 나타나는 것은 '강
조'와 '설득'(이상 남성) 및 재촉, 거절, 핀잔(이상 여성) 정도로 대체로
특정 성별에 치우침이 없이 골고루 섞여 있었다. 반면, 문법 항목과
화자의 성별은 일정 정도의 관련성이 있는 것으로 나타났다. 즉, 특정
발화 내에 존재하는 여러 가지 표현 문형 가운데 남녀 성별에 따라
선호도가 확연히 다른 경우가 있었다. 다음은 특정 성별의 비율이
60% 이상인 경우이다.

〈표 8〉 '안' 부정 표현: 특정 성별의 화자가 자주 사용한 문형

발화 의도	문형	성별
확인	안 -냐	남성
	안 -아/어(요)	여성
강조	-지 않(았)습니까?	남성
불평	안 -냐, -면 안 되지	남성
	안 -고	여성

발화 의도	문형	성별
동의 구함	-지 않습니까?	남성
	-지 않니?, -지 않아(요)?	여성
추측	안 -(으)ㄹ걸(요)	여성
요청	-면 안 돼(요)	여성
경고	가만 안 둬	여성
의견 제시	-지 않겠느냐, -지 않겠어(요)	남성
의지 표명	안 -아/어(요)	여성
용인	안 -아/어도 돼(요)	여성
불가능	안 되겠다	남성
	안 -네(요)	여성
설득	-지 않습니까?, -지 않(느)냐	남성
재촉	안 -아/어, 안 -고 뭐 하냐, -지 않고	여성
제안	-지 않을까?	남성
거절	안 -아/어(요), 안 -(으)ㄹ래(요)	여성
핀잔	-지 않고, -지 않냐	여성

17개의 고빈도 발화의도 중 총 16개에서 성별 선호도가 뚜렷한 문형이 존재하는 것으로 나타났으나 '금지'의 대표 문형만큼은 남녀 선호도가 명확히 드러나지 않았다. 한 가지 특이한 점으로, '용인'의 발화의도에서 '안 -아/어도 돼'는 남녀 비율이 50%씩으로 비슷하게 나왔다. 그러나 '안 -아/어도 돼요'의 경우는 여성 비율이 더 많았으며, '설득'의 경우는 대표 문형 모두가 남성 화자에 의해 선호되었다는 점이 두드러졌다.

ㅁ 지위의 관련성

'안' 부정 표현은 화청자의 지위에 따라 영향을 받는 것으로 나타
났으나 대부분이 화청자 간의 지위가 동등한 경우였고, 거기에 조금
못 미치는 수가 화자가 청자보다 지위가 높은 경우였다. 따라서 '안'
부정으로 이루어지는 표현 문형이 화청자 간의 지위에 따라 선택되
는 문형이 달라지는 것은 사실이나 그 경향성에 있어서는 그리 다양
하지 못한 것으로 나타났다. 다음은 화청자의 지위 관계에 따라 변별
적으로 사용된 문형들을 제시한 것이다.

〈표 9〉 '안' 부정 표현: 특정 지위 관계에서 자주 사용한 문형

유형	문형 예시
화자〉청자	안 -아/어(경고), 안 되겠다(불가능), 안 -는다(거절). '핀잔'의 발화 의도로 사용된 문형 중 '-지도 않냐'를 제외한 전체 '재촉'의 발화 의도로 사용된 문형 중 '안 -을 거야'를 제외한 전체
화자=청자	안-네, 안-냐?(확인), 안 -고(불평) -면 안 돼, -면 안 될까?'(요청) 안 -아/어도 돼(용인), 안 -(으)ㄹ래, -지 않을래?(제안) 안 -아/어, 안 -(으)ㄹ래(거절).
	-지도 않냐(핀잔) '동의 구함'의 발화 의도로 사용된 문형 중 '-지 않아요?'를 제외한 전체 '강조', '추측', '의견 제시', '의지 표명', '설득'의 발화 의도로 사용된 문형 전체
화자〈청자	-면 안 돼요?(요청)

대부분은 화자와 청자의 지위가 동등한 경우에 보편적으로 사용
되었고, 문형이 나타내는 발화 의도에 특성에 따라 화자의 지위가
청자보다 지위가 높거나, 반대인 경우에 사용되는 것을 볼 수 있었
다. 그 외에 종결어미에 의한 높임의 등급이 큰 영향을 미쳤는데,

이러한 특성을 배제하고 나면 문형과 화청자의 지위 관계 간의 상관 관계에서는 특별한 경향성을 찾기가 어렵다고 볼 수도 있다.

 □ 화청자 관계와의 관련성
 '안' 부정 표현에서 특정한 발화의도를 표현하기 위해 사용된 문형 들은 대다수가 화자와 청자가 친밀한 경우에 사용되는 것으로 나타 났다. 그 이유는 '안' 부정이 수행하는 화행 기능 자체가 체면 손상의 위협이 강한 유형이기 때문인 것으로 짐작해 볼 수 있다. 이러한 가운 데 화자와 청자의 관계가 가깝지 않은 사이에서 많이 사용되는 문형 도 몇 가지 발견되었는데 다음과 같다.

> ▲ 동의구함: '-지 않습니까?'
> ▲ 의견제시: '-지 않나', '-지 않겠느냐'
> ▲ 설득: '-지 않습니까?', '-지 않느냐'

 '설득'의 문형에서 '-지 않냐'의 경우 친밀한 관계 안에서 절대적 으로 높게 나온 반면, '-지 않느냐'는 친밀하지 않은 관계에서 주로 발견되었다. 그런데 이 '-지 않느냐'가 사용된 담화 상황이 모두 라디 오나 TV 토론 담화였고, 화자가 자신의 의견이나 주장을 몇 가지 나열하면서 그것을 청자에게 설득하듯이 전달하는 경우에 주로 나타 나는 것으로 분석되었다. '동의 구함'과 '의견 제시'를 위해 사용된 문형들도 주로 라디오나 TV 토론 담화였다는 점에서 이들 문형이 단지 화청자 관계로만 선택되는 것이 아니라 해당 발화의 장소나 사 용역에 따라서도 큰 영향을 받음을 알 수 있었다. 한편, '안' 부정 표현은 전반적으로 가족이나 친척 등의 혈연관계에 의한 1차 집단이 나 사회적으로 지속적인 관계를 유지하는 친구나 동료, 선후배 등의

2차 집단 내에서 발견되었다. 다음은 특정 집단에서 보다 자주 사용되는 문형의 예시이다. 발화 의도 가운데 '의지표명'에 속한 모든 문형과 '재촉'(위의 언급한 두 경우를 제외한 나머지 4개의 문형)에 속한 문형은 주로 1, 2차 집단에서 두루 사용되는 것으로 나타났다.

〈표 10〉 '안' 부정 표현: 특정 집단에서 자주 사용한 문형

유형	문형 예시
1차 집단	-면 안 돼?(불평), -면 안 돼?(요청), 가만 안 둬(경고), '재촉'과 '핀잔'의 발화 의도로 사용된 문형 중 '안 -고'와 '-지 않고'를 제외한 전체
2차 집단	안 -아/어요, 안 -냐(확인) -면 안 돼(금지) -면 안 돼요?, -면 안 될까요?(요청) 안 -아/어(경고) -지도 않냐, 안 -냐(핀잔) '설득'의 발화 의도로 사용된 문형 중 '-지 않냐'를 제외한 전체 '거절'의 발화 의도로 사용된 문형 중 '안 -아/어'와 '안 -(으)ㄹ래'를 제외한 전체 '강조', '동의구함', '추측', '용인', '의견제시', '불가능', '제안' 전체

□ 사용역의 관련성

'안' 부정 표현은 대부분 체면 손상의 위협이 강하여 사용역 또한 비격식적 상황에서 주로 사용되는 경향을 보였다. 이러한 가운데 아래에 제시된 표현 문형만은 예외적으로 격식적인 상황에서 발화되었는데, 거의 모두 라디오와 TV 토론 담화에서 출현한 것으로 확인되었다.

▲ 강조: '-지 않(았)습니까?'
▲ 동의 구함: '-지 않습니까?'
▲ 의견 제시: '-지 않겠느냐'
▲ 설득: '-지 않습니까?', '-지 않느냐'

　이들은 '강조', '동의 구함', '의견제시', '설득'의 발화 의도를 표현하는데, 이것은 상대의 체면 손상 위협에 있어서 중립적이거나 미약한 유형임을 알 수 있다. 즉, '안' 부정으로 실현되는 표현 문형은 대부분 사적 영역에서 발화되나 공적 영역에서 발화될 경우 그 의도 자체가 체면 손상의 위협이 약한 경우에 국한되었다.

　'안' 부정 표현을 통해 실현된 발화 의도를 표현하는 개별 문형 중 높은 빈도로 사용된 문형의 맥락 특성을 나타낸 것이다.

〈표 11〉 '안' 부정 표현의 발화 의도별 주요 문형과 맥락 특성

문형		성별		지위 관계			친소 관계		사용 집단			상황		합계
		남	여	화〉청	화=청	화〈청	친	소	1차	2차	3차	공적	사적	
확인	안 -아	103	186	93	132	64	266	23	132	147	10		289	289
	안 -아요	36	55	17	35	39	70	21	27	56	8	2	89	91
	안 -네	54	57	34	56	21	100	11	50	54	7	1	110	111
	안 -냐	72	34	35	60	11	97	9	43	61	2		106	106
	안 -지	45	61	45	48	13	98	8	49	55	2		106	106
금지	안 -아 (안 돼)	214	282	184	208	104	459	37	233	246	17	2	494	496
	-면 안 돼	78	76	63	59	32	135	19	66	80	8		154	154
강조	-지 않습니까	315	52	13	339	15	29	338	7	357	3	352	15	367
	-지 않았습니까	69	11	3	67	10	13	67	2	77	1	73	7	80
불평	안 -아	43	49	32	42	18	83	9	47	40	5		92	92
	안 -냐	36	22	25	29	4	56	2	31	26	1		58	58
	-면 안 되지	23	10	14	11	8	27	6	13	16	4		33	33
	-면 안 돼?	12	17	6	14	9	27	2	19	10			29	29
	안 -고	7	18	3	14	8	22	3	13	11	1	1	24	25
동의 구함	-지 않냐	78	100	48	118	12	175	3	70	105	3		178	178
	-지 않습니까	93	7	5	86	9	17	83	4	94	2	92	8	100
	-지 않니	13	54	21	41	5	61	6	24	42	1		67	67
	지 않아요?	18	31	8	20	21	39	10	12	35	2	4	45	49

문형		성별		지위 관계			친소 관계		사용 집단			상황		합계
		남	여	화>청	화=청	화<청	친	소	1차	2차	3차	공적	사적	
추측	지 않을까	49	51	21	67	12	80	20	27	69	4	19	81	100
	안 -을걸	7	15	5	16	1	22		6	16			22	22
	-지 않겠습니까	15		1	14		1	14		15		14	1	15
	-지 않을 거야	10	5	9	6		13	2	6	9			15	15
	-지 않을 거예요	3	9		6	6	11	1	3	9		1	11	12
요청	-면 안 돼?	19	49	13	37	18	66	2	37	29	2		68	68
	-면 안 될까	26	33	17	25	17	54	5	29	28	2		59	59
	-면 안 돼요?	16	36	3	18	31	48	4	22	30			52	52
	-면 안 될까요	27	21	5	22	21	31	17	9	29	10	2	46	48
경고	안 -아	100	127	121	79	27	191	36	95	116	16		227	227
	가만 안 둬	17	7	9	11	4	20	4	15	9			24	24
	안 -는다	11	5	10	6		13	3	7	8	1		16	16
	가만 안 둔다	5	1	3	3		4	2	1	4	1		6	6
의견제시	-지 않나	22	18	2	32	6	20	20	3	36	1	15	25	40
	-지 않겠느냐	22	3	2	23			25		24	1	24	1	25
	-지 않겠어?	10	6	5	9	2	15	1	6	9	1		16	16
	-지 않나요	8	7	1	9	5	10	5	1	14		4	11	15
	-지 않는가	11	1		2	10		12		12		12		12
	-지 않겠는가	9	2	3	7	1		11		11		11		11
	-지 않았나	9	2	2	8	1		11		11		11		11
의지표명	안 -아	9	19	4	17	7	24	4	11	14	3		28	28
	-지 않을 거야	12	16	5	20	3	25	3	15	13			28	28
	-지 않겠습니다	21	1	3	13	6	10	12	1	19	2	7	15	22
용인	안 -아도 돼	36	37	22	39	12	72	1	32	40	1		73	73
	안 -아도 돼요	7	11	4	6	8	13	5	4	11	3	1	17	18

3.3.2.2. '못' 부정

□ 발화 의도의 관련성

'못' 부정 표현은 전체 부정 표현의 용례 수인 27,135회 가운데 5,232회로 나타났다. 이 가운데 단형의 부정표현이 4,802회(91.8%), 장형의 부정 표현이 430회(9.2%)로 장형보다는 훨씬 더 높은 빈도로 사용되었으며, 다양한 종결어미 또는 문형과 결합하여 다양한 발화 의도를 표현하는 데에 사용되었다. 발화 의도에 있어서는 단순 부정이 62.9%, 화자에게 일정한 발화수반력을 행사하는 화행 기능을 나타내는 것이 37.1%로 나타나, 실제 구어 사용 상황에서 '못' 부정 표현은 본래의 의미인 '능력 부정' 외에도 화자의 다양한 발화 의도를 나타내는 데에 적극 관여하고 있음을 알 수 있었다.

〈표 12〉 '못' 부정 표현의 의미 빈도

단순 부정(능력 부정)	특정 화행 기능
3,890(62.9%)	1,342(37.1%)

단순 부정을 제외한 '못' 부정 표현을 통해 나타내는 발화 의도는 총 15가지로 다음과 같다.

의지표명	315(23.47%)	핀잔	71(5.29%)	부정적평가	27(2.01%)
비난	268(19.97%)	확인	63(4.69%)	아쉬움	25(1.86%)
명령	142(10.58%)	가능	5(0.37%)	거절	15(1.12%)
불평	137(10.21%)	따짐	54(4.02%)	반박	8(0.60%)
금지 1	12(8.34%)	비아냥	41(3.06%)	경고	5(0.37%)

화행 범주에 따라 '안' 부정 표현으로 실현된 상위 빈도의 발화
의도를 보이면 다음과 같다.

진술형: 가정, 당위, 동의, 동의 구함, 반대, 반박, 변명, 부인, 부정,
　　　　불가능, 설명, 이유, 의견 제시, 자문, 전달, 지적, 추측

지시형: 경고, **금지**, 당부, **명령**, 반문, 부탁, 설득, 요청, 용인, 의무,
　　　　의문, 재촉, 제안, 조언, 질책, 책망, 추궁, 충고, 허락, 확인

공약형: 약속, 협박

표현형: 감탄, 강조, 답답함, **불평**, **비난**, 비아냥, 아쉬움, 우쭐거림, 원
　　　　망, 위로, 자책, 폄하, 한탄, 핀잔, 후회

선언형: 거절, 결심, 다짐, 선언, 완곡한 주장, **의지 표명**, 주장

'못' 부정 표현을 통해 실현되는 발화 의도는 주로 지시형과 표현
형에 집중되어 있었으며, 선언형에 가장 높은 빈도로 사용된 '의지
표명'이 포함되어 있었다. '의지 표명'은 어떤 상황이나 제안에 대한
화자의 거부 의사를 표현하는 경우가 주를 이루었다. 이러한 발화
의도는 '못'이 '능력 부정'이 아닌 '의지 부정'의 의미를 나타내면서
그것이 발화 상황에 의해 강화됨으로써 표현되었다. '금지'와 '명령'
은 화자가 청자의 능력을 부정함으로써 화자가 지시하는 행위의 이
행을 강력하게 촉구하는 방식으로 사용되었다. '불평'은 화자의 의사
나 능력과 상관없이 어쩔 수 없는 상황에 의해 어떤 일을 하지 못한
것에 대한 표현의 형식으로 나타났으며, '비난'은 상대방의 의지나
능력 부족으로 인해 어떤 일을 하지 않거나 못한 것에 대한 화자의
평가가 담긴 표현으로 나타났다. '못' 부정 표현은 다음의 네 가지
유형으로 다양한 발화 의도를 표현하였다.

〈표 13〉 '못' 부정 표현: 문형의 발화의도 표현 유형

유형	문형 예시
어미 자체가 갖는 의미/기능에 영향을 받는 유형	못 −다 그랬잖아요, 못 −아 주니?, 못 −아 봤냐?
다른 문형과의 결합에 의해 본래의 의미와 다른 제3의 의미를 나타내는 유형	못 −게 하다(금지)
중립적 표현 문형이 화자의 어조와 같은 운율적 요소와 결합하여 다양한 의미/기능을 분화하는 유형	못 −아/어, 지 못해 (의지 표명, 불평, 금지 등)
특정 어휘와 결합하여 관용적으로 사용되는 유형	못 살아(불평), 꿈도 못 꾸다, 생각도 못 하다(불가능)

□ 화자 성별의 관련성

화자의 성별과 발화 의도의 관련성에서는 여성이 남성보다 '금지'와 '불평', '반박', '핀잔', '확인'의 뜻을 나타내기 위하여 '못' 부정 표현을 많이 사용한 한편, 남성의 경우는 '명령', '거절', '비난' 등과 같이 상대방의 체면 손상의 정도가 큰 발화 의도를 표현하는 데에 '못' 부정 표현을 사용하는 것이 눈에 띄었다. 화자의 성별에 따른 문형의 선택에서도 차이를 보였는데, 여성의 경우 '못 −아(요)'의 형태를 사용하면서 억양을 통해 세분화된 발화 의도를 실현하는 것으로 나타났다. 또한 남성이 '−습니다'와 같이 단언적인 문형을 선호하는 데 비해, 여성은 '−겠−'을 포함한 완곡 표현을 선호하는 것으로 나타났다. 다음은 특정 성별의 화자가 더 자주 사용하는 문형을 제시한 것이다.

〈표 14〉 '못' 부정 표현: 특정 성별의 화자가 자주 사용한 문형

발화 의도	문형	성별
금지	못 -아	여성
따짐	못 -아	여성
명령	못 -아, -지 못해	남성
불평	못 -아, 못 -겠다	여성
비난	못 -냐, 못 -아	남성
	못 -니, 못 아요	여성
의지 표명	못 -습니다	남성
	못 -겠어, 못 -아, 못 -아요	여성
핀잔	못 -냐, 못 -아	남성

□ 지위의 관련성

'못' 부정 표현은 화청자의 지위에 따라 상당 부분 영향을 받는 것으로 나타났다. 이는 대부분 발화 의도를 통해 상대방에 가해지는 발화수반력 또는 체면 손상의 정도에 따른 것으로 파악되었다. 가령, '금지', '명령', '비난'의 경우는 화자의 지위가 청자의 지위보다 높은 경우, 또는 화자와 청자의 지위가 동등한 경우에 주로 사용되었다. 반면, '거절'은 화자의 지위가 청자의 지위보다 낮은 경우 또는 화자와 청자의 지위가 동등한 경우에 주로 사용되었다. 이는 화자보다 지위가 낮은 청자가 능력 부족으로 인한 불가피한 거절의 형태로 거절에 대한 부담을 덜기 위한 전략적 사용에 따른 것으로 파악된다. 다음은 화청자의 지위 관계에 따라 변별적으로 사용된 문형들을 제시한 것이다.

〈표 15〉'못' 부정 표현: 특정 지위 관계에서 자주 사용한 문형

유형	문형 예시
화자〉청자	못 -아, -지 못해(명령) 못 -아(비난) 못 -는다(의지 표명)
화자=청자	못 -냐, 못 -니, 못 -아, -지도 못하면서(비난) 못 -아(의지 표명)
화자〈청자	못 -습니다, 못 -아요(거절)

□ 화청자 관계와의 관련성

'못' 부정 표현에서 특정한 발화의도를 표현하기 위해 사용된 문형들은 대부분이 화자와 청자가 친밀한 경우에 사용되는 것으로 나타났다. 이는 '못' 부정 표현을 통해 표현하는 발화 의도가 상대방에 대한 '명령'이나 '금지'와 같이 행위의 이행을 촉구하거나 '불평', '비난' 등과 같이 체면 손상의 정도가 강하기 때문인 것으로 볼 수 있다. 또한 '못' 부정 표현은 가족이나 친척 등과 같이 혈연관계에 의한 1차 집단이나 사회적으로 지속적인 관계를 유지하는 친구나 동료, 선후배 등의 2차 집단 내에서 주로 사용되는 것으로 분석되었다. 다음은 특정 집단에서 보다 자주 사용되는 문형의 예시이다.

〈표 16〉'못' 부정 표현: 특정 집단에서 자주 사용한 문형

유형	문형 예시
1차 집단	못 -게 하다, 못 -아(금지) 못 -아(따짐), 못 -아, -지 못해(명령) 못 -겠다, 못 -아(불평), 못 -아(의지 표명) 못 -냐, 못 -아(핀잔)
2차 집단	N이 못 돼(부정적 평가), 못 -냐(비난), 못 -습니다, 못 -아요(의지 표명)

▫ 사용역의 관련성

'못' 부정 표현은 주로 비격식적 상황에서 사용되는 것으로 나타났다. 일부 격식적인 상황에서 문형이 사용되더라도 매우 극소수로 전반적인 경향에는 영향을 미치지 않을 만큼 미미한 수준이었다. 이는 앞서 분석한 문형의 발화 의도를 통해 표현되는 화행 의미와 함께 화청자 간의 친소관계, 사용 집단의 특성과도 일정한 상관관계를 보이는 것으로 파악된다.

다음은 '못' 부정 표현을 통해 실현된 발화 의도를 표현하는 개별 문형 중 높은 빈도로 사용된 문형의 맥락 특성을 나타낸 것이다.

〈표 17〉 '못' 부정 표현의 발화 의도별 주요 문형 과 맥락 특성

	문형	성별		지위 관계			친소 관계		사용 집단			상황		합계
		남	여	화>청	화=청	화<청	친	소	1차	2차	3차	공적	사적	
의지표명	못 -아	57	73	37	68	25	115	15	68	54	8		130	130
	못 -아요	7	26	5	9	19	26	7	9	23	1	4	29	33
	못 -는다	12	11	16	7		20	3	17	6		3	20	23
	못 -(스)ㅂ니다	17	5	8	4	10	18	4	6	16		3	19	22
비난	못 -아?	30	22	25	19	8	43	9	23	24	5		52	52
	못 -아	15	12	12	13	2	24	3	11	13	3		27	27
	못 -냐?	12	6	4	13	1	17	1	7	11			18	18
	못 -니?	4	11	4	11		14	1	8	7			15	15
	못 -아요?	3	9	2	4	6	10	2	7	5			12	12
명령	못 -아	40	17	30	23	4	48	9	36	19	2		57	57
	못 -아?	14	13	18	8	1	22	5	9	17	1	2	25	27
	지 못해	13	3	11	4	1	15	1	11	4	1		16	16
	지 못하니	3	6	5	4		9		7	2			9	9
불평	못 -아	10	46	25	18	13	52	4	39	15	2		56	56
	못 -겠다	6	9	6	8	1	14	1	10	5			15	15
	못 -겠네	4	5	3	4	2	5	4	3	3	3		9	9

금지	못 -아	6	21	10	11	6	24	3	19	5	3	1	26	27
	못 -게 해	5	4	6	1	1	9		6	3			9	9
	못 -게 될 거야	4		4				4			4		4	4

3.3.2.3. '말다' 부정

□ 발화 의도의 관련성

'말다' 부정 표현은 전체 부정 표현의 용례 수인 27,135회 가운데 3,229회로 나타났다. '말다' 부정 표현 또한 다양한 종결어미 또는 문형과 결합하여 다양한 발화 의도를 표현하는 데에 사용되었다. '말다' 부정 표현을 통해 나타내는 발화 의도는 총 24가지로 다음과 같다.

경고	626(19.39%)	설득	113(3.50%)	원망	10(0.31%)
부탁	533(16.51%)	거절	71(2.20%)	결심	7(0.22%)
금지	374(11.58%)	회피	61(1.89%)	무관심	6(0.19%)
위로	360(11.15%)	걱정	52(1.61%)	불평	4(0.12%)
충고	344(10.65%)	부인	30(0.93%)	선택	3(0.09%)
핀잔	267(8.27%)	반박	25(0.77%)	의견구하기	3(0.09%)
명령	184(5.70%)	후회	22(0.68%)	다짐	1(0.03%)
비아냥	115(3.56%)	변명	17(0.53%)	따짐	1(0.03%)

화행 범주에 따라 '말다' 부정 표현으로 실현된 상위 빈도의 발화 의도를 보이면 다음과 같다.

진술형: 가정, 당위, 동의, 동의 구함, 반대, 반박, 변명, 부인, 부정,
        불가능, 설명, 이유, 의견 제시, 자문, 전달, 지적, 추측
지시형: **경고**, **금지**, 당부, **명령**, 반문, **부탁**, 설득, 요청, 용인, 의무,
        의문, 재촉, 제안, 조언, 질책, 책망, 추궁, **충고**, 허락, 확인
공약형: 약속, 협박
표현형: 감탄, 강조, 답답함, 불평, 비난, **비아냥**, 아쉬움, 우쭐거림, 원
        망, **위로**, 자책, 폄하, 한탄, **핀잔**, 후회
선언형: 거절, 결심, 다짐, 선언, 완곡한 주장, 의지 표명, 주장

위의 범주 분류 결과에 따르면 '말다' 부정 표현을 통해 실현되는
발화 의도는 지시형과 표현형에 집중되어 있었다. 지시형의 범주에
속한 발화 의도를 표현하는 데에 주로 사용되는 것은 '말다'가 '명령
형'의 부정을 실현하면서 '금지'의 의미를 나타내기 때문으로 일면
당연한 결과라고 할 수 있다. 한편, '비아냥', '핀잔', '위로' 등의 발화
의도는 '말다'의 본래 의미가 확장된 것으로 그것이 사용되는 상황이
나 화자의 태도, '말다'와 결합하는 어휘 의미의 영향에 의해 확장된
의미인 것으로 파악된다.

〈표 18〉 '말다' 부정 표현: 문형의 발화의도 표현 유형

유형	문형 예시
어미 자체가 갖는 의미/기능에 영향을 받는 유형	-지 말자(설득), -지 말고(핀잔), -지 말 걸(후회) -지 마, -지 마라(경고)
다른 문형과의 결합에 의해 본래의 의미와 다른 제3의 의미를 나타내는 유형	-든지 말든지(무관심), -아야 -든지 -든지 하지(불평)

| 중립적 표현 문형이 화자의 어조와 같은 운율적 요소와 결합하여 다양한 의미/기능을 분화하는 유형 | -지 마, -지 마세요(금지, 비아냥, 설득, 걱정, 위로 등) |
| 어휘 의미에 의해 특정한 발화 의도를 나타내는 경우 관용적으로 사용되는 유형 | -지 마, -지 마세요, -지 마십시오(걱정, 위로) |

ㅁ 화자 성별의 관련성

화자의 성별과 발화 의도의 관련성에서는 남성이 '명령', '반박', '변명', '불평', '충고' 등의 발화 의도를 표현하기 위하여 '말다' 부정 표현을 많이 사용한 반면, 여성의 경우는 그 차이가 크지는 않지만 남성에 비해 '원망'이나 '후회' 등의 발화 의도로 '말다' 부정 표현을 많이 사용하는 것으로 분석되었다. 화자의 성별에 따른 문형의 선택에서도 차이를 보였는데, '경고', '금지', '명령', '부탁', '비아냥', '위로', '충고', '핀잔' 등의 모든 발화 의도를 표현하는 데에 있어서 남성의 경우 '-지 마', '-지 마라'의 형태를 선호한 반면, 여성은 '-지 마세요', '-지 마요', '-지 말아요'의 형태를 선호하여 '말다' 부정의 경우 높임법의 등급에 따른 종결어미의 선택에서 남성과 여성의 선호 문형이 달라지는 것을 알 수 있었다. 다음은 특정 성별의 화자가 더 자주 사용하는 문형을 제시한 것이다.

〈표 19〉 '말다' 부정 표현: 특정 성별의 화자가 자주 사용한 문형

발화 의도	문형	성별
경고	-지 마, -지 마라	남성
	-지 마세요, -지 마요, -지 말아요	여성
금지	-지 마, -지 마라, -지 말고	남성
	-지 말아, -지 말아요	여성

발화 의도	문형	성별
명령	-지 마, -지 마라, -지 말고	남성
	-지 말아	여성
부탁	-지 마, -지 마세요, -지 마요	여성
	-지 말고, -지 말자	남성
비아냥	-지 마	여성
	-지 말고	남성
설득	-지 말자	남성
위로	-지 마, -지 마라, -지 마십시오, -지 말고	남성
	-지 마세요	여성
충고	-지 마, -지 마라, -지 말고	남성
핀잔	-지 마, -지 마라, -지 말고	남성
후회	-지 말걸	여성

□ 문형과 지위의 관련성

'말다' 부정 표현은 화청자의 지위에 따라 상당 부분 영향을 받는 것으로 나타났다. 이는 '말다'를 통해 전달되는 발화 의도의 상당 수가 상대방에게 어떤 행위를 강력하게 명령 또는 요구하거나, 체면 손상 위협의 정도가 크기 때문이다. 또한 '안' 부정이나 '말다' 부정과 비교할 때 높임법의 등급에 따른 종결어미의 선택에서도 가장 많은 영향을 받는 것으로 나타났다. 이는 동일한 발화 의도로 사용되는 표현들이 높임법의 등급에 따라 다양하게 분화되는 것을 통해 알 수 있다. 다음은 화청자의 지위 관계에 따라 변별적으로 사용된 것들이다.

〈표 20〉'말다' 부정 표현: 특정 지위 관계에서 자주 사용한 문형

유형	문형 예시
화자〉청자	-지 말고(걱정, 충고) -지 마, -지 마라, -지 말고, -지 말아(명령) -지 마(위로, 충고, 핀잔) -지 말아(핀잔)
화자=청자	-지 마(거절, 경고, 금지, 부탁, 비아냥, 위로, 충고, 핀잔, 회피), -지 마라(금지), -지 마세요, -지 말고, -지 말랬지, -지 말아요(경고), -지 말고(금지, 걱정, 비아냥, 설득, 충고), -지 말걸(후회), -지 말아(핀잔), -지 말걸(후회)
화자〈청자	-지 마세요(경고, 부탁), -지 말아요(금지), -지 말걸(후회)

　□ 화청자 관계와의 관련성

　'말다' 부정 표현에서 특정한 발화의도를 표현하기 위해 사용된 문형들은 '안' 부정 표현이나 '못' 부정 표현과 같이 대부분이 화자와 청자가 친밀한 경우에 사용되는 것으로 나타났다. 이는 '말다' 부정 표현을 통해 표현하는 발화 의도가 상대방에 대한 '명령'이나 '금지', '부탁'과 같이 행위의 이행을 촉구하거나 '거절', '핀잔' 등과 같이 체면 손상의 정도가 강하기 때문인 것으로 볼 수 있다. 또한 '걱정', '위로'와 같이 상대방을 위해 표현하는 정표적 발화 의도들도 포함되었는데, 이는 특히 '말다' 부정 표현에서 두드러지는 현상이라고 할 수 있다. 또한 '말다' 부정 표현은 가족이나 친척 등과 같이 혈연관계에 의한 1차 집단이나 사회적으로 지속적인 관계를 유지하는 친구나 동료, 선후배 등의 2차 집단 내에서 두루 사용되는 가운데, 특히 문형의 수가 빈도에 있어서 2차 집단 내에서 보다 활발히 사용되는 것으로 분석되었다. 다음은 특정 집단에서 보다 자주 사용되는 문형의 예시이다.

〈표 21〉 '말다' 부정 표현: 특정 집단에서 자주 사용한 문형

유형	문형 예시
1차 집단	-지 마(거절), -지 말아(명령), -지 마(충고), -지 말고(핀잔), -지 마(회피)
2차 집단	-지 마세요(거절), -지 마십시오, -지 말고, -지 말아요(경고) -지 마라, -지 마세요, -지 말라고, -지 말아요(금지) -지 말고(명령) -지 마세요, -지 말아 주세요, -지 말아요(부탁) -지 말고, -지 말자(설득) -지 마십시오, -지 말아요(위로) -지 말아요(충고)

□ 사용역의 관련성

'말다' 부정 표현은 '명령'의 발화 의도로 사용된 '-지 말고'가 격식적인 상황과 비격식적인 상황에서 비슷한 비율로 쓰인 것을 제외하고는 주로 비격식적 상황에서 사용되는 것으로 나타났다. '고 말고'가 격식적으로 쓰인 용례는 대부분 상하관계가 엄격한 조직 내에서 윗사람이 아랫사람에게 업무 지시를 내리는 상황에서 주로 사용되었다. 그 외에 '말다' 부정 표현이 비격식적인 상황에서 주로 쓰인 것은 상당 부분 그것이 사용되는 발화 의도의 특성에 의한 것과 일정한 상관관계가 잇는 것으로 볼 수 있다.

다음은 '말다' 부정 표현을 통해 실현된 발화 의도를 표현하는 개별 문형 중 높은 빈도로 사용된 문형의 맥락 특성을 나타낸 것이다.

〈표 22〉 '말다' 부정 표현의 발화 의도별 주요 문형과 맥락 특성

문형		성별		지위 관계			친소 관계		사용 집단			상황		합계
		남	여	화>청	화=청	화<청	친	소	1차	2차	3차	공적	사적	
경고	지 마	200	151	100	195	56	323	28	161	180	10	4	347	351
	지 마라	33	11	15	19	10	38	6	13	30	1	3	41	44
	지 마세요	14	25	6	16	17	29	10	13	25	1	2	37	39
	지 말고	13	11	7	14	3	15	9	7	13	4	1	23	24
	지 마요	3	15	1	11	6	17	1	6	12			18	18
	지 말아요	3	15	5	9	4	15	3	3	12	3		18	18
	지 마십시오	14	1	5	2	8	8	7	2	11	2	3	12	15
부탁	지 마	89	124	42	110	61	199	14	107	97	9	4	209	213
	지 마세요	24	51	8	29	38	63	12	29	43	3	3	72	75
	지 말아요	20	26	5	27	14	43	3	16	30		1	45	46
	지 마요	10	21	2	15	14	26	5	12	13	6		31	31
금지	지 마	63	49	36	57	19	101	11	54	54	4	3	109	112
	지 말고	31	19	19	25	6	45	5	24	22	4	4	46	50
	지 마라	16	8	7	14	3	21	3	9	13	2		24	24
	지 말아요	6	18	4	9	11	22	2	4	17	3		24	24
	지 마세요	10	13	2	15	6	21	2	5	16		1	22	23
위로	지 마	108	71	63	76	40	168	11	90	80	9	3	176	179
	지 마세요	16	25	3	8	30	38	3	17	21	3	1	40	41
	지 말아요	15	18	16	10	7	29	4	4	27	2		33	33
	지 말고	18	6	12	10	2	23	1	12	11	1	1	23	24
충고	지 마	83	63	65	66	15	134	12	51	90	5	7	139	146
	지 말고	43	28	29	33	9	66	5	33	35	3	5	66	71
	지 마라	14	8	10	11	1	20	2	12	10			1	21	22
핀잔	지 마	60	39	47	42	10	89	10	48	47	4	3	96	99
	지 말고	29	21	26	19	5	45	5	27	19	4		50	50
	지 말아	10	9	10	9		18	1	15	2	2		19	19
명령	지 마	34	23	43	9	5	46	11	26	28	3	10	47	57
	지 마라	23	8	26	3	2	24	7	14	15	2	9	22	31
	지 말고	19	10	20	8	1	24	5	11	18		16	13	29

문형		성별		지위 관계			친소 관계		사용 집단			상황		합계
		남	여	화〉청	화=청	화〈청	친	소	1차	2차	3차	공적	사적	
비 아 냥	지 마	28	38	18	40	8	55	11	24	38	4	1	65	66
	지 말고	11	4	1	10	4	12	3	5	8	2		15	15
	지 마라	4	2	3		3	5	1	1	4	1	1	5	6

3.4. 모국어 화자 인식 분석

이상으로 구어 말뭉치를 대상으로 한 맥락 요인별 분석은 언어 사용의 실제성에 기초 자료가 된다. 해당 자료의 분석을 바탕으로 하여, 분석 결과의 타당성을 설문을 통해 검증하였다.

모어 화자를 대상으로 하는 담화 적절성 인식 설문은 한국어 모어 화자들이 부정 표현 문형의 담화 기능과 사용역, 화청자 변인, 화청자 관계 등에 대해 가지고 있는 직관을 살펴보는 작업이다. 이를 통해 말뭉치에 의한 귀납적인 연구의 한계를 보완하고자 했다. 일반적으로 자주 사용되는 담화분석테스트(DCT)는 자연 대화 자료가 부족한 상황에서 자연 대화 예시를 통해 도출된 테스트의 가능성 및 가설을 용이하다. 그러나 응답자가 DCT에서 선택할 수 있는 문법 형태의 범위가 좁고, 자연 대화 자료에서 발견되는 확장된 협상이 결핍되어 있고, 자연 대화에서보다 판에 박힌 진술이 더 많이 사용된다. 또한 필기형 양식이 발화자의 반응을 왜곡할 수도 있으며, 무엇보다 실제와 비슷한 상황을 설정하기가 어렵고 그러한 차이가 또 다른 변이형을 만들어 낸다는 한계가 있다(Beebe & Cummings, 1985). 이에 본 연구에서는 말뭉치를 통해 분석한 귀납적 일차 분석 자료을 대상으로 하여, 아래와 같이 모국어 화자의 적절성 인식 여부를 조사하였다.

응답요령

각 문항은 모두 요청 상황을 나타낸 것입니다.

요청이란 화자(말하는 사람) 자신을 위해 청자(듣는 사람)이 어떤 행동을 해 줄 것을 표현하는 것을 말합니다. 이때 청자는 원하지 않으면 그 행동을 하지 않아도 됩니다.

제시 상황을 읽고 (1)~(50)의 표현 중에서 사용할 수 없다고 생각하는 것에 모두 ○표 하십시오. 만일 (1)~(50)의 표현 외에 사용 가능하다고 생각하는 표현이 있으면 쓰십시오.

A-1. 격식, 위-아래, 여성 화자

> 같은 부서의 여자 부장이 사무실에서 휴대 전화로 통화를 하는 부하 직원에게 밖에 나가서 통화를 하라고 요청한다.
> 팀장: 김 대리, 통화가 길어지는 것 같은데 밖에 나가서 _____

(1) 통화하<u>면 안 되겠어요?</u>　　(2) 통화하<u>면 안 되겠어?</u>　　(3) 통화하<u>면 안 돼?</u>
(4) 통화하<u>면 안 되겠습니까?</u>　(5) 통화하<u>면 안 됩니까?</u>　(6) 통화하<u>게나.</u>
(7) 통화하<u>게.</u>　　　　　　　　(8) 통화하<u>시고요.</u>　　　　(9) 통화하<u>고요.</u>
(10) 통화하<u>고.</u>　　　　　　　　(11) 통화하<u>지 않으시고요.</u>　(12) 통화하<u>지 않으시고.</u>
(13) 통화하<u>지 않고요.</u>　　　　(14) 통화하<u>지 않고.</u>　　　(15) 통화하<u>도록 해요.</u>
(16) 통화하<u>도록 해.</u>　　　　　(17) 통화하<u>도록 하세요.</u>　(18) 통화하<u>도록 하십시오.</u>
(19) 통화하<u>세요.</u>　　　　　　　(20) 통화하<u>십시오.</u>　　　(21) 통화<u>해.</u>
(22) 통화<u>해요.</u>　　　　　　　　(23) 통화 <u>안 해요?</u>　　　(24) 통화 <u>안 해??</u>
(25) 통화<u>해 줘.</u>　　　　　　　(26) 통화<u>해 주세요.</u>　　(27) 통화<u>해 주십시오.</u>
(28) 통화<u>해 주시겠어요?</u>　　　(29) 통화<u>해 주겠어요?</u>　(30) 통화<u>해 주겠어?</u>
(31) 통화<u>할 수(가) 없니?</u>　　　(32) 통화<u>할 수 없어?</u>　(33) 통화<u>할래?</u>
(34) 통화<u>할 수 없어요?</u>　　　　(35) 통화<u>할 수 없습니까?</u>　(36) 통화<u>할래요?</u>
(37) 통화하<u>지 않겠어요?</u>　　　(38) 통화하<u>지 않으시겠습니까?</u>
(39) 통화하<u>지 않겠어?</u>　　　　(40) 통화하<u>지 않겠습니까?</u>　(41) 통화하<u>지 못하겠니?</u>
(42) 통화하<u>지 못하니?</u>　　　　(43) 통화하<u>지 못해요?</u>　(44) 통화하<u>지 못해?</u>
(45) 통화<u>해 주지 않겠어요?</u>　(46) 통화<u>해 주시지 않겠어요?</u>
(47) 통화<u>해 주시지 않겠습니까?</u>　　(48) 통화<u>해 주지 않겠어?</u>
(49) 통화하<u>시지요.</u>　　　　　　(50) 통화하<u>지.</u>

응답요령

각 문항은 특정 화자가 청자에 대한 걱정의 뜻을 표현하고 있는 상황입니다. 누가, 어떤 사람에게, 어떤 상황에서 말할 때 가장 자연스럽다고 생각합니까? 제시 대화문을 읽고 <u>가장 적절하다고 생각하는 곳에 ○표 하십시오.</u>

A-2. 상황 1

> 가: 들어가서 **혼나는 거 아니에요?** 비선지 비키닌지 아까 막 째려보던데.
> 나: 째려본 거 아니에요. 걔 생긴 게 원래 그래요.

(1) <u>여성 / 남성</u>이 말하는 것이 적절하다.

(2) <u>가족 / 친구 / 치음 만난 사람</u>에게 말하는 것이 적절하다.

(3) <u>친한 / 친하지 않은 사람</u>에게 말하는 것이 적절하다.

(4) <u>격식적인 / 비격식적인 상황</u>에서 말하는 것이 적절하다.

이상으로 구어 말뭉치를 대상으로 하는 맥락 분석과 해당 분석의 타당성을 모어 화자 직관 설문을 통해 검증함으로써, 부정 표현의 사용 맥락을 분석해 보았다. 유의미한 맥락 분석이 되려면, 구어 말뭉치의 대표성과 균형성이 확보되어야 하며 보다 정교한 분석과 통계 분석이 이루어져야 할 것이다.

4. 나오기

문법 교육에서 정확성은 통사적 측면에서의 적법성을 의미한다면, 다른 측면에서 문법이란 결국 사용의 측면에서 '적절성'에 대한 문제이다. 언어 교육에서는 정확성에 초점을 둔 문법 능력 외에도 적절한 문법 사용이라는 언어 수행과 관련된 요소에도 초점을 두게 된다. 하지만 언어 능력의 규명이 객관적인 자료의 분석과 검증을 통해 이루어질 수 있는 것과 달리, 언어 수행 연구는 맥락에 따라 가변적이고 용인 가능성이 달라질 수 있으므로 규칙화하기가 매우 어렵다. 또한 실제 언어 사용의 모든 실태를 파악하기 위한 전수 조사 역시 불가능하다. 이러한 점에서 언어 수행 연구는 상대적으로 적고 관심의 대상이 되기 어려운 것이 사실이다. 설사 연구 대상이 되었더라도 소규모 자료에 의한 연구이거나 연역적 연구의 결과여서 해당 결과를 객관화하여 언어 교육에 적용하기까지는 어려움이 많다.

그럼에도 불구하고 언어교육에 있어서는 이러한 언어 수행의 결과를 모아 분석하는 일은 매우 중요하다. 이에 본고에서는 문법 항목의 실제적 사용 양상을 분석해야 할 중요성을 강조하고, 이러한 실제성 분석의 방안으로 맥락 분석을 보이고자 했다. 맥락의 요인은 더 정교해져야 하고 분석 자료 역시 일반화가 가능하도록 더욱 커지고 대표성을 갖추어야 할 것이다.

물론, 자칫하면 특정 맥락에서의 전형적인 문법 항목의 패턴을 파악하고 이를 교수하는 일이, 특정 상황에서의 의사소통의 내용을 목록화해서 가르치는 것으로 격하될 수 있다. 이러한 패턴 문형 접근의 언어 교수는 학습 초기에는 성공적인 듯이 보이지만 정확하지 않은 언어 사용을 초래하고, 점점 화석화되게 하여 복잡한 의사소통을 못하게 하는 문제가 발생할 수도 있다. 또한 학습자가 한국어를 상황에 맞게 또는 문화적으로 적절하게 사용하게 함으로써 의사소통을 이룰 수 있다는 생각이나 목표 언어의 규범이나 관례에 따라야 사용하게 해야 한다는 생각 자체는, 근본적으로 자유로운 의사소통의 능력을 방해하고 억누르는 부정적인 결과를 초래할 수도 있을 것이다. 하지만 맥락별로 패턴화된 문법 항목의 목록을 구축하여, 언어 교수의 자료로 삼는 것 자체는 문법항목 사용의 실제성을 파악할 수 있다는 점에서 매우 의미 있는 작업이다.

문법은 단지 문장을 만드는 규칙일까?
: 표현 문법으로써 한국어 복합 구성 골라 쓰기

이 글은 언어를 운용하기 위한 규칙이 아닌, 언어 사용자의 의도를 적확하게 나타내기 위한 표현 체계로서 문법을 다시 바라보고자 하는 생각에서 시작되었다. 우리는 어떤 의미를 전달하려고 할 때 문법 규칙에 맞게 문장을 이루는 요소들을 배열하는 것 외에도 다양한 것들을 고려하게 된다. 전달하고자 하는 의미와 함께 발화 의도를 충분히 전달하기 위해서는 해당 의미를 나타내는 다양한 문법 표현 중에 가장 적절한 표현을 선택해야 하기 때문이다. 그리고 때로는 다양한 의미를 나타내는 하나의 표현을 상황에 맞게 잘 부려 써야 하기 때문이다. 그러면 우리는 어떻게 여러 가지 문법 표현 중 하나를 선택하고, 하나의 표현이 가진 다양한 의미를 세밀하게 구분하여 사용하는 것일까? 그리고 어떻게 화자 또는 필자가 선택한 문법 표현을 통해 상대방의 의도를 정확하게 파악해 낼 수 있는 것일까? 이 글에서는 한국어 교육 문법 항목에서 중요한 비중을 차지하는 복합 구성의 쓰임을 통해 화자와 청자가 공유하는 언어 사용 맥락이 무엇인지 구체화해 봄으로써 그러한 물음에 대한 답을 찾고자 하였다.

1. 들어가기

한국어 교육 문법 항목에는 둘 이상의 문법 요소와 어휘 요소가 관습적으로 결합하여 마치 하나의 어휘처럼 독립된 의미 기능 단위로 사용되는 구성이 있다. 이른바 '통어적 구문'(백봉자 1999), '관용구'(이희자·이종희 2001), '통어적 문법소'(노지니 2004), '의존용언'(이종은 2005), '표현 항목'(이미혜 2005), '표현'(국립국어원 2005), '표현 문형'(김유미 2005, 강현화 2007, 종장지 2015 등), '구문 표현'(최윤곤 2004), '문법적 연어'(유해준 2001, 홍혜란 2007), '복합형식'(서희정 2009), '복합구성'(홍혜란 2016) 등으로 불리어 온 구성으로, 다음의 예에서 (1ㄱ)의 '-는 바람에', (2ㄱ)의 '을 가지고', (3ㄱ)의 '-(으)ㄹ 것 같다', (4)의 '-(으)면 안 되나?'가 이에 해당된다.

(1) ㄱ. 지난주에는 감기에 걸리<u>는 바람에</u> 학교에 못 갔어요.
    ㄴ. 지난주에는 감기에 걸려<u>서</u> 학교에 못 갔어요.
(2) ㄱ. 아이가 물감<u>을 가지고</u> 그림을 그리고 있어요.
    ㄴ. 아이가 물감<u>으로</u> 그림을 그리고 있어요.
(3) ㄱ. 내일은 비가 <u>올 것 같아요</u>.
    ㄴ. 내일은 비가 오<u>겠</u>어요.
(4) 가: 김 대리, 이것 좀 먼저 해 주<u>면 안 되나</u>?
    나: 네, 지금 바로 하겠습니다.

(1ㄱ)은 관형사형 어미 '-는', 의존명사 '바람', 조사 '에'가 결합하여 (1ㄴ)의 '-어서'와 같이 선행절과 후행절을 인과 관계로 이어 주는 '이유'의 연결어미 기능을 담당한다. (2ㄱ)은 조사 '을'과 동사 '가지다', 연결어미 '-고'가 결합하여 (2ㄴ)의 '으로'와 같이 '도구'의 의미를 나타내는 부사격조사의 기능을 수행한다. (3ㄱ)은 관형사형 어미 '-을', 의존명사 '것', 형용사 '같다'가 결합하여 (3ㄴ)의 '-겠-'과 같이 '추측'의 양태 의미를 나타낸다. 그리고 (4)는 연결어미 '-면', 부정부사 '안', 동사 '되다'가 의문형 종결어미 '-나'와 결합하여 '명령'의 뜻을 나타낸다. 이처럼 복합 구성은 둘 이상의 형태소가 결합하여 이루어진 덩어리(chunk) 구성으로 문장 층위에서 조사 또는 어미에

상당하는 문법 기능을 수행한다. 그리고 담화 층위에서 의사소통 기능과 긴밀하게 연계되어 다양한 담화 의미를 실현한다. 이들 항목은 주로 문법 구조에 관심을 가지는 전통적인 형식문법에서 주목의 대상이 되지 못하였지만, 의사소통적 측면에서 그것이 가지는 기능에 관심을 가지는 한국어 교육 문법에서는 크게 두 가지 이유에서 핵심적인 교수 항목으로 간주되어 왔다.

첫째, 분석이 필요하지 않은 형태·통사적인 단위라는 점이다. 이는 언어 습득과 사용에 관련된 특성으로 보편적으로 알려진 언어 습득의 과정이 어휘나 상투어와 같은 덩어리 표현의 사용에서 시작되어 문장 생성과 관련된 구문 규칙을 배우고 스스로 운용할 줄 아는 단계로 점진적인 발달의 과정을 거치며, 그 과정이 자연적인 모국어 습득 과정을 거치는 어린아이뿐만 아니라 제2 언어 혹은 외국어 습득, 교실에서 이루어지는 학습 과정에도 적용된다는 연구 결과에 따른 것이다(Pienemann & Johnston, 1987; Pienemann, Johnstone & Brindley, 1988). 이에 따라 최근의 제2 언어 교수에서는 전통적인 문장 문법에 기반을 둔 규칙과 함께 통사 혹은 담화 층위에서 하나의 의미 단위로서 일정한 기능을 수행하는 복합 구성을 문법 교수 항목으로 제시하고 있다. 낱낱의 요소가 가진 의미나 기능을 제시하는 대신 복합 구성을 하나의 표현 항목으로 제시함으로 해서 목표 언어에 대한 지식과 직관이 없는 비모국어 화자에게 낯설고 어려운 문법 규칙에 대한 설명을 줄이고, 학습자로 하여금 배운 표현을 사용하여 곧바로 의사소통을 할 수 있도록 해 줄 수 있기 때문이다. 또한 복합 구성은 하나의 단위로 어휘부에 저장되어 학습자가 구성 성분들을 새롭게 조합하는 과정이 없이 이미 만들어진 형태로 기억하고 쉽게 꺼내어 사용할 수 있기 때문에 의사소통 상황에서 소요되는 시간과 인지적 부담을 줄여 줄

뿐만 아니라 언어 사용의 정확성과 유창성을 증진시키는 데에도 기여를 하게 된다. 이미 모국어에 대한 지식과 언어 운용에 관한 지식 체계를 갖추고 있는 학습자에게 문법 규칙에 대한 명시적인 설명이 더 효과적이라는 주장도 없지는 않지만, 복합 구성의 교육이 이를 완전히 배제하거나 대체하는 것이 아니라 최소한의 규칙 학습을 통한 반복적인 사용과 노출의 과정을 통해 스스로 규칙들을 내재화하고 운용할 수 있을 때까지 보류해 두는 것이라고 볼 수 있다.

둘째, 문법적인 혹은 담화적인 기능 단위라는 점이다. 특히 담화 층위에서 화자의 발화 의도를 보다 분명하게 나타내기 위해 선택적으로 사용되는 표현 체계라는 것이다. 이는 언어 사용의 측면에서 복합 구성을 교육 문법 항목으로 선정할 수밖에 없는 직접적인 이유가 된다. 예를 들어, (1ㄱ)과 (1ㄴ)은 공통적으로 '이유'라는 의미를 나타내며 연결어미의 기능을 수행하지만, (1ㄴ)의 '-어서'가 선행절과 후행절을 원인과 결과의 관계로 연결해 주는 논리적인 장치로서의 기능에 충실한 것과 달리, (1ㄱ)의 '-는 바람에'는 그러한 기능을 수행하는 동시에 선행절의 사건에 대한 부정적인 태도를 부가적으로 표현해 준다. 이러한 차이는 의도하지 않은 결과에 대한 해명이나 변명이 필요한 상황에서 '-아서'보다는 '-는 바람에'가 화자의 의도를 충분하게 표현하도록 해 주며, 이에 대한 직관과 언어 사용 경험을 가진 화자는 '-는 바람에'의 사용이 적절하다고 생각하며 이를 선호하게 된다. (2ㄱ)의 '을 가지고'는 (2ㄴ)의 '으로'에 비해 비격식적인 구어 상황에서 더 빈번하게 사용되는 경향이 있다. (3ㄱ)의 '-ㄹ 것 같다'는 '-겠-'에 비해 화자의 주관적인 판단이 많이 개입되며 확신이 부족한 상황에서 선호되는 표현이다.[1] 이처럼 복합 구성은 하나의 문법 기능 또는 담화 기능 단위로서 단일 구성의 어미나 조사에 비해 보다 섬세한 의미를 나타낸다. 한편, (4)는 업무 지시가 이루어지는 상황으로, '-면 안 되나?'는 '명령'의 의미로 해석될 수 있다. 표면적으로는 의문의 형태로 청자의 의향을 묻는 것처럼 보이지만 대화 장소와 상황의 격식성, 화자와 청자의 위계 관계 등에 의해 지시의 강도가 높은 '명령'의 의미로 해석되는 것이다. 복합 구성은 이처럼 담화 층위에서 그것이 가진 고유의 의미와 상황 맥락의 결합에 의해 다양한 의미로 해석되기도 하며, 화자는 이를 고려해 적절한 표현을 선택하여 자신의 의도를 표현하고자 한다. 예를 통해 살펴본 것처럼 언어 사용의 목적이 사실의 표현이나 정보 전달에 그치지 않고, 그에 관한 평가나 인식, 태도 등을 주고받는 것이며, 그런 점에서 학습자가 자신의 의도를 적확하게 표현할 수 있는 언어 형식을 선택할 줄 아는 것은 매우 중요한 능력이라고 할 것이다.

그렇다면 교수 현장에서 외국인 학습자에게 조사, 어미와 같은 단일 구성의 문법 항목과 복합 구성의 차이를 어떻게 설명할 수 있을까? 의사소통능력을 중시하는 언어 교수의 관점에서 풀어야 할 중요한 과제는 무엇보다도 다양한 형태의 문법 항목이 실현하는 문법 의미와 담화 의미를 바탕으로 그것이 사용되는 맥락적 특성을 밝히는 것이라고 할 수 있다. 특히, 동일한 기능을 수행하는 다양한 문법 항목들이 어떤 기제에 의해 변별적으로 사용되는가를 명시적으로 설명하고 체계화할 수 있어야 한다. 이는 결국 선택 문법의 관점에서

---

1 전나영(1999: 181)에 따르면 추측 표현 중 '-겠-'이 화자의 확신을 강하게 표현하며, '-(으)ㄹ 것 같다'가 확신의 정도를 가장 약하게 표현한다. 이는 추측 근거의 객관성 여부와 관계된 것으로 그 밖의 추측 표현을 확신의 정도에 따라 나열하면 '-겠다〉-ㄹ 것이다〉-나 보다〉-ㄹ 모양이다〉-ㄹ 것 같다'의 순이 된다.

문법 사용의 원리를 밝히는 일이라고 할 수 있다. 이러한 논의는 한국어 교육 문법에서 교사와 학습자 모두가 가장 어려워하는 유사 문법의 변별이라는 숙제와 맞닿아 있기도 하다. 초기의 논의에서 천착해 왔던 선행 결합 용언의 형태 제약, 주어 제약, 시제 제약, 문장 유형 제약과 같은 통사적 제약 외에 담화적인 차원에서 동일한 기능을 수행하는 다양한 문법 항목들이 쓰이는 상황 맥락의 특성을 규명하고 체계화할 수 있다면 한국어 교육 문법은 사용 문법의 관점에서 한 단계 더 발전된 방향으로 나아갈 수 있을 것으로 생각된다. 이에 이 글에서는 다양한 항목들로 이루어진 한국어 교육 문법 항목 중 특히, 복합 구성에 주목하여 담화 차원에서 이루어진 복합 구성에 관한 선행연구를 정리해 보고, 형태·통사적, 의미적, 담화적 측면에서 복합 구성의 특성과 사용 양상을 살펴보고자 한다. 그리고 이를 한국어 교육에 적용하기 위한 방안을 논의해 보고, 앞으로 나아가야 할 방향에 대한 제언을 하는 것으로 논의를 마무리하고자 한다.

2. 선행연구의 검토

2.1. 한국어 교육 문법과 복합 구성

복합 구성은 이미 내재화된 언어 사용 규칙을 가지고 있는 모국어 화자를 대상으로 한 학교 문법이나 학문 문법에서는 특별한 지위를 갖지 못하였을 뿐만 아니라 주목의 대상이 되지 못하였다. 반면, 한국어에 대한 직관과 선험적인 지식이 없는 학습자들에게 의사소통의 도구로서 한국어의 사용 규칙을 가르쳐야 하는 한국어 교육 문법에서는 이들 항목은 중요한 문법 단위로 다루어지고 있다. 이에 따라 초기의 복합 구성 연구는 주로 교육용 복합 구성 목록의 유형 분류, 목록 선정, 위계화에 집중되어 있었다(방성원 2004, 최윤곤 2004, 이미혜 2005, 강현화 2007a, 서희정 2009, 송종경 2011, 유해준 2001, 유소영 2013, 손연정 2014, 장석배 2015, 최지희 2021 등).

이 중 이미혜(2005)와 강현화(2007a)는 복합 구성에 관한 논의를 목록 선정이나 유형 분류에서 더 나아가 담화 차원으로 확대하는 데에 기반이 된 연구이다. 이미혜(2005)는 복합 구성에 주목한 초기의 논의로 Lewis(2002)와 Nattinger & DeCarrico(1992)를 참고하여 한국어 교재에 제시되어 있는 문법 항목들을 다음과 같이 분류하였다.[2]

---

2 Lewis(2002: 7-12)는 어휘 접근법(lexical approach)에 기반하여 문장을 구성하는 덩어리 항목들을 다음과 같이 분류하였다.

단어(words)		
다단어 항목 (multi-word items)	연어(collocations)	
	관용적인 표현 (institutionalized expressions)	고정 표현(fixed expressions) (예) No, thank you.
		준고정 표현(semi-fixed expressions) (예) What was really interesting was~

이미혜(2005)에서는 Lewis(2002)의 분류에서 언어 사용자가 상호작용을 성공적으로 수행하도록 하는 언어 재료로서 화용적인 성격을 갖는 관용표현을 참조하여 한국어 문법 항목을 분류하였다(이미혜, 2005: 44-45).

한편, Nattinger & DeCarrico(1992: 31-58)는 어휘·문법적인 특성을 가지고 화용 기능을 수행하는 언어 덩어리인 어휘구(lexical phrases)를 다음과 같이 분류하였다.

○다어(polywords): (예) by the way(topic shifter), for that matter(relator)
○관용적인 표현(institutionalized expressions): (예) nice meeting you(closing),
   give me a break(objection)
○구 구성틀(phrasal constraints): (예) dear ~ (greeting), ~ as well as(relator)
○문장 구성소(sentence builders): (예) my point is that X(summarizer),

<표 1> 한국어 문법 항목의 분류 예(이미혜, 2005: 47)

문법 항목의 구성 분류			문법 항목의 예
단일 구성			–에서, –(으)시–, 안, –지, –어서, 그런데, 그러면
복합 구성 (표현 항목)	구형 (句形)	부분 고정	–고 싶다, –기 때문에, –지 못하다, –(으)ㄴ 일이 있다, –는걸요, –(으)니 –(으)니 해도
		전체 고정	그럼에도 불구하고, 그렇지 않아도, 그런 것 같다
	문장형 (文章形)	부분 고정	얼마나 –(으)ㄴ지 모르다, –었더라면 –었을걸, –(으)ㄴ/는 것이 좋을 것 같다, –(이)야말로 –(이)라고 생각하다, –(으)면 어떨까요?
		전체 고정	처음 뵙겠습니다, 전적으로 동감합니다

　<표 1>에 따르면 한국어 교육 문법 항목에는 ‘단일 구성’과 ‘복합 구성’이 있으며, ‘복합 구성’은 다시 ‘구형’의 복합 구성과 ‘문장형’의 복합 구성으로 나뉘고, 이들은 다시 활용 방식에 따라 ‘부분 고정형’과 ‘전체 고정형’으로 나뉜다. 이 중 표현 항목(expression entries)이라고도 하는 ‘복합 구성’은 통사 기능과 화용 기능을 담당한다. 이미혜(2005)에서는 주로 Lewis(2002)의 다단어 항목(multi-word items)과 Nattinger & DeCarrico(1992)의 어휘구(lexical phrases)에서 화용적 기능을 수행하는 항목들에 관심을 가지면서 교재의 문법 영역에 제시되는 다양한 범주의 항목들을 광범위하게 수용하여 유형화함으로써 그간 특별한 논의의 대상이 되지 못했던 표현 문형에 대해 많은 논의를

I think (that) X(assertion)

어휘구가 어휘적인 특성을 가진다는 것은 어휘와 같이 하나의 통합체로서 사용된다는 것에 주목한 것이며, 문법적 특성을 가진다는 것은 하나 이상의 단어들이 문장처럼 통사 규칙에 의해 생성된다는 것에 주목한 것이다. 이미혜(2005)에서는 어휘구의 분류 방식을 한국어 문법 항목 중 화용 기능 표현과 성격이 유사한 항목들을 분류하는 데에 참고하였다(이미혜, 2005: 45-46).

불러일으키는 시발점이 되었다.

한편, 강현화(2007a)는 '(표현) 문형'의 등급화를 위한 기초 연구로 한국어 교재의 문법 항목들을 다음과 같이 '단일 어휘 항목'과 '복합 어휘 항목'으로 구분하였다.

(5) 한국어 교재의 문형 유형(강현화(2007a)
    가. 단일 어휘 항목
    나. 복합 어휘 항목
      ㄱ. 범주접근적 문법항목
      ㄴ. 어휘접근적 문법항목
      – 결합형 문법항목
       ○조사 결합형(N–에는)
       ○어미결합형(–았더군요)
       ○어미의 준꼴(–잖아요)
       ○명사·조사결합형(아무것도)
       ○띄어쓰기를 하는 복합형: 어미+의존명사(V, A-(으)ㄹ 때, V–는 동안), 준꼴(명사+조사 준꼴, 준말), 복합 구(N 에서 N까지,N 중에서)
      – 분리형 문법항목
       ○상용문장: 개별문장 – 어서 오세요, 처음 뵙겠습니다.
       ○조사+용언: 개별 용언별 유형(용언별 격틀 구조) – N을/ 를 타다
       ○연결어미: 개별 연결어미(–아서, –니까), 부사+어미(아 무리 V, A-더라도), 부사+어미+종결형(얼마나 A-(으)ㄴ 지 모르다)
       ○어미+명사+용언: V-(으)ㄴ 줄 알다/모르다, V-(으)ㄹ 필 요가 있다
       ○어미+용언: 개별 유형 –(으)려고 하다, V-(으)러 가다

○(부사)+어미+용언: 하마터면 V-(으)ㄹ 뻔하다
○어미+부사+용언: V-(으)면 안 되다
○부사+어미+용언: 별로 V,A-지 않다
○어미+조사+용언: V-곤 하다
○명사형 어미+용언: V-기(가) 쉽다, V- 기(를) 바라다
○어미+조사+용언: N-(이)냐고 묻다

　이 중 복합 어휘 항목은 '범주접근적 문법항목'과 '어휘접근적 문법항목'으로 나뉘는데, '범주접근적 문법항목'이란 문장의 문장 구조, 문장 종결, 시제, 서법, 보조동사, 존대법, 부정 구문, 상, 간접화법 등에 관한 항목을 말한다. '어휘접근적 문법항목'은 범주접근적 문법 항목을 제외한 복합 어휘 항목으로 다시 '결합형 문법 항목'과 '분리형 문법 항목'으로 구분된다. '결합형 문법 항목'은 결합형으로 쓰여 복합적 의미를 가지거나, 복합적 의미를 가지지 않더라도 고빈도로 사용되는 결합형을 하나의 문법 항목으로 제시한 것으로 '에는'과 같은 조사 간의 결합, '-았더군요'와 같은 어미 간의 결합 등이 해당된다. 분리형 문법항목은 의사소통 기능을 가지는 고정적 표현 항목들로 'V-(으)ㄴ 줄 알다/모르다'과 같이 종결형의 문장 형태로 나타나거나, '어서 오세요'와 같이 관습적으로 통용되는 상용문장을 포함한다. 강현화(2007a)는 '어휘접근적 문법항목'을 구성 요소의 형태를 중심으로 분류하면서 복합 구성이 어휘 요소와 조사, 어미 등의 문법 형태소가 통사적 배열 규칙에 의해 결합한 형태·통사 단위임을 시사하였다. 아울러 '어휘접근적 문법 항목'이 의사소통에서의 담화적 기능과 연계됨을 강조하여 이미혜(2005)에서 주목하였던 화용적 기능의 범위를 확장하였다고 할 수 있다.

두 연구에서 이루어진 한국어 문법 교육 항목의 분류와 복합 구성의 기능에 대한 논의는 한국어 교육 문법에서 중요하게 다루어지고 있는 것에 비해 주목을 받지 못했던 복합 구성을 새롭게 조명하는 계기가 되었고, 이후 한국어 교육 문법 항목으로서 복합 구성 목록 선정과 위계화에 관한 논의, 복합 구성의 유형을 체계화하고 그 특성을 밝히고자 한 논의, 담화 기능을 밝히고자 한 논의 등으로 확장되었다.

2.2. 한국어 복합 구성의 사용 맥락에 관한 연구

담화적 차원에서 복합 구성의 사용 맥락의 특성을 밝히고자 한 연구는 초기에는 이론이나 교수 경험, 연구자의 직관을 바탕으로 이루어지다가 맥락 의존적인 담화 기능의 특성과 연구자의 주관성과 자의성을 배제하기 어렵다는 한계에 부딪치면서 말뭉치를 기반으로 한 귀납적 연구가 선호되고 있다. 내용의 측면에서 이전의 연구들이 주로 말뭉치 용례 분석을 통해 특정 복합 구성의 담화 기능을 파악하는 데에 주력하였다면, 이후의 연구들은 담화 기능을 수행하도록 하는 사용 맥락의 특성을 규명하고 체계화하고자 하는 논의로 확장되어 있다. 이러한 논의는 연구의 초점과 방법론의 측면에서 다음과 같이 네 가지로 구분해 볼 수 있다.

첫째, 담화 기능 분석에 초점을 두고 연구자의 직관 또는 이론에 기대어 말뭉치 용례를 분석한 연구이다(노지니 2004, 이종은 2005, 진정란 2005, 강현화 2008, 이소현·이정연 2013, 유소영 2015, 성미향 2018, 조윤행 2021 등).

노지니(2004)는 '-을 것이다', '-모양이다', '-보다' '-듯하다/듯싶다', '-것 같다', '-싶다', '-모르다'를 중심으로 한 '추측 표현'에 관한 연구로 '21세기 세종 한국어 균형 말뭉치'를 분석하여 추측 표현의 의미 기능과 담화 기능을 분석하였다. 이종은(2005)은 의존용언을 중심으로 한 복합 구성에 관한 연구로 21세기 세종 한국어 균형 말뭉치 중 30개의(토크쇼, 인터뷰, 대담 등) 구어 전사 자료, KBS·SBS·MBC 방송사의 드라마 대본 30개로 이루어진 구어 말뭉치와 인터넷 신문 기사와 수필 30편, 인터넷 검색을 통해 얻은 자료, 21세기 세종 한국어 균형 말뭉치 중 단편 소설 15개를 사용로 이루어진 문어 말뭉치, 국립국어원의 〈표준국어대사전〉과 신현숙 외(2002) 〈의미로 분류한 한국어-영어 학습 사전〉의 용례를 분석하여 의존용언의 화용적 기능을 분석하였다. 진정란(2005)은 이유 표현의 담화 기능을 살피고자 한 연구로 문장 연결 이유 표현 '-아서', '-니까', '-느라고', '-길래', '-는 바람에', '-기 때문에'와 문장 종결 이유 표현 '-거든', '-기 때문이다', '-니까'의 담화 정보 분석을 통해 문법 교육의 나아길 빙향을 제시하였다. 이 연구에서는 드라마 대본, 영화 대본, 토론 대본 등의 준구어 자료를 연구 말뭉치로 사용하였다. 강현화(2008)은 어휘접근적 관점에서 '-어야 하다/되다'의 화행 기능을 분석한 연구로 '21세기 세종 한국어 균형 말뭉치'와 함께 52편의 드라마 1,228회분과 56편의 영화 대본으로 이루어진 준구어 말뭉치 약 700만 어절을 연구 말뭉치로 사용하였다. 이 연구에서는 화행 기능을 분석하는 데에 성별, 나이, 친소관계, 방언적 특성(지역이나 사회적 계층 정보) 등이 중요한 변인이 됨에 착안하여 드라마와 영화에 나오는 등장인물의 관계를 분석하였다는 점이 주목할 만하다. 이소현·이정연(2013)은 정의, 예시, 비교·대조, 분석, 분류의 서술 방식에 따라 학문 목적 학습자의 시험 답안 작성에 필요한 표현 문형을 분석한 연구로, '한국어표현교육론', '대조언어학', '한국어평가론', '문학연구방법론'의 평가 문항 26개의 지시문과 46명의 답안을 분석하였다. 유소영(2015)은 '21세기 세종 한국어 균형 말뭉치'를 분석하여 의존명사 '수' 구성의 담화 기능을 분석하였는데, 이 연구에서는 약 80만 어절 규모의 구어 말뭉치와 균형을 맞추기 위하여 문어 말뭉치를 약 90만 어절 규모로 재구성한 말뭉치를 사용하였다. 성미향(2018)은 보조용언 '보다' 구성의 담화 기능을 분석하기 위해 준구어 말뭉치를 사용하였으며, 조윤행(2021)은 '21세기 세종 한국어 균형 말뭉치'에서 사적 대화 말뭉치를 사용하여 '-은/는 것이다'의 담화기능을 분석하였다.

말뭉치 용례 분석을 통한 연구는 다수의 언어 사용자들이 산출한 언어 사용의 결과라는 점에서 실제 언어 사용의 모습을 객관적으로 분석 가능하다는 것을 최대의 장점으로 꼽을 수 있다. 그러나 앞에서 살펴본 바와 같이 대부분의 연구에서 자연 발화로 이루어진 순구어 말뭉치를 사용하는 대신 준구어 말뭉치를 대안적으로 사용하였는데, 정제되지 않은 형태의 자연 발화에 비해 비교적 정련된 형태의 대사가 연구에 주는 이점도 있으나 실제 언어 사용에서 복합 구성이 실현하는 다양한 쓰임을 모두 파악하기 어렵다는 한계를 배제하기는 어렵다. 또한 다양한 변이형으로 실현되는 복합 구성이 말뭉치에서 출현하지 않거나 매우 낮은 빈도로 출현할 수 있는데, 그것이 곧 그 표현이 사용되지 않았다는 것을 의미하지 않는다. 이는 상황 맥락에 따라 선택적으로 사용되는 복합 구성의 특성, 말뭉치의 대표성과 균형성의 문제에 따른 것으로 빈도만으로 왜곡된 분석 결과를 도출해 내지 않도록 주의할 필요가 있다. 아울러 말뭉치 용례 분석의 한계를 극복할 수 있는 보완적 연구를 함께 수행하는 것도 필요하다.

둘째, 담화 기능과 함께 그것이 실현되는 맥락 요인을 체계화하여 분석한 연구이다(강현화 2007b, 강현화 2011, 홍혜란·강현화 2013, 김강희 2013; 2019, 성미향 2018, 남설영 2021 등).

강현화(2007b)는 지시 화행을 수행하는 표현 문형에 대한 논의로 요청(부탁), 초대, 제의, 요구, 명령, 권고 등으로 세분화되는 지시 화행을 분류하기 위한 기준으로서 '화자(청자)에 도움이 됨을 믿음', '화자에 도움 유무', '청자의 행동 요구 정도', '화자의 권리 여부', '화자·청자의 관계', '행동 주체'라는 담화 상황의 변별성을 활용할 수 있음을 제안한 연구이다. 강현화(2011)은 강현화(2007b)에서 제시한 틀을 전면 도입하여 부정표현이 사용되는 맥락적 특성을 분석한 연구이다. 이 연구에서는 '21세기 세종 한국어 균형 말뭉치'에 포함된 구어 말뭉치와 드라마, 영화 대본 등의 준구어 말뭉치, 토론, 인터뷰 자료로 구성된 연구 말뭉치 약 800만 어절을 구성하였다. 그리고 부정표현을 통해 실현되는 다양한 발화 의도와 그에 따른 맥락 요인을 화·청자의 성별, 친소관계, 지위, 사회적 관계(혈연관계, 사회적 관계 등), 발화 장소, 발화 상황(격식/비격식), 장르로 체계화하여 분석함으로써 부정표현의 담화 기능과 맥락 간의 상관성을 보여 주었다. 이 연구에서는 부정표현의 다양한 쓰임을 살피기 위해 주제의 편중성을 해소하기 위해 다양한 소재와 배경의 드라마를 고르게 선정하고, 등장인물도 세대별로 10대~60대까지 다양한 인물들이 포함되도록 하였으며, 등장인물의 직업군 등을 고려하였는데 연구 결과의 신뢰성 확보와 일반화를 위한 중요한 요건이라고 할 수 있다. 담화 기능 분석을 위한 이러한 접근 방식은 이후 '-(으)ㄹ래(요)'의 담화 기능을 분석한 홍혜란·강현화(2013), 보조용언 '보다' 구성과 지시 화행을 분석한 김강희(2013, 2019) 보조용언 '보다' 구성의 담화 기능을 분석한 성미향

(2018), 요청화행을 분석한 남설영(2021) 등으로 이어지고 있다.

맥락 요인을 체계화하여 담화 기능을 분석한 연구는 연구자의 직관 또는 말뭉치 용례를 기반으로 하여 복합 구성의 담화 기능을 분석할 때 가장 큰 한계로 지적되는 직관의 차이와 분석의 자의성으로 인해 연구 결과를 일반화하기 어렵다는 문제를 극복할 수 있는 돌파구가 될 수 있다는 점에서 앞으로 체계적인 연구가 지속될 필요가 있다. 주요한 분석 자료로 활용되고 있는 준구어 자료의 경우 대화가 이루어지는 상황 맥락이 중요한 만큼 드라마 또는 영화 속 사건의 전개에 따라 변화하는 등장인물의 관계와 다양한 변인들을 체계화할 수 있다면 대규모 말뭉치 분석도 그리 어렵고 복잡하지 않을 것으로 보인다.

셋째, 사용역의 관점에서 특정 복합 구성이 실현되는 맥락 특성을 분석하고자 한 연구이다(노미연 2011, 홍혜란 2016; 2018; 2019; 2021, 남길임 2017, 고동 2020 등). 노미연(2011)은 연발 표현 '–자마자', '–는 대로'에 관한 논의로 문어와 구어 사용역에 따른 사용 양상을 귀납적으로 밝히고 교수·학습 방안을 제시한 연구이다. 홍혜란(2016; 2018; 2019; 2021)은 각각 학술 산문, 허구적 산문, 신문, 구어에 나타난 복합 연결 구성, 가능 표현 '–(으)ㄹ 수 있다/없다' 구성, 보조용언 '하다' 구성, 보조용언 '보다' 구성의 분포 특성과 담화 기능을 분석한 연구이며, 남길임(2017)은 구어와 문어, 상품평에 나타난 부정 구문의 사용역별 분포 특성을 분석한 연구이다. 고동(2020)은 구어(강의·강연, 대화, 독백, 발표, 방송, 상담, 토론) 7개와 문어(신문, 잡지, 책(상상)) 책(정보), 책(종류), 대본) 6개의 사용역에 나타난 의존명사와 의존명사를 중심으로 한 복합 구성의 분포를 계량적으로 분석한 연구이다.

이들 연구에서 말하는 사용역은 앞서 설명한 복합 구성이 사용되는 맥락 요인을 바라보는 또 다른 관점이라고 볼 수 있다. 사용역을 기반으로 한 연구에서는 구어와 문어, 또는 이를 세분화하여 연구 말뭉치를 구성한 후, 각 말뭉치에서 출현하는 복합 구성의 빈도를 산출하고 통계 검정을 통해 사용역에 따른 분포 특성을 파악하는 계량적인 방식을 기본으로 한다. 홍혜란(2016)의 경우 학술 산문, 허구적 산문, 신문, 구어의 네 가지 사용역으로 구분하였는데, 이는 Biber(2002)에 따른 것으로, 전문 분야의 이론이나 논지에 대한 설명과 주장을 중심으로 한 학술적 산문, 예술적 텍스트로 다양한 상황과 표현을 포함한 허구적 산문, 사건과 정보 중심의 신문, 일상 대화나 강의, 독백, 토론 등을 포함한 구어가 한국어 모어 화자의 일상적인 언어 사용의 전형적인 상황을 보여 준다고 본 것이다. 표면적으로 사용역은 구어 또는 문어, 그리고 조금 더 세분화된 문어와 구어의 장르로 드러나지만 문어와 구어, 다양한 장르의 텍스트와 발화의 특성을 규정하는 다양한 맥락 요인을 고려할 때 어떤 복합 구성이 특정한 사용역에서 쓰인다는 것은 언어 사용의 측면에서 여러 가지 의미를 함축한다고 볼 수 있다. 각 사용역에서 드러나는 고유의 상황 맥락적 특성이 곧 복합 구성의 상황 맥락적 요인으로 연계되기 때문이다.

넷째, 말뭉치 분석 또는 이론을 토대로 분석한 담화 기능 검증을 위해 모어 화자의 인식 조사를 한 연구이다(강현화·홍혜란 2010, 강현화 2011, 김강희 2013, 윤세미 2019 등). 강현화·홍혜란(2010)는 약 700만 어절 규모의 준구어 말뭉치에 나타난 539개의 종결형 문형의 화행 기능을 분석한 후, 200여 명의 한국어 모어 화자를 대상으로 설문을 통해 그 결과가 모국어 화자의 직관과 얼마나 일치하는가를 살피고자 하였으며, 강현화(2011)은 약 1,000만 어절 규모의 준구어 말뭉치 분석을 통해 분석한 후, 모어 화자의 담화 적절성 인식 설문을 통해 한국어 모어 화자들이 부정 표현 문형의 담화 기능과 사용역, 화청자 변인, 화청자 관계 등에 대해 가지고 있는 직관을 살펴보고 이를 통해 부정 표현 문형과 담화 기능, 맥락 변인 간의 관련성에 대해 살펴보고 자 하였다. 한편, 김강희(2013)와 윤세미(2019)는 앞선 연구들이 모어 화자의 인식 조사를 귀납적 연구 결과를 검증하는 데에 주로 활용하 였던 것과 달리 담화 기능을 분석하기 위한 주요한 방법으로 적용하 였다는 차이가 있다. 김강희(2013)에서는 100만 어절의 준구어 말뭉 치에 나타난 보조용언 '보다' 가정 구문의 빈도를 조사한 후 한국어 모어 화자 100명을 대상으로 한 '의미' 조사와 한국어 모어 화자 100 명을 대상으로 한 '기능' 조사로 나누어 담화 적절성 인식 조사를 하 였다. 윤세미(2019)에서는 의지 표현 사용의 적절성 측면에서 사용역 을 확인하고자 한 연구로 한국어 모어 화자 103명을 대상으로 한 설 문조사를 실시하고, 29명의 한국어 학습자를 대상으로 설문조사를 실시하여 두 집단의 직관 차이를 비교함으로써 교육적 함의를 이끌 어 내고자 하였다.

  담화 적절성 인식 조사는 주로 특정 화행을 실현하는 문장을 상황 별로 제시하고 응답자가 이를 완성하게 함으로써 화행의 기능과 형태 를 확인하는 담화 완성 과제(DCT: Discourse-completion task)를 변형한 것으로 말뭉치의 용례를 분석하는 과정에서 영향을 미치는 연구자의 직관이나 자의적 해석의 문제를 보완하는 동시에 언중들의 직관을 통해 이를 검증함으로써 분석 결과의 신뢰성을 더할 수 있다는 장점 이 있다. 반면, 담화 완성 과제를 설계하는 데 있어 실제성 있는 담화 구성과 함께 응답자의 언어 사용 양상을 효율적으로 이끌어내기 위한 적절한 응답 형식 구성 등에 대한 세심한 고려가 필요하다.

3. 한국어 복합 구성의 특성과 사용 양상

한국어 복합 구성은 둘 이상의 문법 또는 어휘 요소가 결합하여
이룬 구성이라는 점에서 형태적으로 형태소 단위의 문법 항목과 다
르며, 이와 같은 형태적인 특성으로 인해 사용에 있어서도 차이를
보인다. 의미적으로는 복합 구성을 이루는 각 요소의 의미보다는 그
것이 결합하여 이루는 새로운 의미가 중요한, 독립된 의미 기능 단위
로서 지위를 가지며 고유의 문법 의미를 실현한다. 그리고 실제적인
사용에서는 상황 맥락에 따라 다양한 담화 기능을 나타내는 표현 단
위로 쓰인다. 이 장에서는 복합 구성의 담화적 쓰임에 대해 살펴보기
에 앞서 그 특성과 사용 양상을 형태·통사적 측면, 의미적 측면, 담화
적 측면에서 살펴보기로 하겠다.

3.1. 형태·통사적 측면

복합 구성은 어휘 요소와 문법 요소의 결합으로 이루어진 어휘·
문법 구성으로, 형태·통사적으로 고정적인 결합 양상을 보인다. 이
는 먼저 복합 구성을 이루는 중심 어휘와 선·후행 요소 사이에 다른
수식 성분이나 보조사 등의 개입이 제한되는 특성으로 나타난다. 다
음은 전형적인 복합 구성의 예이다.

(6) ㄱ. 바람이 강하게 불기 때문에 체감 온도가 낮게 느껴진다.

　　ㄴ. 바람이 강하게 불기{*기는/*기도/*기만} 때문에 체감 온도가
　　　　낮게 느껴진다.

　　ㄷ. 바람이 강하게 불기{*붊} 때문에 체감 온도가 낮게 느껴진다.

(6ㄱ)의 '-기 때문에'는 중심 어휘 '때문'과 선행 어미 '-기', 후행
조사 '에'가 결합한 구성으로 (6ㄴ)과 같이 다른 성분이 개입될 경우
그 구성이 깨질 뿐만 아니라 통사적으로 비문이 된다. 다음으로 보이
는 특성은 중심 어휘와 결합하는 선행 요소와 후행 요소의 분포가
제약된다는 것이다. (6ㄷ)에서 보는 바와 같이 선행 어미 '-기'는 또
다른 명사형 전성어미 '-(으)ㅁ'으로 대체할 수 없다.

그러나 모든 복합 구성이 '-기 때문에'와 같이 형태·통사적 고정
성의 정도가 강한 것은 아니다. 복합 구성의 형태·통사적 고정성의
측면에서 확인되는 첫 번째 특성은, 형태·통사적 고정성의 정도에
따라 단계화할 수 있다는 것이다. 복합 구성에 따라 형태·통사적 고
정성이 다르다는 것은 한국어 교육 문법에 포함된 복합 구성의 범위
와 문법화의 측면에서 검토해 볼 필요가 있다. 한국어 교재에 제시된
복합 구성은 매우 광범위한데, 다음의 예는 (6ㄱ)-(6ㄷ)에서 살펴본
'-기 때문에'와 달리 고정성의 정도가 다소 느슨한 경우이다.

(7) ㄱ. 장소를 선정한 다음{∅/에/에는/에야/에도} 숙박을 예약할 수
　　　　있다.

　　ㄴ. 회사가 폭삭 망{한/하는/할 판에} 인사 이동이 문제가 아니었다.

(7ㄱ)에서 보는 바와 같이 '-(으)ㄴ 다음(에)'의 경우 선행 어미가
'-(으)ㄴ'으로 제약되는 것과 달리 후행 조사는 수의적인 성분으로

생략하거나 문맥에 따라 '에는', '에도', '에야'와 같이 보조사를 덧붙여 쓸 수 있다. (7ㄴ)의 '-(으)ㄴ/는/-(으)ㄹ 판에'는 시제에 따라 '-(으)ㄴ', '-는', '-(으)ㄹ'을 선택적으로 취할 수 있다. 또 복합 연결 구성으로 사용될 때에는 후행 결합 조사가 '에'로 한정되지만, '-(으)ㄴ/는/-(으)ㄹ 판이다'의 형태로 서술격 조사 '이다'와 결합하여 종결 표현으로 사용되기도 한다. 다음은 (7ㄱ)과 (7ㄴ)에 비해 더 느슨한 경우이다.

> (8) ㄱ. 길이 막힐 때는 택시나 버스를 타는 <u>것보다</u> 지하철을 이용하<u>는 게 낫습니다.</u> 〈이화한국어 3〉
>
> ㄴ. 내가 사는 원룸은 <u>비록</u> 규모는 작을망정 생활에 필요한 것은 다 갖추어져 있다. 〈서울대 한국어 6A〉

(8ㄱ)의 '-는 것보다 ~-는 게 낫다'는 '-는 것보다'가 항상 필수적으로 요구되는 것은 아니다. 또한 '-는 게 낫다'도 '-는 게 좋다'와 같이 앞의 것에 비해 뒤의 것이 좋음의 뜻을 나타내는 다른 표현으로의 대치가 가능하다. (8ㄴ)의 '비록 -(으)ㄹ 망정' 역시 '비록'이 수의적이며, 후행하는 '-(으)ㄹ망정'이 '-(으)ㄹ지라도'와 같이 양보의 의미를 나타내는 어미나 '-기는 해도'와 같이 그에 준하는 기능을 하는 복합 구성으로 대치할 수 있다.

이처럼 복합 구성은 형태·통사적 고정성의 정도가 매우 강한 것부터 느슨한 것까지 정도성이 다르다. 이러한 특성은 문법화의 측면에서 설명되기도 한다(안주호 1997, 김현정 1997, 채숙희 2002 등). 문법화란 "주로 어휘적인 기능을 하던 것이 문법적인 기능을 하거나 문법적 기능을 하는 형태의 일부로 되는 것, 또 '덜' 문법적인 기능을 하던 것이 '더' 문법적인 기능을 하는 것으로 바뀌는 현상"을 말한다(안주호 1997:15). 이를 복합 구성에 적용하면 구체적인 의미를 가진 어휘가 추상적인 의미로 확대되어 가면서 자립성을 잃고 선·후행 결합 요소 를 취하면서 하나의 문법 단위로 굳어져 쓰이는 것이라고 볼 수 있다. 복합 구성이 통사 구성에서 형태 구성으로 변화해 가는 과정에 있으 며, 개별 복합 연결 구성마다 진행 단계가 다르기 때문에 그 정도가 다르다고 보는 것이다.

형태적 고정성은 두 번째 특성인 통사적 불규칙성을 설명하는 데 에도 유용하다. 앞에서 복합 구성의 형태·통사적 고정성이 구성 요소 의 분포 제약을 통해 드러난다고 하였다. 다음은 의존명사 '수'를 핵심 성분으로 한 복합 구성의 용례로 (9ㄱ)은 '어떤 일을 할 만한 능력이나 어떤 일이 일어날 가능성'의 의미로 말뭉치의 용례에서 선행어미로 '-(으)ㄹ'을 취한다. 이와 달리 (9ㄴ)은 '어떤 일이 일어날 가능성 또는 경우'를 나타내며 선행어미로 '-는'을 취한다. (9ㄷ) 역시 '일을 처리하 는 방법'의 의미를 나타내면서 선행어미로 '-는'을 취한다.

(9) ㄱ. 좋아하는 걸 하되, 그걸 가지구 돈을 <u>벌 수 있게</u> 머리를 약간 쓰면 되지.
ㄴ. 이게 어디서 키 자랑을 하고 있어. 빨리 안 내 놔? 너 까불다 황천길 가<u>는 수가 있다</u>. 빨리 내 놔라. 〈여우야 뭐 하니〉
ㄷ. 밖에서 깨진 거면 때울 수 있는데, 안에서 금간 건 안 돼요. 유리를 통째로 바꾸<u>는 수밖에 없어</u>. 〈첫사랑〉

일반적으로 의존명사가 시제 또는 선행결합 용언의 제약에 따라 선행어미로 '-(으)ㄴ/는/-(으)ㄹ'을 두루 취하는 것과 달리 특정 어미 만을 선택적으로 취하고 있는 예이다. 이러한 현상이 왜 일어나는지 통사적인 규칙으로 설명하기는 어렵지만 문법화와 담화적인 사용의 측면에서 설명을 시도해 볼 수 있다.

　문법화는 어휘적 의미를 가진 실사(내용어)가 그 의미를 상실하고 문법적 의미를 가진 허사(기능어)로 바뀌는 것, 덜 문법적인 문법 요소가 더 문법적인 문법 요소로 바뀌는 것, 또는 동일한 문법 형태가 본디 기능을 유지하면서 다른 기능어로 사용되는 현상까지도 포함한다(김태엽, 2001: 3). 이에 따르면 의존명사 '수'는 명사에서 의존명사로 문법화가 진행 중인 것으로 볼 수 있다.

　한편, 통사적 불규칙성은 담화적인 차원에서도 설명이 가능하다. (9ㄱ)은 일어나지 않은 일에 대한 가정으로 '-(으)ㄹ'을 요구하는 것이며, (9ㄴ)과 (9ㄷ)의 '-는 수(가) 있다'는 담화적인 이유에 의해 선택된 형태가 관습화되어 굳어진 것으로 해석할 수 있는 여지가 있다. 즉, (9ㄴ)의 경우 위협이나 협박의 의미를 나타내는데, 화자의 그러한 의도를 현실감 있게 전달하고자 하는 담화적 의도가 담긴 것이며, (9ㄷ)은 특별한 방법이 없는 상황에서 누구나 예측할 수 있는 일반적인 방법을 말하는 상황으로 '보편성'에 초점을 둔 것으로 파악된다.

　지금까지 살펴본 복합 구성의 구성 성분 간의 선택 제약과 그로 인한 통사적 불규칙성, 형태·통사적 고성성은 복합 구성의 핵심 구성 요소의 의미와 복합 구성의 전체의 의미 분화에 따라 달라지는 것으로 보인다. 또한 복합 구성의 형태·통사적 특성을 규칙만으로 설명하기 어려운 이유는 핵심 성분의 문법화, 담화적인 사용의 문제와 연관이 있어 보인다. 결국 복합 구성의 형태·통사적 고정성은 단지 표면적으로 드러나는 구성의 문제가 아니라 그것의 의미, 사용과 연관 지어 볼 때에 비로소 제대로 파악할 수 있는 것이다.

3.2. 의미적 측면

복합 구성은 하나의 문법 기능 단위로서 조사, 어미에 상당하는 기능을 하면서 다양한 의미 기능을 실현한다. 복합 구성이 다양한 의미 기능을 실현하는 데 있어 보이는 첫 번째 특성은 의미적 투명성의 정도에 따라 단계화할 수 있다는 것이다. 복합 구성은 둘 이상의 요소가 결합하여 하나의 의미 단위를 이루면서 하나의 문법 단위로서 새로운 의미를 획득하게 된다. 의미적 투명성이란 복합 구성을 이루는 각 요소의 의미를 통해 복합 구성 전체의 의미를 유추 가능한가를 가리키는 것으로 의미가 투명하다는 것은 중심 어휘와 선·후행 결합 요소 각각의 의미를 모아 복합 연결 구성의 의미를 유추할 수 있음을 뜻한다. 반면, 의미가 불투명하다는 것은 중심 어휘와 선·후행 결합 요소 각각의 의미를 통해 유추하기 어려운 제3의 의미로 쓰인다는 것을 뜻한다. 또한 의미가 투명한 것과 불투명한 것 사이에는 반투명한 것도 존재하는데 이는 구성 요소 각각의 의미가 남아 있어 그 의미로부터 복합 어느 정도 짐작이 가능한 경우를 말한다. 다음은 복합 구성의 의미가 투명한 예이다.

(10) ㄱ. 소프트웨어의 수요가 커지는 <u>데 반해</u> 소프트웨어 개발을 자동화할 수는 없기 때문에 소프트웨어에 관련된 인력 수요가 증가한다.

ㄴ. 이 학생은 몇 차례나 고비를 넘기고 자신과 싸우며 노력한 <u>결과</u> 원하던 대학에 입학한 것은 물론 대학 생활 중 국가대표 선수로서 훌륭하게 성장하였다.

(10ㄱ)은 동사 '반하다'의 의미만 알아도 선행절과 후행절이 '대립'

관계를 이룸을 어렵지 않게 짐작할 수 있다. (10ㄴ)은 명사 '결과'의 의미로부터 선행절의 사태가 후행절의 사태보다 시간적으로 앞선다는 것을 알 수 있다.

의미적으로 투명한 복합 연결 구성은 예에서 본 바와 같이 주로 활용형이 제약된 동사나 보조동사 중심 구성이다. 또는 구체적인 어휘 의미가 유지된 상태에서 의존적인 쓰임을 보이는 명사가 주를 이루는데, 안주호(1997:55-61)에 따르면 문법화 제1단계에 해당한다.[3] 다음은 의미가 반투명한 예이다.

(11) ㄱ. 울타리에 붙어 서 있던 아이 하나가 달려와 안기는 <u>바람에</u> 미혜 어머니는 뒤로 넘어질 만큼 놀랐다.
 ㄴ. 남·북한이 손을 잡는 <u>마당에</u> 나 같은 늙은이 하나 한국에 보내 줄 수는 없을까.

(11ㄱ)은 '원인·이유'의 의미를 나타내는 조사 '에'의 의미를 통해 선행절이 후행절의 '이유·원인'임을 파악할 수 있다. 그리고 명사 '바람'의 의미를 유추하여 선행절의 일이 자신의 의도와 상관없이 갑작스럽게 일어난 일임을 짐작해 볼 수 있다. 이는 실제로 '바람'이 의존 명사로 선후행 요소와의 결합을 통해 하나의 의미 단위로 쓰인다는 것을 알고 모르는 것과 무관할 수 있다. (11ㄴ)은 명사 '마당'과 '조사 '에'의 합을 통해 선행절의 사태가 일어난 상황에서 후행절의 사태가

---

3 안주호(1997:55-61)에서는 '길', '정도', '요량', '형편', '모양'을 예로 들어 자립명사의 지위를 유지한 채 의존명사화되어 가는 것과 '셈', '바람', '김', '통', '서슬', '나름' 등과 같이 자립명사에서 의존명사화된 것을 문법화 제1단계로 본다. 여기서 의존명사화되어 간다는 것은 자립적으로 쓰이지 못하고 선행 어미 또는 후행 조사와 결합하는 것을 말한다.

일어남을 알 수 있다. 이처럼 의미가 반투명한 유형은 자립명사가 의미의 확장을 통해 의존명사가 된 것들이 주를 이룬다.

다음은 복합 연결 구성의 의미가 불투명한 예이다.

(12) ㄱ. 철수는 말 마치기가 무섭게 뛰어간다.

　　ㄴ. 최고가 되지 못할 바에는 최선을 다하지 않음으로써 자존심을 지켰던 것이다..

(12ㄱ)에서 선행 어미 '-기', 형용사 '무섭다', 후행 어미 '-게'의 의미 합을 통해 선행절과 후행절이 시간적인 선후관계로 이어져 있음을 파악하기가 어렵다. (12ㄴ)에서도 선행 어미 '-(으)ㄹ', 의존명사 '바', 조사 '에는'의 의미를 통해 선행절과 후행절이 선택 관계에 있음을 알 수 없다. 예와 같이 의미적으로 불투명한 유형은 이미 문법화가 상당히 진행되어 본래의 의미를 파악하기 어려울 만큼 의미가 추상화되어 의존명사의 지위를 가지고 있는 경우이다.

복합 구성이 의미의 투명성에 있어서 단계성을 보이는 것은 각 의미가 연속선상의 한 지점에 위치하는 것으로 다음과 같이 나타낼 수 있다.

투명	반투명	불투명
-는 데 반해	-는 바람에	-기가 무섭게
-(으)ㄴ 결과	-는 마당에	-(으)ㄹ 바에는

〈그림 1〉 복합 구성의 의미적 특성: 의미적 투명성 정도의 단계성

두 번째는 의미의 확장성이다. 복합 구성의 다의성은 문법 의미가 맥락에 따라 다양한 담화 의미로 확장되는 것으로 종결 구성에서 더욱 분명하게 드러난다. 복합 구성이 실현하는 고유의 문법 의미를 기본 의미로 본다면, 담화 의미는 기본 의미로부터 출발하여 그것과 일정한 관련성을 가지면서 확장된 의미로 볼 수 있다. 다음은 양태의 기능을 수행하는 복합 구성 '-(으)면 안 되다'가 '금지'를 기본 의미로 하며, '요구', '부탁', '제안', '제의', '충고' 등의 지시 화행 기능을 수행하는 경우이다.

(13) ㄱ. 옥림: (울면서) 이럴 순 없어. 정민이랑 윤정이가. 너무해.
예림: (참는 듯). 옥림아, 너 지금 되게 속상한 건 알겠는데, 화장실 가서 울어 주면 안 돼? 나 내일 모의고사야. 〈반올림1〉
ㄴ. 준경: 주번 조회 안 가?
애라: 저기 준경아, 나 배 아파서 그러는데 오늘도 니가 가면 안 될까? 〈학교 2〉
ㄷ. 경민: 내가 초등학생이냐. 외식이면 고기라도 굽든가 최소한 부대찌개라도 사 줘야지. 짜장면이 뭐냐 짜장면이. 우리도 탕수육 하나 먹으면 안 될까?
정은: (종업원 부른다) 아저씨. 〈옥탑방 고양이〉

(13ㄱ)은 내일 모의고사를 앞두고 있는 언니와 한 방을 쓰는 동생이 울자 시험을 잘 보기 위해 조용히 공부를 해야 할 필요가 있는 언니가 일종의 권리 행사로서 동생에게 나가 달라는 요청을 하고 있어 '요구'로 해석이 된다. 여기서 '요구'란 지위가 높거나 낮거나 동등한 사람, 또는 나이가 많거나 적거나 같은 화자가 청자에게 화자 자신에게 도움이 되는 어떤 행동을 할 것을 지시하는 것이다. 화자는 청자

에게 행동을 요구할 권리가 있으며, 따라서 자신의 의지와 상관없이 그 행동을 해야 하는 것으로 본다. (13ㄴ)은 '부탁'의 기능을 수행한 예로 화자가 같은 반 친구인 청자에게 화자 자신을 대신해서 주번 조회에 가 달라는 상황이다. '부탁'은 지위가 높거나 낮거나 동등한 사람, 또는 나이가 많거나 적거나 같은 화자가 청자에게 화자 자신에게 도움이 되는 어떤 행동을 할 것을 지시하는 것이다. 청자는 원하지 않으면 그 행동을 하지 않을 수 있다. (13ㄷ)은 '제안'의 기능을 수행한 예로 함께 식사를 하면서 탕수육을 먹자고 하는 상황이다. '제안'은 지위가 높거나 낮거나 동등한 사람, 또는 나이가 많거나 적거나 같은 화자가 청자에게 화자 자신에게 도움이 되는 어떤 행동을 함께 할 것을 지시하는 것이다. 화자는 행위 또는 행위의 결과가 청자에게도 도움이 될 거라고 믿는다. 청자는 원하지 않으면 그 행동을 하지 않을 수 있다.

　살펴본 바와 같이 '-(으)면 안 되다'는 의문형 종결어미와 결합하여 의문문의 형태로 상대방의 의향을 묻는 방식을 통해 '부탁', '요구', '제안', '제의', '충고'의 화행 기능을 수행한다. 이때 '-(으)면 안 되-'가 가지고 있는 기본 의미인 '금지'는 화자가 청자에게 지시하는 행위인 '화장실 가서 우는 것', '오늘도 주번 조회에 나가는 것', '탕수육 하나 먹는 것'을 금지하는 것이 아니라 완곡하게 상대방의 의향을 물어 지시 화행의 기능을 수행함으로써 본래의 의미와는 멀어지게 된다. 그러나 명제의 행위를 할 것인지 말 것인지를 묻고, 담화 맥락에 의해 지시 화행의 의미로 해석이 되는 것으로 본래의 의미인 '금지'의 의미는 완전히 소실되지 않고 화행 의미로 확장되는 데에 일정 부분 관여하게 된다. 이를 그림으로 나타내면 다음과 같다.

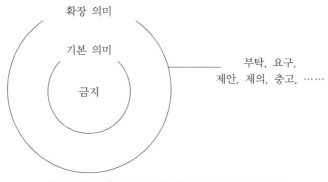

〈그림 2〉 복합 구성의 의미적 특성: 의미의 확장성

이때 '금지'의 의미가 문어와 구어에서 두루 쓰이는 것과 달리 '지시'라는 화행의 의미는 구어 상황에서 화·청자의 위계 관계, 친소 관계, 발화 상황 등의 담화 맥락이 전제되었을 때에 해석 가능한 확장 의미가 되는데, 이에 대해서는 이어지는 담화적 측면의 특성에서 조금 더 자세히 살펴보기로 하겠다.

3.3. 담화적 측면

복합 구성의 의미는 고유의 문법 의미를 나타내는 것 외에도 담화 층위에서 상황 맥락에 따라 다양한 확장 의미를 나타냄을 살펴보았다. 이러한 확장 의미를 실현시키는 맥락 요인은 언어 사용에서 어떻게 작용하는 것일까? 이 절에서는 복합 구성의 사용에 관여하는 맥락 요인을 종결의 기능을 수행하는 복합 구성과 연결의 기능을 수행하는 복합 구성으로 나누어 살펴보고, 그로부터 복합 구성의 담화적 사용에 관여하는 특성을 정리해 보도록 하겠다.

3.3.1. 종결 기능을 수행하는 복합 구성의 사용에 관여하는 맥락 요인

종결 기능을 수행하는 복합 구성은 의사소통 상황에서 양태 의미를 기본 의미로 하여 다양한 담화 의미로 확장되는 양상을 보인다. 이때 맥락 요인이 일정하게 관여하게 되는데, 의사소통의 관점에서 화자가 다양한 표현 중 하나로 복합 구성을 선택하여 사용하는 과정과 의미 해석 과정의 두 가지 측면에서 살펴볼 수 있다.

먼저, 사용 과정에서 나타나는 복합 구성의 요인을 살펴보기 위해 누군가에게 명령을 한다고 가정해 보자. 명령은 일반적으로 지위가 높거나 나이가 많은 화자가 그렇지 않은 청자에게 화자 자신에게 도움이 되는 어떤 행동을 할 것을 지시하는 행위이다. 화자와 청자의 위계 관계가 명확한 상황에서 이루어지기 때문에 행위 수행의 강제성을 기본 전제로 한다. 그럼에도 화자는 자신의 체면을 손상하지 않으면서 성공적으로 명령의 화행을 수행하기 위한 전략을 사용하게 된다. 이때 맥락이 중요한 판단 기준으로 작용하게 되며, 판단 결과에 따라 명령의 기능을 수행하는 다양한 문법 표현 중 하나를 선택하게 된다.[4] 다음은 복합 구성을 사용해 명령의 의도를 표현하고 있는 예이다.

---

4 Brown & Levinson(1987)은 Goffman(1967)의 체면(face) 개념을 받아 들여 공손성을 체면을 위협하거나 손상할 수 있는 체면위협행위(FAT)로부터 그것을 유지하려는 행위로 보았다. 체면은 타인으로부터 인정받고자 하는 적극적 체면(positive face)과 타인으로부터 침해를 않고자 하는 소극적 체면(negative face)로 나뉜다(이재희 외, 2011: 191-196). 명령 화행은 화자와 청자의 위계 관계가 전제되기 때문에 화자는 화자 자신과 청자의 권리를 동시에 지키며 강요받고자 하지 않고자 하는 소극적인 체면(negative)보다는 화자 자신의 적극적인 체면(positive face)을 유지하기 위한 전략을 사용하게 된다.

(14) ㄱ. 은찬: 나중에요, 나중에.

하림: 이 자식이 너 형 말 <u>안 들어!</u> 〈커피프린스 1호점〉

ㄴ. 이 교수: (다른 학생들에게) 석사 1년차의 첫 발표니까 선배들
이 잘 이끌어 <u>주도록 해.</u>

학생들: 네. 〈카이스트〉

ㄷ. 명 교감: (교무 회의에서 교사들에게) 행동 평가나 활동 평가란
에 혹여라도 교사의 편견이나 개인적인 감정이 섞이지 않도록
신중을 <u>기해 주시기 바랍니다.</u> 〈학교 2〉

(14ㄱ)의 '안 ~-아/어?', '지 못해?'에서와 같이 비격식적이고 강
한 명령 표현의 사용과 그것을 통해 화자 자신의 적극적인 체면을
유지하기 위한 전략은 소원한 관계에서보다 친근한 관계에서 더 쉽
게 사용하는 경향이 있다. (14ㄴ)의 '-도록 해'와 (14ㄷ)의 '-아/어
주기(를) 바랍니다'는 사적인 장면에서보다 업무 상황과 같은 공적인
장면에서 더 선호되는 표현이다. 이처럼 화자가 명령을 할 때 청자와
의 친소 관계, 위계 관계, 담화 상황의 공식성 여부에 따라 선택되는
복합 구성이 달라지게 된다.

그 외에도 명령 화행을 수행하는 상황에서는 체면 위협의 부담을
감소하고 공손성을 높이기 위한 언어적 전략으로 '-겠-', '-(으)ㄹ
것 같다', '-아/어 주다', '-아/어 보다', 부정 부사 '안' 부정, '-지
않다' 등과 같은 표현이 빈번하게 사용된다. 가령, '-아/어 주지 않으
시겠습니까?'와 같이 공손 표지를 덧붙임으로써 발화 의도를 보다
효과적으로 전달할 수 있게 된다. 명령 화행의 경우 화·청자의 위계
관계가 전제되기 때문에 이러한 공손 표지의 사용이 흔하지는 않지
만, 보편적으로 화행을 수행할 때 이러한 전략은 화자와 청자의 위계
관계, 친소 관계, 상황의 공식성 여부에 의해 영향을 받는다.

화행을 수행하는 데 있어 화자의 전략은 문장 유형의 선택에도 영향을 미치기도 한다. 가령, 명령 화행을 포함한 지시 화행을 수행하는 복합 구성은 평서문, 의문문, 청유문, 명령문으로 실현되며, 그 중 의문문의 사용이 가장 빈번하다. 명령 화행에서 의문문으로 실현되는 '못 ~-아/어?', '-지 못하(겠)니?', '안 ~-아/어?', '-지 않고 뭐 하니?', '안 -(으)ㄹ 수 없니?'은 수사의문문의 형식으로 화자의 현재 상태에 대한 반어적 표현으로 오히려 공손성을 낮추면서 강한 명령의 기능을 수행하게 된다.

그렇다면 청자가 맥락에 따라 다양한 의미로 세분화되는 복합 구성의 의미를 화자의 의도에 맞는 의미로 해석할 수 있는 원리는 무엇일까? 그것은 화자와 청자의 공유 지식, 그리고 맥락에 대한 해석에 의한 것이다. 화자가 여러 가지 맥락 요인을 고려하여 복합 구성을 선택한 것처럼 청자 또한 복합 구성이 나타내는 언어적 의미와 함께 그것이 쓰인 상황, 화자와의 관계를 고려하여 의미를 해석하는 것이다.

(15) ㄱ. 재하: 신문에도 기사화가 됐고, 더 이상 덮어둘 수만은 없게 됐습니다. 근본적인 대책 마련이 필요할 땐 거 같습니다.
　　　명교감: 안 그래도 오늘, '단 하나 뿐인 생명'이란 주제로 특별 강의를 준비했습니다. 각 담임 선생님들은 해당 시간에 학생들 인솔해서 음악실로 가시길 바랍니다.
　　ㄴ. 교장: 오늘부터 야간 자율 학습, 단 한 명도 빠져선 안 됩니다. 모든 건 정신 상태의 문제입니다. 여러분들도 충분히 할 수 있습니다. 무엇보다 나는 여러분들을 믿어요.
　　　학생들: … 〈반올림 3〉

(15ㄱ)에서 직장 상사인 화자는 부하 직원인 청자가 학생들을 인솔해야 한다고 믿는다. 하지만 청자가 자발적으로 학생들을 인솔해서 갈 것인지 잘 모르기 때문에 화자는 소망 표현 '-기 바랍니다'를 사용하여 청자가 그렇게 해 주기 바란다는 메시지를 전달한다. 청자는 화자가 사용한 표현 '-기 바랍니다'를 통해 화자의 발화 의도가 무엇인지 추론하기 시작한다. 청자는 교사의 업무로서 학생들을 인솔해야 할 의무가 있다는 상식을 토대로 화자가 자신보다 지위가 높은 직장 상사임을 떠올리며 화자의 발화가 단순한 소망의 표현이 아니라 그 행위를 하도록 명령을 하고 있음을 인지하게 된다. (15ㄴ)에서 교장은 학생들이 야간 자율 학습에 빠져서는 안 된다고 생각할 것이라고 믿는다. 하지만 청자가 자발적으로 규정을 지킬지 분명하지 않기 때문에 화자는 당위의 표현 '-아선 안 됩니다'를 사용하여 청자에게 명제의 행위를 금지시키며 규정을 지켜 줄 것을 지시한다. 청자는 화자가 사용한 표현 '-아선 안 됩니다'를 통해 화자의 발화 의도를 알게 된다. 그리고 화자가 자신보다 지위가 높은 교장 선생님임을 떠올리며 화자의 발화가 당위를 말하는 것이 아니라 명령임을 깨닫게 된다.

명령형 종결어미를 포함한 명시적인 언어 형태를 사용한 명령의 경우 쉽게 그 의미가 파악되는 것과 달리, 관례적인 언어 형식을 통한 간접 명령은 발화의 표현이나 해석을 위해 화자와 청자에게 보다 많은 전략과 추론의 과정이 요구된다. 즉, 직접 명령의 경우 명령의 행위가 어떤 상황에서 이루어지든 언어 형식을 통해 전달되는 메시지와 화·청자 간의 위계 관계라는 최소치의 맥락만으로 수행된다. 그에 반해, 간접 명령의 형식을 띤 후자의 경우 명령 화행의 성공적인 수행을 위해 두 가지 조건 외에 화자의 발화 의도를 추론해 내기 위해 언어 사용 상황과 관련된 최대치의 맥락 정보를 이끌어 내고 파악해야 한다. 그러한 과정을 통해 '소망의 표현', '능력이나 의지의 확인', '당위' 표현을 통해 표출되는 발화 의도가 언어 형식에 의해 표면적으로 드러나는 의미를 넘어 '명령'이라는 화행 의미를 나타내게 된다. 결국 담화 층위에서 이루어지는 언어 사용과 해석은 적절성의 차원에서 화자가 맥락을 고려하여 자신의 발화 의도를 가장 효과적으로 표현할 수 있는 적절한 언어 형태를 전략적으로 선택하고, 청자가 화자와 공유하는 맥락을 통해 화자의 발화 의도를 추론하는 과정을 통해 이루어짐을 알 수 있다.

3.3.2. 연결 기능을 수행하는 복합 구성의 사용에 관여하는 맥락 요인

종결 기능을 수행하는 복합 구성의 사용에서 발화 상황, 발화 의도와 함께 화·청자의 관계가 주요한 맥락 요인으로 작용함을 살펴보았다. '이유·원인'을 나타내는 연결 표현의 사용 양상을 통해 연결의 기능을 수행하는 복합 구성의 사용에 관여하는 맥락 요인을 살펴보기로 하자.

'이유·원인'의 의미를 표현해야 하는 상황에서 화자는 그 어느 표현을 사용할 때보다도 다양한 선택지가 있다. 그만큼 '이유·원인'을 나타내는 표현이 형태와 의미에 따라 세분화되어 쓰이기 때문이다. 다음은 '이유·원인'의 의미 기능을 하는 연결어미이다.

(16) ㄱ. 겨울에 눈이 많이 <u>와서</u> 비가 많이 올 거라는 생각은 했었는데, 장마 같진 않은 거 같애. 지금 비 오는 건.
　　 ㄴ. 학교도 잘 안 나오는 애들이 매일 둘만 붙어 있<u>으니까</u> 애들이

　　　　질투 반 동정 반으로 관심이 많았죠.

　　ㄷ. 기차는 움직이는 범위가 승용차에 비해 제한되지 않<u>으므로</u> 허리에 부담이 덜 가는 여행법이다.

　　ㄹ. 나는 그때는 입시공부를 하<u>느라고</u> 글을 쓸 수가 없었고, 그녀를 만날 시간이 거의 없었다.

　(16ㄱ)은 겨울이 눈이 많이 오면 여름에 비가 온다는 속설 또는 경험을 기반으로 하여 현재의 상황에 대한 자신의 생각을 이야기하고 있다. 이 상황에서 화자는 '-아서/어서'를 사용하여 선행절과 후행절의 내용을 인과관계로 표현하고 있다. (16ㄴ)에서는 반 학생들이 학교에 날 안 나오는 두 학생에 대해 관심을 가지는 이유를 설명하고 있으며, (16ㄷ)에서는 기차 여행이 허리에 부담이 덜 가는 이유를 설명하고 있다. 이때 화자는 각각 구어와 문어에서의 사용 빈도가 두드러지게 높은 '-(으)니까'와 '-(으)므로'를 사용하여 선행절의 내용이 후행절의 내용에 대한 이유 또는 근거가 됨을 나타내고 있다. 한편, (16ㄹ)에서는 '-느라고'를 사용하여 입시공부 때문에 후행절의 행위를 하지 못하였음을 말하고 있다. 화자가 의사소통 상황에서 '이유·원인'의 의미를 나타내려고 할 때 가장 먼저 고려할 수 있는 표현으로 (16ㄱ)에서 (16ㄹ)의 연결어미가 있다.[5] 이 중 '-아서/어서', '-(으)니까', '-(으)므로'

---

[5]　말뭉치 분석 결과에 따르면 전반적으로 복합 구성의 쓰임보다는 연결어미의 사용 빈도가 월등하게 높은 것으로 나타났다. 이는 연결어미가 다양한 상황에서 두루 쓰일 수 있는 보편적 의미를 나타내는 데 반해, 복합 구성이 특정한 담화 상황에서 변별적인 의미를 나타내는 특성이 있는 것과 매우 관련이 깊어 보인다. 다음은 400만 어절 규모의 말뭉치에 나타난 연결어미의 사용역별 빈도를 나타낸 것으로(홍혜란, 2016:141 발췌), '-아서/어서'의 경우 '이유·원인' 외에도 '순차'의 의미 등을 포함하고 있다고 하더라도 〈표 2〉의 복합 구성의 빈도에 비해 현저하게 높음을 볼 수 있다.

는 통사적, 화용적으로 약간의 제약이 있기는 하지만 다양한 상황 맥락에서 비교적 큰 의미 차이 없이 사용할 수 있다. 이와 달리 '-느라고'는 주로 선행절의 사건으로 인해 후행절에 부정적인 결과가 왔음을 나타낼 때에 사용되는 표현으로 '-아서/어서', '-(으)니까', '-(으)므로'에 비해 사용 범위가 넓지 않다. 그러나 화자는 '-느라고'를 선택함으로 해서 자신이 어떤 일을 하지 못한 상황에 대한 해명이나 변명을 조금 더 효율적으로 할 수 있게 된다. 이러한 발화 의도는 다양하게 세분화된 복합 구성을 통해 더욱 정교하게 표현될 수 있다.

다음은 '이유·원인'의 의미 기능을 하는 복합 구성이다.

(17) ㄱ. 사람은 한 공동체에 속하<u>기 때문에</u> 공동체의 여러 제도를 자신의 행동 속에 내면화함으로써 '인격체 (a person)'가 된다.

ㄴ. 한약사와 약사 간의 분쟁 당시 약국들이 집단으로 휴업을 하<u>는 바람에</u> 분쟁과는 직접 관련이 없는 시민들이 불편을 겪어야 했다.

ㄷ. 선생님은 눈을 반쯤 감고 있다가 황급히 몸을 풀고 절을 맞받<u>는 통에</u> 갸웃하면서 제 쪽으로 넘어질 뻔했습니다만 원가 자세가 바른 분인지라 곧장 바로 앉습니다.

ㄹ. 원-달러 환율은 지난 주말 엔-달러 환율이 121엔까지 밀<u>린 탓에</u> 이날 개장하자마자 5.1원이나 떨어지고 1211원대까지 밀렸

연결어미	학술적 산문	신문	허구적 산문	구어	합계
-(으)니	785(10.6%)	886(11.9%)	4,363(58.7%)	1,403(18.9%)	7,437(100.0%)
-아서/어서	5,760(18.9%)	2,887(9.5%)	10,202(33.4%)	11,697(38.3%)	30,546(100.0%)
-(으)니까	117(1.7%)	89(1.3%)	1,437(21.5%)	5,053(75.5%)	6,696(100.0%)
-(으)므로	1,102(52.9%)	399(19.1%)	568(27.2%)	16(0.8%)	2,085(100.0%)
-느라고	28(6.8%)	8(1.9%)	308(74.4%)	70(16.9%)	414(100.0%)

으나, 오후 들어 일본 재무성의 직접 개입과 우리 외환당국의
구두개입으로 낙폭을 줄였다.

ㅁ. 20세기 대부분의 기간을 집권하며 윈스턴 처칠과 마거릿 대처
같은 걸출한 총리를 배출했던 보수당은 지나치게 현실에 안주
한 나머지 사회 변화를 따라가지 못했다는 분석이다.

    (17ㄱ)은 '-기 때문에'의 쓰임을 보이고 있는 예이다. 학술적 산문
에서 후행절의 내용을 주장하기 위하여 사람이 공동체의 일원이라는
것을 근거로 들고 있다. '-기 때문에'는 연결어미 '-아서/어서', '-
(으)므로', '-(으)니까' 등과 의미 차이가 크지는 않으나 주로 격식성
이 강조되는 상황에서, 구어보다 문어에서 자주 사용된다. '-기 때문
에'가 주로 격식성을 요하는 상황에서 선호되는 이유는 선행 어미
"-기'의 확정성(진정란 2004:122)'에 의해 화자가 사실을 기반으로 한
내용을 설명하는 데에 적절하다고 인식하기 때문이다. (17ㄴ)은 갑작
스러운 약국의 집단 휴업으로 인해서 빚어진 후행절의 상황에 대해
부정적 견해를 나타내고 있다. '-는 바람에'는 '기압의 변화 또는 사람
이나 기계에 의하여 일어나는 공기의 움직임'이라는 명사 '바람'의
의미가 의존명사 '바람'에 전이되어 생성된 의미로(남기심 1995:16),
후행절의 상황이나 사건 역시 예측하지 못한 일이 되며 긍정적인 상
황보다 부정적인 상황을 나타내는 경우가 많다. (17ㄷ)은 황급하게
절을 맞받느라 넘어질 뻔한 상황을 나타낸다. '-는 통에'는 '어떤 일이
벌어진 환경이나 판국'이라는 의존명사 '통'의 의미에 의해 예기치
않은 일로 해서 어수선하고 정신이 없음을 나타낸다. 이러한 의미적
특성은 말뭉치 용례에서 선행절의 서술어로 '법석을 떨어 대다', '떠
들어 대다', '재촉하다', '소리를 지르다' 등이 자주 등장하는 것을 통

해서도 재차 확인된다. (17ㄹ)은 신문 기사에서의 용례로 엔-달러 환율이 떨어져 원-달러 환율에까지 부정적인 영향을 미치는 상황을 나타내고 있다. '-(으)ㄴ/는 탓에'는 '부정적인 현상이 생겨난 까닭이나 원인'의 의미를 나타내는 명사 '탓'이 중심 의미가 되어 부정적 결과를 초래한 원인이나 이유를 나타내는 데에 사용된다. (17ㅁ)은 미국의 정당인 보수당이 지나치게 현실에 안주하여 사회 변화를 따라가지 못한 상황에 대한 부정적인 평가를 하고 있다. '-(으)ㄴ/는 나머지'는 '어떤 일의 결과'라는 의미를 나타내는 복합 구성으로 '어떤 한도에 차고 남은 부분'이라는 뜻을 가진 명사 '나머지'의 의미가 전이되어 '어떤 일을 무리하게 이끈 결과', '더 이상 할 수 없을 만큼 최대한 진행한 결과'라는 의미를 나타낸다. 선행절의 내용이 후행절의 사태를 일으킨 원인이 된다는 점에서 '이유·원인'의 의미 기능을 하며, 선행절에 드러나는 화자의 태도가 부정적이기 때문에 후행절에서도 부정적인 견해가 평가가 제시되는 경우가 많다.

지금까지 살펴본 '-기 때문에', '-는 바람에', '-는 통에', '-(으)ㄴ 탓에', '-(으)ㄴ 나머지'는 발화 상황의 격식성, 선행절과 후행절에 제시되는 사태 발생의 시간적 속성, 명제 사태에 대한 화자의 태도나 인식 등에 따라 선택적으로 사용된다. '이유·원인'을 나타내는 연결 표현은 매우 세분화되어 다양한 형태로 나타나는데, 기능적으로 선행절과 후행절을 논리적으로 연결해 주는 문법적인 장치인 동시에, 명제의 사태에 대한 화자의 태도, 더 나아가서 변명이나 해명의 의미를 나타내며, 이러한 의미가 담화 상황에서 상대의 요청에 대한 거절 전략으로도 확장된다는 점에서 매우 중요한 표현이다. 다음은 상황의 격식성이나 주제, 발화 참여자의 특성 등이 서로 다른 학술적 산문, 신문, 허구적 산문, 구어 말뭉치에 나타난 '이유·원인'의 복합 구성의 분포로, 이들 표현이 어떤 상황에서 선호되는지를 보여 준다.

〈표 2〉 사용역에 따른 '이유·원인'의 복합 연결 구성의 분포(홍혜란 2016:92-93)

복합 연결 구성	학술적 산문	신문	허구적 산문	구어	합계	χ2 (p)
-기 때문에	905 (43.0%)	577 (27.4%)	613 (29.1%)	11 (0.5%)	2,106 (100.0%)	795.888*** (.000)
-는 바람에	7 (3.1%)	108 (48.0%)	110 (48.9%)	0 (0.0%)	225 (100.0%)	92.507*** (.000)
-는 통에	0 (0.0%)	2 (11.8%)	15 (88.2%)	0 (0.0%)	17 (100.0%)	9.941* (.002)
-(으)ㄴ/는 탓에	12 (20.0%)	25 (41.7%)	23 (38.3%)	0 (0.0%)	60 (100.0%)	4.900 (.086)
-(으)ㄴ/는 덕분에	0 (0.0%)	6 (35.3%)	11 (64.7%)	0 (0.0%)	17 (100.0%)	1.471 (.225)
-(으)ㄴ/는 까닭에	41 (59.4%)	8 (11.6%)	20 (29.0%)	0 (0.0%)	69 (100.0%)	24.261*** (.000)
-(으)ㄴ/는 관계로	5 (31.3%)	5 (31.3%)	2 (12.5%)	4 (25.0%)	16 (100.0%)	1.500 (.682)
-(으)ㄴ/는 김에	2 (3.7%)	8 (14.8%)	35 (64.8%)	9 (16.7%)	54 (100.0%)	47.778*** (.000)
-(으)ㄴ/는 나머지	38 (34.9%)	35 (32.1%)	27 (24.8%)	9 (8.3%)	109 (100.0%)	18.670*** (.000)
-(으)ㄴ/는 만큼	146 (41.4%)	193 (54.7%)	14 (4.0%)	0 (0.0%)	353 (100.0%)	146.385*** (.000)
-(으)ㄴ/는 이상	36 (43.4%)	15 (18.1%)	32 (38.6%)	0 (0.0%)	83 (100.0%)	8.988* (.011)
-(으)ㄹ 테니까	8 (4.9%)	11 (6.7%)	124 (76.1%)	20 (12.3%)	163 (100.0%)	228.681*** (.000)
-(으)ㄹ까 봐(서)	2 (2.4%)	2 (2.4%)	38 (45.2%)	42 (50.0%)	84 (100.0%)	69.143*** (.000)

복합 연결 구성	학술적 산문	신문	허구적 산문	구어	합계	χ2 (p)
-(으)ㅁ에 따라(서)	82 (29.5%)	178 (64.0%)	18 (6.5%)	0 (0.0%)	278 (100.0%)	139.971*** (.000)
-(으)ㅁ으로 해서	9 (100.0%)	0 (0.0%)	0 (0.0%)	0 (0.0%)	9 (100.0%)	–
-고 하니	0 (0.0%)	0 (0.0%)	3 (100.0%)	0 (0.0%)	3 (100.0%)	–
-고 해서	0 (0.0%)	7 (14.0%)	22 (44.0%)	21 (42.0%)	50 (100.0%)	8.440* (.015)
-다(가) 못해(서)	4 (6.7%)	10 (16.7%)	45 (75.0%)	1 (1.7%)	60 (100.0%)	82.800*** (.000)
-다(가) 보니(까)	15 (11.2%)	66 (49.3%)	49 (36.6%)	4 (3.0%)	134 (100.0%)	74.896*** (.000)
-다는 점에서	10 (43.5%)	0 (0.0%)	0 (0.0%)	13 (56.5%)	23 (100.0%)	.391 (.532)
-아/어 가지고	0 (0.0%)	0 (0.0%)	9 (1.7%)	536 (98.3%)	545 (100.0%)	509.594*** (.000)
-아/어 놓아서	0 (0.0%)	0 (0.0%)	6 (75.0%)	2 (25.0%)	8 (100.0%)	2.000 (.157)
-아서/어서 그런지	0 (0.0%)	1 (1.5%)	26 (38.2%)	41 (60.3%)	68 (100.0%)	36.029*** (.000)
-기(에) 망정이지	0 (0.0%)	0 (0.0%)	2 (100.0%)	0 (0.0%)	2 (100.0%)	–
합계	1,314 (29.0%)	1,246 (27.5%)	1,118 (24.6%)	693 (15.3%)	4,536 (100.0%)	–

*p〈0.05, ***p〈0.001

〈표 2〉의 분석 결과에 따르면, 학술적 산문에서는 '이유·원인'을 나타내는 상황에서 '-기 때문에', '-은 까닭에', '-(으)니/는 관계로', '-는/은 이상', '-(으)ㅁ으로 해서'가 선호되었으며, 신문에서는 '-는 바람에', '-(으)ㄴ 탓에', '-(으)ㅁ에 따라서', '-다가 보니까'가 선호

되었다. 이와 달리 허구적 산문에서는 '-는 통에', '-은 김에', '-(으)ㄹ 테니까', '-고 해서'가 자주 선택되었으며, 구어에서는 '-(으)ㄹ까 봐서', '-다는 점에서', '-아/어 가지고', '-아서/어서 그런지'가 빈번하게 선택되었다.

　학술적 산문은 논문, 전공서, 교양서 등으로 이루어진 문어 텍스트로 '문체의 정확성, 명확성, 중립성, 대상중심성/객관성, 투명성/명료성'(박성철 2011:77-81)이 요구된다. 주로 사실적인 내용에 대한 설명이나 해석, 논증이 주를 이루기 때문에 다른 사용역에 비해 강한 격식성이 요구된다는 특성이 있다. 또한 선행절과 후행절이 주로 논리성과 사실성을 기반으로 한 인과 관계로 이어지며, 분명하고 단호한 어조를 수반하게 된다. 이에 따라 해당 맥락에서 전성어미 '-기'와 '-(으)ㅁ'의 확정성과 '까닭', '관계', '이상'과 같은 어휘 의미가 결합된 표현이 다른 표현에 비해 선호된 것으로 보인다. 이와 같은 맥락에서 보면 신문은 정보 전달의 관점에서 주로 사건이나 사고를 보도하는 기능을 담당하는 문어 텍스트이다. 이에 따라 사건의 돌발성과 그 결과로 나타나는 사건을 나타내는 데에 적절한 '-는 바람에', '-는 탓에'와 같은 표현이 선호된 것으로 여겨진다. 한편, 신문은 여론 형성을 위한 사설과 논평을 포함하며 일정 수준의 격식성이 요구된다는 점에서 학술적 산문과도 어느 정도 공통점이 있다. 이런 점에서 학술적 산문에서 선호되는 표현이 신문에서도 자주 사용되는 것도 개연성이 있는 결과이다. 허구적 산문은 소설을 중심으로 한 상상적 텍스트로 사건의 서술과 등장인물의 행동이나 심리 묘사, 등장인물의 대사로 이루진다. 따라서 학술 산문이나 신문에서와 같은 격식성을 필요로 하지 않으며, 오히려 등장인물의 대사가 높은 비중을 차지하는 소설의 경우는 구어와 비슷한 속성을 보이는 것으로 확인되었다. 이에 따라 허구적 산문

에서는 어떤 사태로 인해 빚어진 상황을 화자의 입장에서 더욱 주관적
이고 극적으로 표현해 주는 '–은 통에', '–고 해서'와 같은 표현이 선호
되고, 구어는 음성 언어를 기반으로 한 소통 매체로 학술적 산문이나
신문에서는 찾아보기 힘든 구어적 표현으로 '–(으)ㄹ까 봐서', '–아/어
가지고'와 같은 표현이 선호된 것으로 파악된다.

　다음은 이와 같은 맥락에서 '이유·원인'의 복합 연결 구성의 사용
분포와 관련된 특성을 정리한 것이다.

〈표 3〉 '이유·원인'의 복합 연결 구성의 사용 양상(홍혜란 2016:107–108)

복합 연결 구성	격식성	주요 담화 양식	주요 사용역
–기 때문에	+	문어	학술적 산문
–는 바람에	±	문어/구어	허구적 산문, 신문
–는 통에	±	문어/구어	허구적 산문
–(으)ㄴ/는 탓에	+	문어	신문, 허구적 산문
–(으)ㄴ/는 덕분에	+	문어	허구적 산문, 신문
–(으)ㄴ/는 까닭에	+	문어	학술적 산문
–(으)ㄴ/는 관계로	+	문어	학술적 산문, 신문
–(으)ㄴ/는 김에	±	문어/구어	허구적 산문
–(으)ㄴ/는 나머지	+	문어	학술적 산문, 신문
–(으)ㄴ/는 만큼	+	문어	신문, 학술적 산문
–(으)ㄴ/는 이상	±	문어/구어	학술적 산문, 허구적 산문
–(으)ㄹ 테니까	±	문어/구어	허구적 산문
–(으)ㄹ까 봐(서)	–	구어	구어, 허구적 산문
–(으)ㅁ에 따라(서)	+	문어	신문
–(으)ㅁ으로 해서	+	문어	학술적 산문
–고 하니	±	문어/구어	허구적 산문

복합 연결 구성	격식성	주요 담화 양식	주요 사용역
-고 해서	-	문어/구어	허구적 산문, 구어
-다(가) 못해(서)	-	문어/구어	허구적 산문
-다(가) 보니(까)	±	문어/구어	신문, 허구적 산문
-다는 점에서	+	문어	구어, 학술적 산문
-아/어 가지고	-	구어	구어
-아/어 놓아서	-	문어/구어	허구적 산문 (대화체 용례)
-아서/어서 그런지	-	구어	구어
-기(에) 망정이지	±	문어/구어	허구적 산문

　지금까지 담화 층위에서 종결의 기능을 하는 복합 구성과 연결의 기능을 하는 복합 구성이 사용될 때 언어 사용의 관점에서 맥락 요인이 어떻게 관여하는지를 살펴보았다. 화자(또는 작자)는 어떤 의미를 표현하기 위하여 여러 가지 맥락을 고려하여 유사한 의미를 나타내는 다양한 표현 중 하나를 선택하고, 청자(또는 독자)는 화자가 표현하고자 하는 의미를 정확하게 해석하기 위하여 다시 맥락을 참조하게 된다. 그럼으로써 적절한 발화의 산출과 이해가 수반되는 성공적인 의사소통이 이루어진다. 이 과정에서 복합 구성은 언어 사용에서 담화 상황이나 장소, 화자의 발화 의도에 따라 어떤 표현을 선택하여 사용할지 결정하게 된다. 그리고 종결 기능을 하는 복합 구성의 경우는 대화 참여자인 화자와 청자의 관계 요인을 주요한 담화 조건으로 참조하게 되며, 연결 기능을 담당하는 표현의 경우는 명제에 대한 화자의 인식을 주요한 담화 조건으로 참조하게 된다.

　이러한 사용 기제로부터 복합 구성의 담화적 특성은 맥락 의존성과 다의성, 가변성으로 정리해 볼 수 있다. 먼저 맥락 의존성은 담화 의미가 복합 구성이 담화 상황이나 장소, 화자와 청자의 연령, 성별, 지위, 친소 관계 등에 의해 그것이 가진 고유의 문법 의미와 다른 다양한 의미로 해석됨을 뜻한다. 다음으로 다의성은 맥락 의존적 특성에 의해 하나의 복합 구성이 맥락에 따라 다양한 의미를 나타냄을 뜻한다. 마지막으로 가변성은 문법 의미가 주로 통사 층위에서 작용하는 고정적인 의미인 것과 달리 담화 의미는 맥락 요인에 의해 달라지는 해석적 의미라는 것을 뜻한다. 이와 같은 세 가지 특성으로부터 복합 구성의 사용에서 맥락이 매우 중요한 고려 사항이며, 화자와 청자가 공유하고 있는 맥락 요인에 대한 이해와 통제 능력이 성공적인 의사소통을 가능하게 하는 요인임을 알 수 있다.

4. 한국어교육에의 적용

지금까지 복합 구성이 고정적인 형태로 통사 층위에서 고유의 문법 기능을 수행하면서 담화 층위에서 하나의 표현 단위로서 화자의 의도를 표현할 때 어떻게 사용되는지를 살펴보았다. 그 과정에서 언어 사용자가 자신의 의도를 가장 효과적으로, 그리고 적확하게 표현하기 위해서는 복합 구성의 형식과 관련된 언어 지식 외에도 언어 외적 특성인 맥락에 대한 지식이 필요함을 알 수 있었다.

그렇다면 한국어 교육 문법 항목으로서 복합 구성을 가르칠 때 무엇을 가르쳐야 할까? 이는 교육적인 관점에서 가장 핵심적인 부분으로, 이에 관한 답을 찾기 위해 먼저 복합 구성이 발달한 이유를 생각해 볼 필요가 있다. 연결어미, 종결어미, 조사와 같은 문법 형태소가 매우 세분화되어 있음에도 불구하고 그와 유사한 의미를 가지며 그에 상당하는 기능을 수행하는 복합 구성이 존재하는 이유는 무엇일까? 언어 사용에서 화자는 자신이 전달하고자 하는 의미 또는 의도를 가장 효과적으로 나타낼 수 있는 표현을 선택적으로 사용하게 된다. 이로부터 발화 의도가 가장 기본적이고도 중요한 맥락 요인임을 알 수 있으며, 이러한 표현 의도와 욕구가 곧, 복합 구성 발달의 이유라고 할 수 있다. 이는 문법이 언어를 운용하는 데 필요한 규칙 체계일 뿐만 아니라 어휘와 마찬가지로 화자의 발화 의도를 정교하게 나타내기 위한 풍부한 표현 체계로 사용되고 있음을 말해 준다. 한국어에 대한 직관이 부족한 학습자가 이러한 표현 체계로써 복합 구성, 더 나아가 단일 형태 구성을 포함한 다양한 문법 표현을 적절하게 선택하여 사용하도록 하기 위해서는 그것이 사용되는 맥락 요인들을 가르쳐야 한다. 이를 위해서는 실제 교수에서 적용 가능한 형태로 맥락 요인들을 구체화하고 그러한 조건들을 포함해 문법 기술을 할 필요가 있다. Biber et al.(2009:40)에서는 이와 같은 언어 사용에 영향을 미치는 맥락 요인들을 다음과 같이 참여자, 참여자 간의 관계, 채널 산출, 수용 환경, 시공간적 배경, 의사소통 목적, 주제의 7가지 측면에서 세분화하여 제시하고 있는데, 하나의 예시 모형으로 참고할 수 있다.

〈표 4〉 사용역과 장르의 상황적 특성(Biber et al., 2009:40, 홍혜란 2016 재인용)

대범주	중범주	소범주 및 예시
I. 참여자	A. 발신자(예. 화자 혹은 작자)	1. 단독/복수/기관/미확인 2. 사회적 특성: 연령, 교육, 직업 등
	B. 수신자	1. 단독/복수/불특정 2. 자신/타인
	C. 관찰자(청중)	

대범주	중범주	소범주 및 예시
Ⅱ. 참여자 간의 관계	A. 상호작용성	
	B. 사회적 역할	지위 관계 또는 권력
	C. 대인 관계	친구, 동료, 초대면
	D. 공유 지식	개인적, 전문적
Ⅲ. 채널	A. 양식	문어, 구어, 신호
	B. 특정 매체	1. 영구적: 녹음/전사/인쇄/필사/이메일 등 2. 순간적 발화: 면대면/전화/라디오/TV 등
Ⅳ. 산출과 수용 환경	실시간/계획/대본화/수정과 편집	
Ⅴ. 배경	A. 시간과 장소 공유 여부	
	B. 의사소통 장소	1. 사적/공적 2. 특정한 배경
	C. 시기: 당대, 역사적 시기	
Ⅵ. 의사소통 목적	A. 일반적 목적	서사/보고, 묘사, 상술/정보 제공/설명, 설득, 방법 제시/절차, 오락, 교화, 자기 피력
	B. 구체적 목적	다양한 근거로부터 정보 요약하기, 방법 설명하기, 새로운 연구 결과 제시하기, 개인적인 이야기를 통해 도덕 가르치기
	C. 사실성	사실, 견해, 추측, 상상
	D. 입장 표명	지식, 사고방식, 비명시적인 입장
Ⅶ. 주제	A. 일반적 주제 영역	가정사, 매일의 활동, 업무/직장, 과학, 교육/학술, 정부/법/정치, 종교, 스포츠, 예술/오락 등
	B. 특정 주제	
	C. 언급된 사람의 사회적 지위	

첫째, 참여자는 발신자와 수신자, 관찰자로 구분된다. 참여자는 발화 생산과 수용의 주체가 되기 때문에 연령, 성별, 직업, 교육의 정도 등 언어 사용에 영향을 미칠 수 있는 변인들이 중요한 고려 사항이 될 수 있다. 가령, 학술적 산문의 경우 발신자와 수신자 모두가 학문 분야에 속한 교수나 학생이라는 것이 전제되어야 하며, 신문의 경우 발신자는 전문적으로 훈련된 기자이지만 수신자는 다양한 연령과 직업, 교육 수준을 가진 불특정 다수의 대중이 된다. 또한 토론의 경우는 발신자와 수신자의 발화를 듣는 청중인 관찰자가 포함될 수 있다. 일반적으로 글을 쓰거나 발화를 할 때 청중이 누구인가에 따라 언어적인 선택이 달라짐을 고려할 때 가장 기본적인 맥락 요인으로 볼 수 있다.

둘째, 참여자 간의 관계는 발신자와 수신자의 관계를 나타낸다. 대인 관계는 혈연관계인지, 사회적 관계인지, 초대면의 관계인지를 가리키며, 이는 발화 상황의 격식성을 판단하는 중요한 기준이 된다. 사회적 역할은 사회적 관계에서 이루어지는 발화 상황에서 중요한 변인이 되는 지위와 상하 관계를 말한다. 그 외에도 친소 관계나 둘 사이의 공유 지식, 상호작용성이 포함된다. 이는 특히 구어 상황에서 중요한 맥락 요인으로 한국어의 경우 앞에서 살펴본 바와 같이 화행을 실현하는 데 있어 화자가 적절한 표현을 선택하고 화자가 그 의도를 파악하는 데 매우 중요하다.

셋째, 채널은 발화 양식과 매체에 관한 것으로 구어와 문어, 혹은 수어와 같이 특수한 신호로 이루어진 언어인지를 말한다. 그리고 이러한 방식으로 이루어지는 발화가 구체적으로 어떤 매체를 통해 이루어지는가를 가리킨다. 채널은 문어와 구어의 특성이 다르고, 그로 인해 선호되는 소통의 방식과 표현이 다르다는 점에서 핵심적인 맥락 조건이며, 이미 교수 현장에서도 중요하게 다루어지고 있기도 한 부분이다.

넷째, 산출과 수용 환경은 언어 사용 상황에 대한 것으로 채널의 매체 특성과도 긴밀한 관계가 있다. 구어의 경우 일상적 대화와 같이 실시간으로 이루어지는 순간적 발화와 발표, 연설과 같이 계획된 발화가 있다면 문어의 경우는 여러 차례 수정과 편집을 거쳐 완성된 완벽하게 계획된 발화이다. 이에 따라 수반되는 언어 사용의 특성이 달라질 수 있기 때문에 말하기, 듣기, 읽기, 쓰기와 같은 기능 교육에서 주목해야 할 맥락 요인이 된다.

다섯째, 배경은 의사소통이 이루어지는 시간과 장소에 관한 것을 가리킨다. 이 중 장소는 상황의 격식성, 공식성 여부를 가늠하는 지표가 된다는 점에서 특히 구어 상황에서 간과할 수 없는 조건이 될 수 있다.

여섯째, 의사소통 목적은 발화 의도 또는 목적과 관련된 것으로 언어 선택에서 가장 큰 영향을 미치는 조건이라는 점에서 핵심적인 맥락 요인이라고 할 수 있다. 예를 들어, 신문 텍스트의 경우는 정보 전달을 일반적인 목적으로 하며, 구체적으로는 매일 일어나는 사건과 사고를 보도하고, 독자들의 관심사를 다루어 즐거움을 충족시켜 주고, 사설과 논평을 통해 독자를 설득시키려고 한다. 이들 텍스트는 신문을 제외하고는 모두 사실을 기반으로 하며, 논평과 사설을 제외하고는 필자의 입장을 표명하는 경우가 드물다. 이러한 의사소통 목적은 언어 사용에 큰 영향을 미친다는 점에서 의미가 있다.

일곱째, 주제는 발화 내용에 관한 것으로 주제 또한 언어 사용에서 어휘를 비롯한 언어 선택과 사용의 바탕이 된다는 점에서 중요한 맥락 요인이 된다.

이상에서 살펴본 7가지 맥락 요인과 앞선 논의에서 살펴본 복합 구성의 특성을 바탕으로 언어 사용 능력 제고의 측면에서 복합 구성을 가르치는 데에 필수적으로 포함되어야 할 요인들을 정리해 보면 다음과 같다.

- 의사소통 목적
- 의사소통 양식/매체
- 의사소통 장소
- 참여자
- 참여자 간의 관계

먼저, 의사소통 목적은 모든 언어 사용에서 가장 우선적으로 고려해야 할 사항으로 의사소통 기능과 긴밀히 연계되는 것으로 파악된다. 의사소통 기능을 궁극적으로 발화 의도를 나타내는 것으로 학습자가 자신의 발화 의도를 효과적으로 선택할 수 있도록 하기 위해서는 각 복합 구성의 의미와 함께 의사소통 기능을 명시적으로 제시하는 것이 필요하다. 다음으로 의사소통 양식/매체는 복합 구성 사용의 적절성과 긴밀하게 관련된 부분이라고 할 수 있다. 해당 표현이 문어와 구어, 그리고 세부적으로 어느 장르에서 주로 사용되는 표현인지를 분명하게 제시해 주어야 한다. 그다음으로 의사소통 장소는 발화가 이루어지는 장소의 공식성과 격식성 여부를 판단하게 해 준다. 예를 들면, 강의실에서 발표를 하는 상황이라면 공식적인 발화 상황이 되며 일정 정도의 격식성을 요구하게 된다. 따라서 이 또한 중요한 정보가 된다. 마지막으로 참여자 또는 참여자 간의 관계는 화자의 의도를 더욱 분명하면서도 적절하게 나타내는 데에 중요한 정보가 된다. 앞선 논의에서 특정 전공 분야의 집단을 독자로 한 학술 논문을

작성할 경우 선호되는 연결 표현과 일상적인 구어 사용에서 선호되는
연결 표현이 다르며, 화자와 청자의 관계에 따라 선호되는 표현이
다르고 발화 의도가 다르게 해석될 수 있다는 것이 이를 뒷받침해
준다.

5. 나오기

일상적인 언어 사용에서 조사, 어미와 같이 비교적 형태적으로
단순하고 고정적인 의미를 나타내는 문법 형태소를 두고 복잡한 형
태와 세분화된 의미로 인해 고차원의 인지적 처리를 요구하는 복합
구성을 사용하는 것은 경제적인 언어 사용을 추구하는 모습과는 사
뭇 다른 모습이라고 할 수 있다. 이 글에서는 그 이유를 발화 의도를
보다 분명하고 적절하게 표현하고 전달하고자 하는 욕구에서 비롯된
것으로 보고, 화자(필자)가 주어진 상황 맥락 안에서 어떠한 방식으로
다양한 복합 구성 중 하나를 선택해서 사용하고 청자(독자)가 그러한
의도를 어떻게 파악하는지를 살펴보았다. 이 장에서는 그 과정에서
미처 답을 구하지 못한 몇 가지 질문과 그에 대한 단상을 정리하면서
글을 마무리하고자 한다.

한국어 교육 문법 항목 안에는 다양한 의미 범주의 복합 구성이
포함되어 있다. 그리고 복합 구성은 다양한 의미 범주에 걸쳐 있으며
상황 맥락에 따라 세분화된 담화 의미를 나타낸다. 특정한 의미 범주
의 표현이 특히 더 세분화되어 정교한 쓰임을 보이는 것일까? 가령,
'나열'이나 '대립'과 같이 비교적 적은 수의 복합 구성으로 이루어진
의미 범주도 있고, '원인·이유', '시간'과 같이 매우 많은 수의 복합

구성으로 이루어진 의미 범주도 있다. 특히, '원인·이유'의 경우, 언중들이 그 쓰임을 모두 구분해서 사용할 수 있을까 하는 의문이 들 만큼 다양한 표현들이 있는데, 이는 단일 문법 형태소인 연결어미에서도 크게 다르지 않아 보인다. 이처럼 특정한 의미 범주의 문법 표현이 발달한 이유가 무엇인지 두 가지 측면에서 생각해 볼 수 있다. 먼저, 기능적 측면에서 고유의 문법 의미가 담화 층위에서 화자의 의도를 매우 섬세하게 표현해 주기 때문이라고 할 수 있다. 예를 들어, '원인·이유' 표현의 경우 본연의 기능은 '원인·이유'의 의미로 명제 간의 관계를 연결하는 것이지만, 그러한 의미가 담화 층위에서 관련된 상황에 대한 변명이나 해명, 핑계가 되기도 하고, 제안에 대한 거절을 하기 위한 전략이 되기도 한다. 다음으로, 의사소통의 측면에서 상황 맥락에 따라 이러한 표현들을 적절히 부려 씀으로 해서 오해가 없는, 원활한 소통을 하는 데에 기여하며, 이처럼 다양한 기능을 수행하는 의미 범주의 문법 표현이 세분화되는 것으로 보인다. 이러한 측면에서 표현 의도와 관련된 언중들의 심리를 이해한다면 복합 구성의 사용 양상을 더 심도 있게 밝혀 볼 수 있을 것이다.

둘째, 교육적 관점에서 복합 구성이 사용되는 맥락을 체계화할 수 있을까? 복합 구성을 적절하게 사용하기 위해서는 그것이 사용되는 상황 맥락에 대한 지식이 전제가 되어야 함을 확인하였다. 이 글에서는 '사용역'의 특성을 통해 '의사소통 목적', '의사소통 양식/매체', '의사소통 장소', '참여자', '참여자 간의 관계'로 구분하여 살펴보았는데, 그럼에도 맥락은 여전히 광범위하고 다소 추상적인 면이 있다. 특히, 실제 교육에 적용하기 위한 교수 내용으로서 맥락을 체계화하기에는 어려움이 있는 것이 사실이다. 그간 개별 복합 구성의 담화 기능을 밝히고 그것이 사용되는 맥락을 살피고자 하는 논의가 활발하게 이루어져 왔는데, 이러한 성과를 한국어 교수 현장에 활용하기 위해서는 한국어 문법 교육에서 적용 가능한 맥락의 범위와 체계화에 관한 논의가 활발하게 이루어질 필요가 있다.

셋째, 비모어 화자인 외국인 학습자들이 복합 구성의 세밀한 쓰임을 배울 수 있을까? 화자(필자)가 발화 의도에 따라 특정한 복합 구성을 선택하고, 청자(독자)가 그러한 의도를 파악하는 것은 서로 상황 맥락을 공유하기 때문이다. 이러한 상황 맥락에 대한 지식은 목표 언어 사회의 문화적인 지식이 바탕이 되어야 하므로 언어·문화 교육 차원에서의 접근이 필요해 보인다. 그렇다면 어디까지 가르쳐야 할까? 사실 복합 구성의 사용에 작용하는 맥락 요인들은 상당 부분 모든 언어에 통용되는 보편적인 특성이 바탕이 되기도 한다. 가령, 문화에 따라 세부적인 맥락 요인에 대한 민감도에는 차이가 있으나 가족과 같은 혈연관계, 직장과 같은 사회적 관계에서의 언어적 선택이 달라지는 것은 한국어에만 국한된 현상은 아닌 듯하다. 이러한 점에서 복합 구성이 사용되는 상황 맥락에 대한 대조적 접근을 통해 언어권에 따른 공통성과 개별성을 파악할 수 있다면 보다 효율적인 교수가 가능할 것으로 생각된다.

'-습니다'는 아주 높임의 종결어미일까?

이 글은 문법이 담화보다 더 큰 사회적인 맥락 속에서 선택되고 사용된다는 점을 보이고 맥락 문법의 체계를 세우기 위한 시도이다. 이를 위해 상대높임법을 택하여 그 사용 맥락을 분석하였는데, 상대높임법은 한국 문화의 한 단면을 여실히 반영하면서 한국어 문법의 특수성을 나타내는 대표적인 문법 범주이다. 한국어에서는 대화 상대자와의 관계라든지 대화 상대자에 대한 화자의 태도가 언어로 부호화되어 표현되는데 주로 종결어미가 이러한 역할을 담당한다. 화자가 상대를 적절히 대우하고자 종결어미를 선택할 때에는 화자와 청자의 관계 외에도 문장과 담화의 범위를 넘어서는 요소들인 발화 장면, 발화 장소, 제3자의 유무, 매체 등 발화의 전반적인 맥락을 구성하고 있는 요소들이 영향을 미친다. 이러한 요소들은 한국 문화 속에서 오랜 시간 동안 관습화되어 언어에 영향을 주는 것으로서 제2언어 학습자들은 한국어의 상대높임법을 적절히 사용하기 위해서 특정한 맥락에서 상대에 대해 어떤 태도를 보여야 하고 이것이 구체적인 언어 표현으로 어떻게 나타나야 하는가를 알 필요가 있다. 즉, 한국 사회와 문화에 대한 이해가 필요한 것이다. 이 글은 준 구어 말뭉치를 통해 상대높임법에 영향을 주는 맥락 요인을 분석하여 현대 국어의 상대높임법 사용 양상을 구체적으로 밝히고자 한다.

1. 들어가기

상대높임법은 화자와 청자 사이의 관계를 언어로 부호화한 것으로 적절하게 사용하지 못하면 비록 전달하고자 하는 메시지가 정확하더라도 발화 태도의 측면에서 의사소통의 실패를 가져오기 쉽다. 상대높임법은 주로 종결어미로 실현되므로 발화 시마다 적절한 종결어미의 형태를 선택해야 한다는 점에서 상대높임법을 적절하게 사용하는 것은 한국어 학습자에게 매우 어려운 과제이다. 한국어 학습자들이 (1), (2)와 같이 상대높임법을 적절하게 사용하지 못하는 예를 쉽게 볼 수 있다.

⑴ 선생님, 단어를 칠판에 쓰십시오. (→ 선생님, 단어를 칠판에 써 주세요.)
⑵ 사장님, 오늘 점심 식사 같이 합시다. (→ 사장님, 오늘 점심 식사 같이 하시겠어요?)

한국어 교육에서 제시하는 상대높임법 체계에서 높임의 정도가 가장 큰 화계는 '하십시오체'이므로 (1)에서 학습자는 자신보다 윗사람인 선생님에게 아주 높임의 화계를 적용한 것인데, 오늘날 '하십시오체'는 아주 높임의 화계로 쓰이기보다는 격식체로서의 특징을 가지며 윗사람에게 명령문을 사용하는 것 역시 적절하지 않다. (2)의 경우에도 윗사람인 사장님에게 '하오체'의 청유형 종결어미를 사용하였는데 '하오체'는 현대 국어에서 윗사람에게 사용하기에 적절하지 않다. 즉, 한국어 교육 현장에서 제시하는 상대높임법 체계는 그 자체로는 완결된 체계라고 할지라도 현대 한국어 모어 화자의 사용 양상과 차이를 보이는 것이다.

이러한 문제는 근본적으로는 언어 지식으로서의 문법 체계가 가지는 추상성과 탈맥락성 때문이며, 근대 이후로 상대높임법 사용 양상이 급격히 변화한 모습을 학문 문법의 상대높임법 체계가 적절히 반영하지 못한 까닭이기도 하다.

촘스키는 "언어 이론은 완전하게 균질적인 언어 공동체 속의 이상적인 화자와 청자를 다루어야 한다. 그는 언어를 완전히 알고, 기억의 한계나 혼란, 주의와 관심의 이동, 언어에 대한 지식을 언어 수행으로 전환할 때 문법적으로 무관한 오류와 같은 조건에 영향을 받지 않는다"고 말한 바 있다(Chomsky, 1965;30). 이러한 생각은 언어학 연구에서 맥락 의존적인 쓰임문(text-sentence)이 아니라 추상적으로 이상화된 체계문(system-sentence)을 분석의 대상으로 삼아야 한다는 당위성으로 이어진다. 언어학자들은 언어 체계를 기술하기 위해 언어 행동을 정규화(regularization), 표준화(standardization), 탈맥락화(decontextualization)를 통해 이상화한다. 그러나 실제 언어 수행은 실수, 머뭇거림, 말 끊김 등의 수행 변인이 동반되며, 개인이나 집단별로 특이한 음운, 어휘, 문법의 특성을 보이고, 특정한 시·공간과 대화 참여자 간의 관계 속에서 이루어지기 마련이다. 그러나 상대높임법은 그 본질 자체가 화자와 문장 밖의 청자와의 관계라는 발화 맥락 속에서 결정되므로 상대높임법 체계를 기술하기 위해서는 이러한 탈맥락성에서 벗어날 필요가 있다.

　지난 한 세기 동안 신분 체계의 개편, 여성의 가정 내 역할 변화와 사회적 역할 확대, 산업화로 인한 핵가족화 등 사회 공동체의 개편이라는 급격한 변화가 한국어에도 반영되어 한국어의 상대높임법 사용 양상은 전체 화계가 축소되고 일부 화계의 성격이 변화되는 방향으로 변화해 왔다. 상대높임법은 문법 범주 중에서도 시대에 따른 변화가 가장 큰 범주로서 최근에는 축소된 화계 안에서 대화의 상대를 높이기 위해 이전까지 쓰이지 않던 형태의 상대 높임 현상이 나타나고 있다. 이를테면 '커피 나오셨습니다'와 같이 사람이 아닌 사물에 존대를 한다든가 '환자분, 들어오실게요'와 같이 약속을 나타내는 종결어미 '-을게요'에 주체 높임의 선어말어미 '-으시-'가 결합된 '-으실게요'를 요청의 의도로 사용하는 현상이 나타난다. 따라서 외국인 학습자가 한국어로 모어 화자와 의사소통하도록 만들어야 하는 한국어 교육에서는 학문 문법의 문법 체계를 바탕으로 하면서도 실제 한국어 사용 양상과 큰 괴리가 있는 부분에서는 학문 문법과는 다른 기술을 보이고 있다. 대표적인 문법 범주가 바로 상대높임법이다. 이에 본 장에서는 한국어 교육에서 상대높임법을 어떻게 제시해야 할지를 그 체계와 제시 방법의 두 측면에서 고찰해 보고자 한다.

2. 선행연구의 검토

우선 한국어의 문법 범주로서 상대높임법이 국어학 기본서에서 어떠한 체계로 제시되고 있는지 살펴보기로 한다. 〈표 1〉은 국어학 기본서에 제시된 대표적인 상대높임법 체계로서 상대높임법을 격식과 비격식의 이원 체계로 보고 격식체에 4개의 높임 등분을, 비격식체에 2개의 높임 등분을 설정하고 있다.

〈표 1〉 남기심·고영근(1985/2011)의 상대높임법 체계

격식	비격식
아주높임(합쇼)	두루높임(해요)
예사높임(하오)	
예사낮춤(하게)	두루낮춤(해)
아주낮춤(해라)	

이에 따르면 격식체에서 '하십시오체(합쇼체)'와[1] '하오체'는 높임의 화계이고 '하게체'와 '해라체'는 낮춤의 화계이다. 그리고 비격식체에

서 '해요체'는 아주 높임을 써야 할 자리와 예사 높임을 써야 할 자리에 두루 사용되는 높임의 화계이고, '해체'는 예사 낮춤을 써야 할 자리와 아주 낮춤을 써야 할 자리에 두루 사용되는 낮춤의 화계이다. 그러나 이러한 이원 체계에는 문제가 있다. 즉 격식을 갖추어야 하는 발화 장면에서 '하십시오체'뿐 아니라 '해요체'도 빈번히 사용되고 '해라체'와 함께 '해체'도 사용되고 있으며, '하오체'와 '하게체'는 현대 국어에서 더 이상 일상적으로 사용되고 있지 않다는 점에서 격식과 비격식의 이원적인 화계로 구분할 근거가 희박해졌다.[2] 이를테면 방송 토론 진행자의 발화인 (3)에는 '하십시오체' 어미인 '-습니다'뿐 아니라 '해요체' 어미인 '-죠'도 사용되고 있음을 알 수 있는데 회의나 발표와 같은 격식적인 담화에서 '하십시오체'를 사용하는 것이 가장 전형적이기는 하지만 이와 함께 '해요체'의 어미들도 얼마든지 사용할 수 있다. 이뿐 아니라 '하십시오체'는 격식적인 장면에서 주로 사용되는 화계로서 '아주 높임'의 높임의 등분을 갖는다기보다는 '해요체'와 마찬가지의 높임의 화계로서 격식적인 장면에 주로 쓰이는 특징을 갖는 것으로 보는 것이 적절하다. 윗사람을 최대한 높여 대우하기 위해 (4가)와 같이 '하십시오체'를 사용하는 것은 '해요체'가 쓰인 (4나)보다 더 높여 대우한다기보다는 체면과 격식을 차려 말하는 것으로 딱딱하고 거리감이 느껴지게 한다. 즉, '하십시오체'는 격식체로서의 성격을 갖는

---

1   보통 화계의 명칭은 '하다' 동사에 해당 화계의 명령형 종결어미를 결합한 형태를 사용하는데, '합쇼'는 현대 국어에서 잘 사용되지 않는 종결어미이므로 이후 '하십시오'로 교체하여 사용하기로 한다.

2   '하오체'와 '하게체'가 말뭉치에 얼마나 출현하는가를 분석한 박지순(2015ㄴ:59)에 따르면 구어에서 전체 종결어미 중 '하오체'와 '하게체'가 차지하는 비율은 각각 0.2%, 0.03%, 문어에서 차지하는 비율은 각각 0.5%, 0.2%에 불과하여 사실상 거의 사용되지 않는다고 볼 수 있다.

화계로 볼 수 있다. 다음으로 '하게체', '해라체', '해체'를 '낮춤'의 화계
로 설정한다는 점도 문제이다. 신분제가 사라진 현대 한국 사회에서
'낮춤'의 화계가 사용된다고 보기 어려우므로 이들 화계는 모두 '안
높임'으로 보는 것이 적절하므로 '낮춤' 화계의 설정은 현대 한국어
모어 화자의 상대높임법 사용 양상을 반영하고 있다고 보기 힘들다.
또한 '하오체'는 현대 국어의 구어에서 활발하게 사용되고 있지 않고
일부 어미만이 문어에서 특별한 용법으로 사용되고 있기는 하지만
화계 자체로의 높임의 등분을 헤아려 보자면 높임의 화계로 보기보다
는 안 높임의 화계로 보는 것이 적절하다. 이를테면 (5)에 쓰인 '하오
체' 어미인 '-으오'는 윗사람을 높여 대우하는 말체라기보다는 지위가
동등한 사람이나 아랫사람을 대우해 주는 말체로 볼 수 있다.

(3) 지난 1년 정치권에는 많은 일이 있었습니다. 4월에는 서울과 부산시
    장 재·보궐 선거를 치렀고 더불어민주당과 국민의힘은 당 대표를
    새롭게 선출하면서 당에 쇄신을 바라는 시민들 기대도 매우 컸죠.
    [100분 토론 942회 중]

(4) 가. 할머니, 점심 준비 다 됐습니다. 진지 잡수십시오.
    나. 할머니, 점심 준비 다 됐어요. 진지 잡수세요.

(5) 건강은 건강할 때 지키는 것이 중요하오.

위에서 살펴본 대로 한국어 교육 현장에서 국어학 기본서에 제시
된 상대높임법 체계를 기준으로 한국어를 가르친다면 학습자들이 상
황과 맥락에 적절한 상대높임법을 사용하지 못할 가능성이 크다.
한편 한국어 교육 문법서나 한국어 교재에서 제시하고 있는 상대

높임법 체계는 위의 체계와 사뭇 다르다. 〈표 2〉와 〈표 3〉은 대표적인 한국어 교육 문법서인 백봉자(2005)와 국립국어원(2005)에 제시된 상대높임법 체계로서 두 체계 모두 격식체와 비격식체의 이원 체계이나 〈표 2〉에서는 '하오체'가 제외되어 있고 〈표 3〉에서는 '하오체', '하게체'가 제외되어 있다. 두 체계 모두 〈표 1〉의 체계보다는 간략하나 〈표 2〉에 비해 〈표 3〉의 체계가 더 간략하다. 〈표 3〉의 국립국어원(2005) 체계에서는 '해라체'와 '해체'를 '안 높임'의 화계로 설정하고 있는 것도 눈여겨 볼 만하다.

〈표 2〉 백봉자(2005)의 상대높임법 체계

격식	비격식
하십시오(아주높임)	해요
하게	해
해라(아주낮춤)	

〈표 3〉 국립국어원(2005)의 상대높임법 체계

	격식체	비격식체
높임	합쇼체	해요체
안 높임	해라체	해체

한편 한국어 교육 현장에서 직접적인 한국어 교수·학습의 매개로 사용되고 있는 한국어 교재에 제시된 상대높임법 체계는 〈표 4〉의 서강대학교 교재의 예에서 보듯이 한국어 교육 문법서의 체계보다 대폭 축소되어 있다. 해당 교재에서는 종결어미 '-아/어요'에 대한 설명에서 "한국어에는 비격식적 존대체(informal polite), 격식적 존대체(formal polite), 평대(plain style)의 세 가지 화계가 있다"고 함으로써

한국어의 상대높임법 체계를 세 가지 화계로 보고 있음을 알 수 있다. 이때 비격식적 존대체는 '해요체', 격식적 존대체는 '하십시오체', 평대는 반말을 일컫는 것으로 '해라체'와 '해체'를 특별히 구분하지 않고 아우르고 있는 것으로 파악된다. 국어학 기본서나 한국어 교육 문법서와 다르게 '하십시오체'를 높임의 정도에 따른 '아주 높임'의 화계가 아니라 '격식성'에 초점을 맞추어 '격식적 존대체'로 규정하고 있는 점은 현대 한국어의 화계를 매우 실제적으로 파악하고 있다고 할 수 있다. 이 같은 인식은 '하십시오체'의 대표적인 평서형, 의문형 종결어미인 '-습니다'와 '-습니까'가 '공식적인 발표, 뉴스 보도, 연설, 업무 회의, 컨퍼런스, 군대와 같은 공식적이고 격식적인 상황에서' 사용된다는 설명에서 더욱 분명해진다.

〈표 4〉 서강대학교 교재에 제시된 상대높임법 기술 양상

종결어미	설명
-아/어요	한국어에는 비격식적 존대체(informal polite), 격식적 존대체(formal polite), 평대(plain style)의 세 가지 화계가 있다. 화자의 연령이나 상황의 격식성과 같은 요인들이 화계의 사용을 결정한다. 비격식적 존대체의 문장은 '요'로 끝난다. 성인 화자는 격식성이 필요하지 않은 일상 대화에서 보통 이러한 화계를 사용한다.
-습니다	'-습니다' 또는 '-습니까?'는 공식적인 발표(announcement)나 뉴스 보도, 연설, 업무 회의, 컨퍼런스, 군대와 같은 공식적이고 격식적인 상황에서 청자에게 존경을 표시하는 데 쓰인다.
반말	반말은 '-아/어요'보다 더 일상적(casual) 이고 덜 정중한 화계이다. 반말은 (1) 같은 나이의 친구나 비슷한 나이의 친한 친구 사이에서, (2) 자신보다 어리거나 사회적 지위가 낮은 사람들에게, (3) 아이들에게 쓰인다. 한국어의 화계: 1) 격식적인 존대체(formal polite speech): -습니다 2) 비격식적인 존대체(informal polite speech): -아/어요, 3) 일상적인 화계(casual speech): -아/어

한국어 교재에 제시된 상대높임법 기술은 '하오체', '하게체'가 사라지고, '해체'와 '해라체'의 구분이 모호한 현대 한국어의 상대높임법 사용 양상을 잘 반영하고 있다고 할 수 있는데, 그 이유는 한국어 학습자들이 실제 한국어 모어 화자의 상대높임법 사용 양상에 익숙해져야 하기 때문이다. 따라서 한국어 교육을 위한 문법 기술은 한국어 모어 화자가 생산하는 실제 발화의 분석을 바탕으로 해야 하고, 특히 상대높임법이라는 문법 범주는 다른 어떤 문법 범주보다도 발화 맥락의 체계적인 분석이 전제가 되어야 한다. 한국어 교재에 제시된 상대높임법 체계가 현실을 비교적 충실하게 반영하고 있다고는 하지만 어떤 맥락에서 어떤 화계가 선택되는지에 대한 정보가 정교하게 제시되고 있지는 못하다. 〈표 4〉의 '-아/어요'에 대한 설명에서 '화자의 연령이나 상황의 격식성과 같은 요인들이 화계의 사용을 결정한다'고 하였는데 화자의 연령과 격식성이라는 요인이 화계의 사용에 얼마나 영향력이 있는지, 그밖에 다른 어떤 요인들이 영향을 미치는지를 파악할 필요가 있다. 이에 상대높임법 사용 양상에 대한 맥락 분석의 필요성이 크다.

3. 현대 한국어 상대높임법

3.1. 상대 높임에 영향을 미치는 맥락 요인

본 연구에서는 체계문에 대한 연구나 모어 화자의 직관만으로는 규명하기 어려웠던 현대 한국어의 상대높임법 사용 양상을 말뭉치 분석을 통하여 규명하되, 상대높임법의 화계 및 구체적인 종결어미

결정에 중요한 역할을 하는 맥락 요인에 주목하였다.

사용된 말뭉치는 드라마와 시나리오 자료로 이루어진 준구어 자료로서 현대 한국어의 상대높임법 사용 양상을 규명하기 위하여 2000년대에 상영된 작품들로 구성하였으며, 다양한 상황에서의 이루어진 발화를 포함하기 위해 드라마, 스릴러, 액션, 로맨스 등 다양한 장르의 영화와 드라마가 포함되도록 하였고 화·청자의 연령대가 고르게 분포하도록 10대 청소년, 2,30대 청년, 4,50대 중장년, 6,70대 노인이 주요 인물이 되는 작품을 고르게 선정하였다. 수집된 자료는 영화 시나리오 12편, 드라마 대본 18편(각 10화씩)으로 총 30편이며 등장하는 인물의 총 수는 1,024명, 발화 수는 28,931개로서 최종적으로 111,190어절의 준구어 말뭉치를 구축하였다.

준구어 말뭉치의 각 발화마다 종결어미를 추출하여 해당 종결어미의 화계를 태깅하였는데, 종결어미 화계의 구분은 〈표준국어대사전〉을 참고하여 '하십시오체', '하오체', '하게체', '해라체', '해요체', '해체'의 총 6개로 하고 화계 정보가 제시되지 않은 종결어미의 경우에는 '무화계'로 처리하였다. '무화계'의 종결어미는 대부분 혼잣말에 쓰이는 것들이다.[3] 〈표준국어대사전〉에 제시된 화계별 종결어미를

---

3 〈표준국어대사전〉의 종결어미 표제어 중에서 화계 정보를 특정할 수 없는 경우는 총 22개로서 다음과 같은 종결어미가 해당한다.

-고말고, -ㄴ04, -나12, -네07, -누먼, -는가, -는구먼, -는다나, -다마다, -더니03, -더라나, -던가02, -던감, -습네01, -어야지02, -에라02, -으라나, -으려니01, -으리오01, -으시압, -을라고, -음에랴

이들 종결어미는 '자기 스스로에게 묻는 물음이나 추측'을 나타내는 '하게체' 종결어미의 특수 용법으로 볼 수 있는 경우(-던가02, -는가, -나12), 혼잣말에 쓰이는 '해체' 종결어미의 특수 용법으로 볼 수 있는 경우(-는구먼, -네07), 화계 정보가 제시되지 않은 채 추측이나 감탄, 스스로를 향한 물음에 쓰이는 종결어미 중 간접 인용절에 쓰이

대표형과 이형태로 구분하여 정리한 목록은 다음 〈표 5〉와 같다.

〈표 5〉 분석 대상 종결어미 목록(박지순, 2019:100–106)[4]

	대표형	이형태	비표준어
하십시오체 (37개)	–는답니까	–ㄴ답니까, –답니까, –랍니까	
	–는답니다	–ㄴ답니다, –답니다, –랍니다	
	–으렵니까	–렵니까	
	–으렵니다	–렵니다	
	–습죠	–ㅂ죠	(–읍죠)
	–읍쇼	–ㅂ쇼	
	–으십시다	–십시다	
	–으십시오	–십시오	
	–으십사	–십사02	
	–으시라	–시라03	
	–읍시오	–ㅂ시오	
	–으소서	–소서06	
	–습니까	–ㅂ니까,	(–습니까)
	–으리까	–리까	
	–습니다	–ㅂ니다,	(–습니다)
	–습지요	–ㅂ지요	(–읍지요)
	–올시다		(–올습니다)

는 경우(–는다나, –으라나), 상대 발화에 대한 응답을 겸한 혼잣말로 쓰이는 경우(–고
말고, –다마다) 등이 있다.

4 두 가지 이상의 화계에 쓰이는 종결어미의 경우에는 동형어 번호를 [ ]에 기술하였다.
'–던가, –네, –는가, –게, –나, –네, –는다니, –는구먼'이 여기에 해당한다. 또한
〈표준국어대사전〉에 이형태가 제시되지 않은 종결어미의 경우에는 이형태를 추가하였
는데 '–라면서'가 이에 해당한다.

하오체 (25개)	-는다오	-ㄴ다오, -다오, -라오	
	-읍시다	-ㅂ시다	
	-으우	-우16	
	-으오02	-오19	(-우17)
	-습디다	-ㅂ디다	(-습디다)
	-습디까	-ㅂ디까	(-읍디까)
	-으리다	-리다	
	-습딘다	-ㅂ딘다	(-읍딘다)
	-습닏다	-ㅂ닏다	(-읍닏다)
	-로구려		(-로구료)
	-더구려		(-더구료, -드구료)
	-는구려	-구려02	(-는구료, -구료04)
	-소20		
하게체 (31개)	-을는지	-ㄹ는지	(-을런지, -ㄹ런지)
	-는다네	-ㄴ다네, -다네, -라네	
	-음세02	-ㅁ세	
	-으세	-세15	
	-을세02	-ㄹ세02	
	-을세01	-ㄹ세01	
	-로세		
	-데05		
	-던가02 [던가2]		(-든가03)
	-네07[네1]		
	-는감	-은감02, -ㄴ감	
	-느니03	-으니03, -니09	
	-는가[는가1]	-은가02, -ㄴ가01	
	-세나02		

하게체 (31개)	-게12[게1]		
	-게나		
	-나12[나1]		
	-네07[네1]		
해라체 (85개)	-을세라	-ㄹ세라	
	-거니02		
	-도록05		
	-더라며		
	-으라며		
	-자며		
	-더라면서		
	-는다니02- 는다니 [는다니1]	-ㄴ다니02, -다니02, -라니02	
	-는단다	-ㄴ단다, -단다, -란다	(-는댄다, -ㄴ댄다, -댄다)
	-으라니까		
	-으라면서		
	-으련	-련05	
	-자면서		
	-으려마	-려마02	
	-어라01	-아라01, -여라02	
	-으라01	-랴01	
	-으라01	-라09	
	-거라01	-너라	
	-는다더라	-ㄴ다더라, -다더라	
	-으렴	-렴03	
	-으려무나	-려무나	
	-으마01	-마11	(-ㅁ마)

	-는다02	-ㄴ다02	
	-는다01	-ㄴ다01, -다07	
	-을라01	-ㄹ라01	
	-으리02	-리17	
	-으리로다01	-리로다	
	-으리라	-리라03	
	-니10[5]	-으니04	
	-을데라니	-ㄹ데라니	
	-로구나		(-로고나)
	-라08		
	-더람		
	-던고		(-든고)
해라체 (85개)	-더구나02		(-드구나)
	-던03		
	-더냐		(-드냐)
	-더라		(-드라)
	-냐[6]	-느냐, -으냐	
	-는고	-은고03, -ㄴ고01	
	-자꾸나		
	-자27		
	-는구나	-구나03	
	-남08		
	-는담	-ㄴ담, -담14, -으람, -람02	
	-누10		
	-디05		

5 현대 국어에서 동사의 어간 말음이 자음인 경우 어미 '-으니'가 아니라 '-니'와 결합하므로 대표형을 '-으니'가 아니라 '-니'로 하였다.

해요체 (122개)	〈표준〉 목록 (17개)	-는대요	-ㄴ대요, -대요02, -래요,	
		-죠01		
		-지요05[7]		
		-으셔요	-셔요	
		-으세요	-세요03	
		-으시어요	-시어요	
		-데요		
		-어요	-아요, -여요04, -에요	(-아라우02)
	추가 목록 (105개)	-거들랑요		
		-거든요		(-거던요)
		-으려고요	-려고요	(-ㄹ랴고요, -을려고요, -ㄹ려고요)
		-을지요	-ㄹ지요	
		-던데요		(-든데요)
		-는데요	-은데요, -ㄴ데요	
		-는지요	-ㄴ지요, -은지요	
		-걸랑요		
		-는다며요	-ㄴ다며요, -다며요, -라며요	
		-더라니01		
		-는다니까요	-ㄴ다니까요, -다니까요, -라니까요	
		-더라니까요		
		-는다니요	-ㄴ다니요, -다니요, -라니요	

---

6 본고의 대표형 설정 기준에 따르면 '-느냐'가 대표형이 되어야 하나 현대 국어에서는 동사의 어간 말음이 자음이면 '-느냐'가 아니라 '-냐'가 결합되므로 '-냐'를 대표형으로 하였다.

7 '-지요'의 경우 준말인 '-죠'와 의미의 차이가 거의 없고 '해요체'로 동일한 화계이므로

해요체 (122개)	추가 목록 (105개)	-는다면서요	-ㄴ다면서요, -다면서요, -라면서요	
		-는다지요	-ㄴ다지요, -다지요, -라지요	
		-으려나요	-려나요	
		-자니까요		
		-을걸요	-ㄹ걸요	
		-는구면요	-구면요	(-는구만요, -구만요, -는구면요, -구면요)
		-더구면요		(-더구만요, -더구면요, -드구면요)
		-로구면요		(-로구만요, -로구면요)
		-더군요		(-드군요)
		-로군요		
		-고요		
		-을까요	-ㄹ까요	(-ㄹ가요)
		-으라고요		
		-는다고요	-ㄴ다고요 -다고요, -라고요	(-라구요)
		-을래요	-ㄹ래요	
		-을게요	-ㄹ게요	(-을께요, -ㄹ께요, -으께요, -께요)
		-을거나요	-ㄹ거나요	(-ㄹ꺼나요)
		-을밖에요	-ㄹ밖에요	
		-을세말이 지요	-ㄹ세말이지요	
		-을데라니요	-ㄹ데라니요	
		-던걸요		(-든걸요)

'-지요'가 쓰인 발화를 '-죠'로 통합하여 분석하였다.

해요체 (122개)	추가 목록 (105개)	-더라지요		
		-게요		
		-는걸요	-은걸요, -ㄴ걸요	
		-느냐고요	-으냐고요, -냐고요	
		-자고요		(-자구요)
		-는군요	-군요	
		-나요		
		-을는지요	-ㄹ는지요	(-을런지요, -ㄹ런지요)
		-네요		
		-으라며요		
		-자며요		
		-더라면서요		
		-는다니요	-ㄴ다니요, -다니요, -라니요	
		-으라니까요		
		-으라면서요	-라면서요	
		-자면서요		
		-는다나요	-ㄴ다나요, -다나요, -라나요	
		-을라고요		
		-다마다요		
		-고말고요		
		-어야지요	-아야지요, -여야지요, -야지요	
해체 (93개)		-거들랑		
		-거든02		(-거던)
		-어06	-아10, -여25	
		-으려고	-려고02,	(-ㄹ랴고, -을려고, -ㄹ려고)
		-을지	-ㄹ지	

	−던데		(−든데)
	−는데	−은데, −ㄴ데	
	−는지	−ㄴ지, −은지04	
	−걸랑03		
	−는다며	−ㄴ다며, −다며, −라며	
	−더라니01		
	−는다니까	−ㄴ다니까, −다니까, −라니까	
	−더라니까		
	−는다니01	−ㄴ다니01, −다니01, −라니01	
	−는다면서	−ㄴ다면서, −다면서, −라면서	
	−는다지	−ㄴ다지, −다지02, −라지02	
	−는대	−ㄴ대01, −대17, −래01	
	−으려나	−려나	
해체	−자니까		
(93개)	−을걸	−ㄹ걸	
	−는구먼 [는구면1]	−구먼	(−는구만, −구만02, −는구면, −구면05)
	−더구먼		(−더구만, −더구면, −드구면)
	−로구먼		(−로구만, −로구면)
	−더군		(−드군)
	−로군		
	−고26		
	−을까	−ㄹ까	(−ㄹ가01)
	−으라고01		
	−는다고02	−ㄴ다고02, −다고03, −라고04	(−라구02)
	−을래01	−ㄹ래	
	−을게	−ㄹ게	(−을께, −ㄹ께, −으께, −께04)

	−을거나	−ㄹ거나	(−ㄹ꺼나)
	−을밖에	−ㄹ밖에	
	−을세말이지	−ㄹ세말이지	
	−을데라니	−ㄹ데라니	
	−야13		
	−던걸		(−든걸)
	−더라지		
	−게11		
	−는걸	−은걸, −ㄴ걸	
	−느냐고01	−으냐고01, −냐고01	
	−자고09		(−자구13)
	−는군	−군09	
	−나12[나2]		
해체 (93개)	−을는지	−ㄹ는지	(−을런지, −ㄹ런지)
	−지24		
	−네07[네2]		
	−는다니01 [는다니1]		
	−는다나	−ㄴ다나, −다나, −라나	
	−으라나		
	−으시압	−시압	
	−으려니01	−려니01	
	−음에랴	−ㅁ에랴	
	−을라고	−ㄹ라고	
	−습네01	−ㅂ네	
	−으리오01	−리오02	
	−ㄴ04		
	−다마다		

	-고말고		
	-더라나		
	-더니03		
	-던감		
	-어야지02	-아야지02, -여야지02, -야지03	
	-누먼		
무화계 (29개)	-에라02		
	-던가02 [던가2]		
	-는구먼 [는구먼2]		
	-는가[는가2]		
	-나12[나3]		
	-네07[네3]		
	-는다니01 [는다니3]		

자료 태깅 과정은 〈그림 1〉에 예시된 바와 같다.

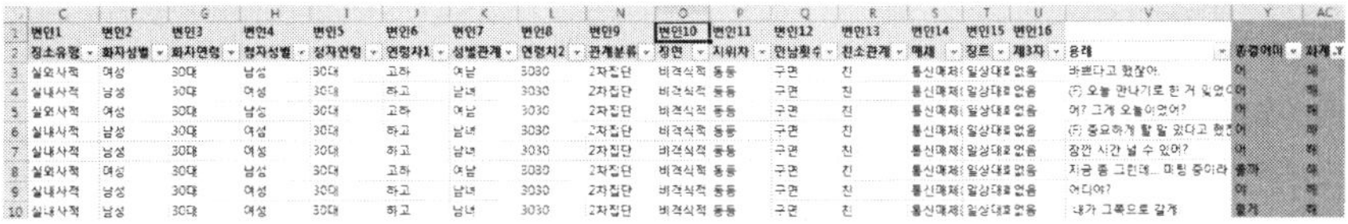

〈그림 1〉 분석 자료의 데이터화(박지순, 2019:93)

상대높임법 화계의 선택에 차이를 가져올 것으로 예상되는 요인은 〈표 5〉에서 보는 바와 같이 크게 발화가 이루어지는 상황과 직접적으로 관련되는 상황적 요인과 그보다 상위의 사회 문화적 요인으

로 구분하고, 상황적 요인은 다시 화·청자 요인과 환경 요인으로 나
누었다. 화·청자 요인에는 화·청자의 성별과 연령이라는 개별 요인
과 화·청자 간의 성별 관계, 연령 차, 지위 차, 친소 관계, 만남 횟수,
관계 유형이라는 화·청자 관계 요인이 있다. 또한 환경 요인은 장소
유형, 발화 장면, 제3자 유무, 매체로 구분하였으며 사회·문화적 요
인으로는 장르를 설정하였다. 각 요인의 세부 분류는 〈표 6〉에 제시
하였다.

〈표 6〉 상대높임법에 영향을 줄 것으로 예상되는 요인(박지순 2019:109)

영향 요인			분류
상황적 요인	화·청자 요인	화·청자 개별 요인	
		1. 화자 성별	남성, 여성, 집단 화자, 미확인
		2. 화자 연령	10대, 20대, 30대, 40대, 50대, 60대, 70대, 집단 화자, 미확인
		3. 청자 성별	남성, 여성, 집단 청자, 미확인
		4. 청자 연령	10대, 20대, 30대, 40대, 50대, 60대, 70대, 집단 청자, 미확인
		화·청자 관계 요인	
		5. 성별 관계	남남, 남녀, 여남, 여여, 남집단, 남미확인, 여집단, 여미확인
		6. 연령 차	+연령 차, −연령 차, 0연령 차, 집단 청자, 미확인
		7. 지위 차	+지위 차, −지위 차, 0지위 차, 집단 청자, 미확인
		8. 친소 관계	친, 소, 집단 청자, 미확인
		9. 만남 횟수	초면, 구면, 집단 청자, 미확인
		10. 관계 유형	1차집단(친족) 2차집단(친분이 있는 사적 관계), 3차집단(친분이 있는 공적 관계), 4차집단(친분이 없는 낯선 관계), 집단 청자, 미확인

환경 요인	11. 장소 유형	실내사적, 실내공적, 실외사적, 실외공적
	12. 발화 장면	격식적, 비격식적
	13. 제3자 유무	있음, 없음
	14. 매체	면대면, 통신매체, 방송매체
사회문화적 요인	15. 장르	일상대화, 강의담화, 구매대화, 업무대화, 조사대화

〈표 6〉에 제시된 총 15개의 맥락 요인에 따라 상대높임법 각 화계의 실현에 유의미한 차이를 보이는지 확인하기 위하여 카이제곱 검정을 실시하였다. 이를테면 맥락 요인 중 '화자 성별'의 경우 화자가 남성, 여성, 집단일 때 각각 다른 화계를 선택하는지를 확인하기 위한 것이다. 〈표 7〉은 '화자 성별' 변인에 따른 화계 선택 양상을 카이제곱 검정한 결과를 보인 것인데, $\chi2= 732.1276$이고 p값은 〈.0001로 유의 수준 .05에서 화자의 성별에 따라 선택되는 화계에 유의미한 차이가 있는 것으로 나타났다. 나머지 14개의 맥락 요인의 경우에도 카이 제곱 검정을 실시한 결과 15개의 맥락 요인 모두 하위 요인에 따라 상대높임법 실현에 유의미한 차이를 가져오는 것으로 나타났다.

〈표 7〉 화자 성별 변인에 따른 화계 선택 양상(박지순 2019:112)

( ) 안은 값은 비율(%)을 나타낸 것임.

성별	하십시오	해요	해	해라	하오	하게	무화계	합계
남성	1,362 (10.77)	*2,839* *(22.45)*	6,360 (50.3)	1,693 (13.39)	77 (0.61)	47 (0.37)	267 (2.11)	12,645 (100)
여성	*271* *(3.04)*	3,004 (33.74)	955 (10.73)	4,504 (50.59)	19 (0.21)	6 (0.07)	*144* *(1.62)*	8,903 (100)
합계	1,633	5,843	2,648	10,864	96	53	411	21,548

통계량	자유도	값	Prob
카이제곱	6	732.1276	〈.0001

　　개별 요인이 모두 상대높임법 화계 결정에 영향을 미친다고 하더라도 여러 요인이 동시에 복합적으로 작용하는 경우 어떤 요인의 영향력이 더 큰지 확인이 필요하다. 이에 SAS 9.3의 PROC CATMOD Procedure를 사용해 일반화 로짓 모형(Generalized Logit Model)을 실시하였다. 그 결과 〈표 8〉과 같이 모든 요인이 동시에 작용했을 때 화계 선택에 차이를 가져오는 변인으로 〈표 8〉의 9개 요인이 유의미한 것으로 나타났으며, p값과 비례하는 Chi-Square/DF의 수치로 종속 변인의 선택에 관여하는 정도를 판단하였을 때 친소 관계, 연령 차, 지위의 세 가지 요인이 그 순서대로 가장 큰 영향을 미치는 것으로 나타났다. 친소 관계가 연령 차와 지위 차보다 더 영향력이 크다는 것은 힘과 거리 중에서 거리가 상대높임법의 화계 결정에 더 큰 영향을 미친다는 것을 나타낸다. 〈그림 2〉는 맥락 요인의 영향력 순위를 그래프로 표시한 것이다.

〈표 8〉 각 요인이 화계 선택에 관여하는 정도 순위(박지순 2019:162-163)

순위	Source	DF	Chi-Square	Pr〉ChiSq	Chi-Square/DF
1	친소 관계	6	887.48	〈.0001	147.9133
2	연령 차	12	1544.99	〈.0001	128.7492
3	지위 차	12	1180.47	〈.0001	98.3725
4	발화 장면	6	309.38	〈.0001	51.56333
5	관계 유형	18	856.45	〈.0001	47.58056
6	성별 관계	18	822	〈.0001	45.66667

순위	Source	DF	Chi-Square	Pr>ChiSq	Chi-Square/DF
7	제3자 유무	6	93.47	<.0001	15.57833
8	장소 유형	18	46.73	0.0002	
9	만남 횟수	6	22.95	0.0008	

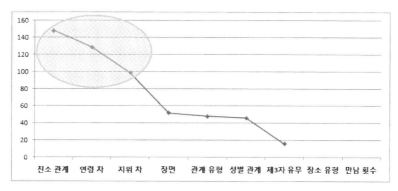

〈그림 2〉 요인 간 영향력의 순위(박지순 2019:163)

3.2. 한국어 상대높임법 화계의 구분

실제 발화 상황에서는 다양한 요인들이 복합적으로 작용하여 화
계 선택에 영향을 미치게 된다. 3.1에서 요인 간 영향력의 순위를
파악하였지만 이것만으로는 요인들과 화계 간의 관계를 입체적으로
살펴보는 데 한계가 있다. 따라서 모든 요인이 복합적으로 작용하였
을 때의 화계 분포를 파악하기 위해 앞서 화계 선택에 유의미한 차이
를 가져오는 요인으로 확인된 9개 요인과 각 화계를 대상으로 SAS
9.3의 PROC CORRESP Procedure를 활용하여 다중대응분석(multiple
correspondence analysis)을 실시하였다. 다중대응분석은 변수 간의 관
계 정도를 상대적인 거리로 표시해 관련도를 시각적으로 파악할 수
있게 해 준다. 거리가 가까울수록 서로 관계가 긴밀하고 멀리 떨어져

있을수록 관계가 먼 것으로 해석한다.

다중대응분석 결과 화계와 맥락 요인 사이에 〈그림 3〉과 같은 분포가 나타났는데, 가장 눈에 띄는 것은 '해체', '해라체'가 매우 가까이 하나의 영역을 이루고 있고 '해요체'와 '하십시오체', '하오체', '하게체', 무화계가 근접해 있지 않고 확연히 떨어져 있다는 것이다. 이들 화계를 중심으로 맥락 요인의 분포 역시 화계에 따라 구분되는 것으로 볼 때 별도의 영역을 이루고 있다고 볼 수 있다. '비격식적' 요인과 '해체', '해라체'와의 거리, 그리고 '해요체'와의 거리가 비교적 가깝고 '격식적' 요인은 '하십시오체'와 매우 가까운 거리에 있다는 것으로부터 각 화계의 성격을 알 수 있는데 무엇보다도 '하십시오체'의 성격은 '격식적' 맥락으로 규정될 수 있다는 것이 분명해 보인다. '하오체'는 다른 화계 중에서 '해체'와 가장 근접해 있고 대부분의 맥락 요인에서 멀리 떨어져 있어 사용되는 맥락을 구체화하기가 어려운데 이는 '하오체'에 해당하는 종결어미가 다른 화계에 속하는 종결어미에 비해 매우 적은 수이고 그중에서도 실제로 사용되는 종결어미는 '-읍시다'에 편중되어 있기 때문인 것으로 보인다. '해체'와 '해라체'는 매우 가까이 위치해 있어 유사한 맥락에서 '해체'와 '해라체'가 나타날 확률이 높다고 볼 수 있는데 이는 두 화계의 구분이 과거만큼 뚜렷하지 않다는 것으로 해석할 수 있다.

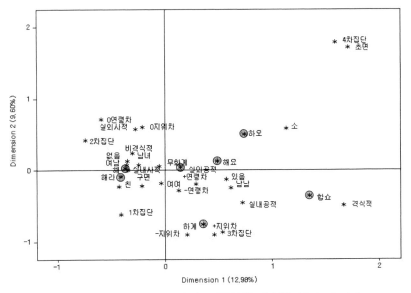

〈그림 3〉 맥락 요인과 화계의 다중대응분석 결과(박지순 2019:165)

〈그림 3〉의 분포에서 각 화계를 중심으로 해당 화계의 실현에 영향을 미치는 주요 요인들과 다른 요인들 사이에 경계를 표시한 결과 〈그림 4〉와 같이 화계별 영역을 구분할 수 있다. 해당 화계에 속하는 종결어미의 수와 분석 데이터의 비중이 매우 적은 '하오체', '하게체', 무화계를 제외하고 영역을 구분한 결과로 보면 현대 한국어의 상대 높임법 화계는 '하십시오체', '해요체', '해/해라체'의 세 영역으로 크게 구분된다는 것을 알 수 있다.

구분되는 영역을 살펴보면 '해요체'와 '해/해라체'가 각각 가장 큰 영역을 차지하면서 일부 중복되는 모습을 보이고, '하십시오체'는 '해요체'와 대부분의 영역이 중복되면서 그보다 훨씬 좁은 영역을 차지하고 있다. '하십시오체'는 '격식적', '실내공적', '남성-남성'의 맥락 요인과 긴밀한 관계를 보이고 있다는 점으로부터 공식적이고 격식적

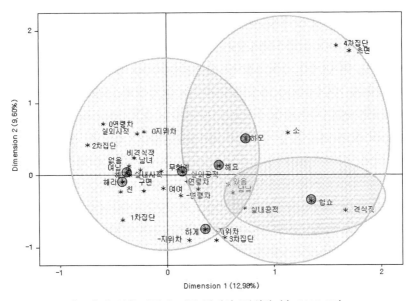

〈그림 4〉 실현 맥락에 따른 화계의 구분(박지순 2019:167)

인 장면에서 주로 사용되며 '해요체'와 교체되어 사용될 수 있음을 짐작할 수 있다. '해요체'와 '해/해라체'가 중복되는 영역의 경우 같은 맥락이라고 하더라도 화계 선택에서 영향력 순위가 가장 높은 화·청자의 친소 관계에 따라 높임말을 사용하기도 하고 반말을 사용하기도 하는 것으로 볼 수 있다.

4. 한국어교육에의 적용

4.1. 한국어 교재 분석[8]

한국어 교재에 상대높임법 정보가 어떻게 제시되고 있으며, 대화

문에 적절히 사용되고 있는지 살펴보기 위해 최근 한국어 교육 현장
에서 사용되고 있는 교재 중에서 대학 기관에서 발간되어 전 단계의
교재가 완간된 3종을 분석하였다. 분석 대상 교재는 '서울대 한국어',
'연세 한국어', '이화 한국어' 3종 24권이다. 분석 내용은 상대높임법
정보 제시의 측면에서는 교재에서 상대높임법의 각 화계가 제시된
순서, 화계별 대표 종결어미에 제시된 화계에 대한 설명, 한국어 상
대높임법 체계에 대한 전반적인 설명의 세 가지를, 상대높임법 사용
의 측면에서는 상관적 대화문에 사용된 화계 비중, 대화문에 사용된
화계의 사용 맥락으로 이루어졌다. 이때 맥락 요인은 화청자의 친소
관계, 화청자의 연령 차, 화청자의 지위 차, 그리고 격식적/비격식적
장면의 네 가지로 한정하였으며, 교재의 대화문은 말하기, 듣기 지문
의 대화문을 추출하여 분석하였다.[9]

4.1.1. 상대높임법 정보 제시

(1) 화계 제시 순서

분석 결과, 분석 대상 교재 모두 초급 단계에서 화계 대부분이
모두 제시되고 있었는데, 1권에서 '해요체', '하십시오체'가 제시되고,
2권에서 '해, 해라체'가 제시되었다. 다만, 1권에서 높임의 화계인
'해요체', '하십시오체'의 제시 순서는 교재마다 차이를 보였는데, '서
울대 한국어'에서는 '해요체'를 먼저 제시하고 '하십시오체'를 나중에
제시하였다면, '연세 한국어'와 '이화 한국어'에서는 '하십시오체'를

---

8 교재 분석 결과는 박지순(2022)의 결과를 바탕으로 하였다.

9 독백의 경우 내적 독백은 제외하였지만 상관적 장면에서의 독백은 간접 표현으로 보아
   분석 대상에 포함하였다.

먼저 제시하고 '해요체'가 나중에 제시되었다. '서울대 한국어'의 방식은 현대 한국어에서 가장 많이 사용되는 '해요체'를 '하십시오체'보다 먼저 학습하도록 함으로써 학습의 실제성을 높일 수 있는 장점을 가진다면, '연세 한국어'와 '이화 한국어'의 방식은 '하십시오체'를 먼저 학습함으로써 '-습니다, -습니까' 등 '하십시오체' 종결어미의 활용을 쉽게 익혀 사용할 수 있게 할 수 있다는 장점이 있다. 전반적으로 '서울대 한국어'의 경우 해요체-하십시오체-반말(해/해라체)의 순서로, '연세한국어'에서는 하십시오체-해요체-반말-하오체/하게체의 순서로, '이화 한국어'에서는 하십시오체-해요체-반말(해체)/낮춤말(해라체)의 순서로 종결어미 문법 항목을 제시하고 있다. 그밖에 '연세 한국어'는 다른 교재들과 달리 '하오체'와 '하게체'를 문법 항목으로서 교수요목에 포함시키고 있었는데 현대 한국어에서 널리 쓰이는 '하오체', '하게체'의 일부 어미가 아니라 종결어미를 포괄적으로 제시하고 있다는 점에서 차별화된다.

(2) 종결어미의 상대높임법 정보

한국어 교재에서 상대높임법 정보는 주로 종결어미에 대한 설명에서 해당 종결어미가 속하는 화계의 정보를 제시하는 것을 통해 학습자에게 제공된다. 따라서 한국어 교재에 제시된 상대높임법 정보를 살펴보기 위해 각 화계에 속하는 대표적인 종결어미의 설명을 추출하여 살펴보았다.

'서울대 한국어'의 경우 〈표 9〉에서 보듯이 '격식적인 상황', '정중하게 끝맺을 때'라는 설명을 통해 '하십시오체'의 특성을 격식성으로 규정하고 있음을 알 수 있다. 높임의 화계이지만 높임의 정도에 대해서는 언급하고 있지 않아 학교 문법에서 '하십시오체'를 '아주 높임'

의 화계로 설정하는 것과 차이를 보인다. '해요체'의 경우 '-아요/어
요', '-으세요' 등의 종결어미를 통해 '해요체'의 특성을 '비격식적인
상황'으로 특징 짓고 있음을 알 수 있으며, '-을까요?'의 설명에서
격식적인 상황에서는 '-을까요?'에 대한 대답으로 '-읍시다'를 사용
한다고 함으로써 '하십시오체'뿐 아니라 '해요체' 역시 격식적인 장면
에 사용될 수 있음을 보여주고 있다. 안 높임의 화계는 '반말'이라는
명칭으로 제시되는데 '매우 친밀할 때', '높이지도 낮추지도 않는 말'
로서 '친구나 아랫사람에게' 사용한다는 정보를 제공하고 있다. '해
체'와 '해라체'를 따로 구분하여 높임의 정도를 달리 설정하고 있지는
않지만 '해라체'의 의문형 어미 '-니, -냐'는 청자의 사회적 지위가
더 낮을 때만 사용할 수 있다는 용법을 주어 학습자들로 하여금 적절
한 맥락에 사용할 수 있도록 돕고 있다.

〈표 9〉 '서울대 한국어'의 종결어미 설명(박지순, 2022:12)

문법 항목		설명
하십시오체	A/V-습니다/ㅂ니다 (1A, 7과)	격식적인 상황에서 그 문장을 정중하게 끝맺을 때 사용한다. 격식적인 상황에서 질문할 때는 '-습니까/ㅂ니까?'를 사용한다.
해요체	V-아요/어요 (1A, 3과)	비격식적인 상황에서 현재의 사실에 대해 설명하거나 질문할 때 사용한다.
	V-(으)세요 (1A, 6과)	비격식적인 상황에서 다른 사람에게 요청 또는 제안하거나 공손하게 명령할 때 사용한다. 격식적인 상황에서는 '-(으)십시오'를 사용한다.
해요체	V-(으)ㄹ까요? (2A, 5과)	정해지지 않은 어떤 일에 대해서 상대방의 의사를 묻거나 제안할 때 사용한다. '-(으)ㄹ까요?'에 대한 대답으로 보통 '-아요/어요'를 사용하는데, 이때 '-아요/어요'는 청유의 의미를 나타낸다. 격식적인 상황에는 '-(으)ㄹ까요?'에 대한 대답으로 '-(으)ㅂ

		시다'를 사용한다. 단 '-(으)ㅂ시다'는 윗사람에게 말할 때는 사용할 수 없다.
해/해라체	반말 (2B, 10과)	대화하는 사람의 관계가 매우 친밀할 때 사용할 수 있으며, 높이지도 낮추지도 않는 말이다. 반말의 종결어미는 '-아요/어요'에서 '-요'를 제외한 형태를 사용한다. 명사가 선행될 경우 '(이)야'를 사용한다. 친구나 아랫사람에게 반말로 권유나 제안, 요청을 하고자 할 경우 '-자'를 사용한다. 친구나 아랫사람에게 반말로 물어보고자 할 경우 '-아/어', '-(으)니/니', '-(으)냐/느냐'를 사용한다. 그러나 '-(으)니/니', '-(으)냐/느냐'는 청자의 사회적 지위가 더 낮을 때만 사용할 수 있다.

'연세 한국어'는 종결어미의 문법 항목에서 〈표 10〉에서와 같이 상대높임법 정보를 제공하고 있다. '하십시오체'는 '격식적으로(formally) 설명하거나 서술할 때' 쓰인다고 함으로써 '서울대 한국어'와 마찬가지로 주요한 특성을 격식성으로 규정하고 있으며, '해요체'는 '비격식체(informal style)', '친구와의 대화'라는 키워드를 통해 격식성과 화청자의 관계로 '하십시오체'와의 차이를 드러내고 있다. 그러나 '친구와의 대화'가 '해요체'가 사용되는 화청자 관계를 적절히 설명해주지 못한다는 문제가 있다. '연세 한국어'는 '-으세요'를 문법 항목으로 제시하면서 일반적인 '해요체' 어미 '-어요/아요/여요'에 존대의 선어말어미 '-으시-'가 결합하였다는 설명으로부터 '해요체'와 높임의 정도에서 구분되는 별도의 화계로 제시하고 있는 것으로 보여 특징적이다. '-으세요'는 일상적으로 '해요체'보다 상대방을 한층 더 높여 대우할 때 사용되므로 학습자들이 종결어미에 '-으시-'가 결합되어 높이의 정도가 높아졌다고 이해하기보다는 '해요체'와 구분되는 화계의 한 종류로 익혀 사용하는 것이 유용할 수도 있다. '해체'의 경우

'친근체(intimate style)'이면서 '동등하거나 낮은 지위의 상대에게 사용'한다고 함으로써 '해체'의 사용 맥락이 적절히 설명되고 있다. '해라체'는 격식적 존대의 종결어미에 대해 '친근체'라 설명하고 있는데 '격식적'이라는 것은 발화자들이 서로 어느 정도 거리를 두면서 체면을 차린다는 것을 의미하기 때문에 '격식적'이면서 '친근체'라고 하는 것은 병행되기 어렵다. 또한 '해라체'는 격식체로서보다는 비격식체로 주로 사용되므로 이러한 설명은 '해라체'의 사용 맥락을 적절히 드러내지 못한다고 볼 수 있다. 그밖에 '연세 한국어'에서는 '해라체'를 글에서 사용된다고 함으로써 화계 중립적인 하라체와 동일시한다는 특징이 있다. 그러나 해라체와 하라체는 사용역이 구어와 문어로 명백히 구분되고, 명령문과 의문문에 사용되는 어미에 차이가 있으므로 동일한 화계로 보기는 어렵다.

한편, '하오체'와 '하게체'는 문법 연습에서 가볍게 다루어지고 있는데 '하오체'를 활용한 '주의사항이나 지시문'을 만드는 연습, 젊은이들의 대화를 중년 남성의 대화로 바꾸는 연습을 통해 '하오체'의 문어적 용법과 '하게체'의 제한적인 화청자 관계를 매우 잘 보여주고 있다.

〈표 10〉 '연세한국어'의 종결어미 설명(박지순, 2022:14-15)

화계	문법 항목	설명
하십시오체	-습니다, -습니까 (1-1, 1-4과)	동사 어간에 사용되어 청자에게 격식적으로(formally) 설명하거나 서술할 때 쓰인다.
	-으십시오 (1-1, 4-4과)	동작 동사의 어간에 사용되어 청자에 대한 명령을 나타낸다.
해요체	-어요 (1-1, 5-1과)	이 비격식체(informal style) 종결어미는 동사 어간에 사용되어 친구와의 대화에 자주 쓰인다. 억양에 따라 평서, 의문, 명령, 제안을 나타낼 수 있다.

	-으세요 (1-2, 5-2과)	이 존대 형식(honorific form)은 '-어요/아요/여요'에 존대의 선어말어미인 '-으시-'가 결합한 것이다. 억양에 따라 평서, 의문, 명령, 제안을 나타낼 수 있다.
	-을까요?1 (1-1, 4-1과)	동작 동사에 붙어 청자에게 제안하거나 의견을 물을 때 사용한다.
해체	반말: -어/아/여, 이야/야 (2-1, 4-1과)	이 친근체(intimate style)는 동등하거나 낮은 지위의 상대에게 사용하는 문체이다.
해라체	반말: -는다/ㄴ다, -다, -니?, -어라/아라/여라 (2-1, 4-3과)	평서문의 격식적 존대의 종결어미인 '-습니다/ㅂ니다'의 친근체는 '-는다/ㄴ다, -다'이다. 의문문의 격식적 존대 종결어미인 '-습니까/ㅂ니까'의 친근체는 '-니?'이다. 명령문의 격식적 존대 종결어미인 '-으십시오/십시오'의 친근체는 '-어라/아라/여라'이다. 격식적 친근체(intimate style of formal speech)는 동등하거나 낮은 지위의 상대에게 사용될 수 있다. 그러나 나이가 많은 사람(older person)에게는 사용될 수 없다. 친근체는 글에서 널리 사용된다. (the form can widely used in journals)
	반말: -자 (2-1, 4-4과)	청유문의 격식적 존대의 종결어미인 '-읍시다/ㅂ시다'의 친근체는 '-자'이다.
하오체	-읍시다 (1-1, 4-1과)	동작 동사의 어간에 사용된다. 화자가 청자와 함께 어떤 행동을 수행하기를 원할 때 사용한다.
	-오, -소, -구려(하오체) (5-1, 1-2과)	다음과 같은 경우의 주의사항이나 지시문을 만들어 봅시다. [문법 연습]
하게체	-네, -나?, -게, -세(하게체) (5-1, 1-2과)	두 젊은 친구의 대화를 중년 남성의 대화로 바꿔 봅시다. [문법 연습]

　　'이화 한국어'의 경우에는 '하십시오체'를 '존대 표현', '존대 종결어미', '공손한 방식(polite way)' 등으로 설명함으로써 단지 높임의 화계라는 점 외에 격식적인 특징을 제시하고 있지 않아 학습자들이 '하십시오체' 어미들을 비격식적 상황에서 사용함으로써 자연스럽지

못한 발화를 하도록 할 가능성이 있다. '해요체'는 '비격식적 상황 (informal situations)', '공손(politeness)을 나타내는 존대 어미'라고 하였는데 '해요체'가 격식적인 상황에서도 자주 사용된다는 점을 알기 어렵고 '하십시오체'와의 차이도 분명히 드러나지 않는다.

그밖에 해체는 '반말'로 '해라체'는 '낮춤말'로 명명함으로써 두 화계를 높임의 정도로 구분하고 있는데 '해라체'가 아랫사람에게 사용되는 경우는 의문문이나 명령문뿐이고 대부분의 경우 해체가 사용되는 맥락에서 동일하게 실현되므로 학습자들이 이를 실제 의사소통에 적용할 때 혼란스러울 수 있다.

〈표 11〉 '이화 한국어'의 종결어미 설명(박지순, 2022:16-17)

화계	문법 항목	설명
하십시오체	입니다, 입니까 (1-1, 2과)	사물, 사람 이름, 국적을 나타내는 존대 표현(honorific expression)이다. 의문형은 '입니까'이다.
	-습니다, -습니까 (1-1, 3과)	'-습니다'는 형용사나 동사 뒤에 사용되어 사실이나 의견을 말하는 데 사용되는 존대 종결어미(honorific ending)이다. 의문형은 '-습니까'이다.
	-(으)십시오 (1-2, 11과)	'-(으)십시오'는 다른 사람에게 무엇을 하라고 하거나 행동을 제안하는 공손한 방식(polite way)이다.
해요체	-아/어요 (1-1, 5과)	'-아/어요'는 비격식적 상황(informal situations)에서 평서문, 의문문, 명령문, 요청문의 공손(politeness)을 나타내는 존대 어미이다.
	-(으)세요 (1-1, 4과)	'-(으)세요'는 동사 뒤에 붙어 다른 사람에게 명령하거나 요청할 때 사용된다.
	-(으)ㄹ까요,	'-(으)ㄹ까요'는 다른 사람의 생각이나 원하는 행동을 묻는 데 사용되는 어미이다. 반면 '-(으)ㅂ시다'는 무엇을 같
하오체	-(으)ㅂ시다 (1-2, 10과)	이 하자고 제안할 때 사용된다. 나이가 많은 사람이나 윗사람에게 말할 때는 사용하지 않는다.

해체	반말 (2-2, 15과)	반말은 <u>가까운 친구(close friend)나 아랫사람(junior)</u>에게 사용한다. 평서문에서 '갑니다', '가요'는 '가'가 된다. 의문문의 '갑니까?', '가요?'는 '가?'가 된다. 청유문인 '갑시다'는 '가자'가 된다. 명령문 '가십시오'는 '가'가 된다.
해라체	낮춤말 (2-2, 15과)	낮춤말은 <u>아랫사람에게</u> 사용한다. 평서문의 '갑니다', '가요'는 '가', '간다'가 된다. 의문형 '갑니까?', '가요?'는 '가니?'가 된다. 청유형 '갑시다'는 '가자'가 된다. 명령형 '가십시오'는 '가라'가 된다.

4.1.2. 대화문의 상대높임법 사용 양상

(1) 화계 비중

분석 결과 〈표 12〉에서 보듯이 대화문에서 사용된 화계별 비중은 세 교재 모두 동일하게 해요체〉하십시오체〉해체〉해라체〉하오체〉하게체의 순으로 나타났다. 높임의 화계('하십시오체', '해요체')는 '서울대 한국어', '연세한국어', '이화 한국어'가 각각 84%, 84.7%, 92.4%의 비중으로 한국어 교재에 쓰인 대화문 대부분이 높임의 화계로 이루어져 있음을 알 수 있었다. 반면 안 높임 화계('해체', '해라체')의 비중은 매우 적어 각 교재가 15.8%, 14.3%, 7.3%에 그쳤다. 이와 관련해 현대 국어 상대높임법의 화계 구성을 조사한 박지순(2019:111)에서는 상관적 대화에서 안 높임의 화계('해체', '해라체')가 62.74%로 가장 높은 비중을 보이고 높임의 화계('해요체', '하십시오체')는 34.7% 사용된다고 하였다. 실제 준구어 말뭉치에 나타난 화계 사용 양상은 높임의 화계보다 안 높임의 화계가 훨씬 더 높은 비중을 차지한다는 점에서 한국어 교재의 대화문은 실제 양상을 적절히 반영하지 못한다고 할 수 있다. 특히 분석 대상 교재 중 '이화 한국어'의 경우 '해요체' 발화가 약 70%에 달해 높임과 안 높임 발화의 비중 차이가 세 교재 중에서 가장 컸다.

　　그밖에 '서울대 한국어'와 '이화 한국어'에서는 '하게체' 발화가 한 번도 등장하지 않았는데 이는 '하게체'를 문법 항목으로 제시하고 있지 않기 때문으로 볼 수 있다. 다만, '하오체'의 경우 문법 항목으로 다루고 있지 않더라도 청유형 종결어미인 '-읍시다'는 두 교재에 각각 11회(0.2%), 12회(0.3%) 사용되었다. 교재에서 '-읍시다'는 대부분 '하십시오체'가 사용되는 발화에서 청유의 의도를 나타내는 데 사용되고 있었다.

〈표 12〉 한국어 교재 대화문 발화의 화계 비중(박지순, 2022:19)

		'서울대 한국어'	'연세한국어'	'이화 한국어'
높임	하십시오체	1448(24.2%)	1399(29.8%)	994(23%)
	해요체	3572(59.8%)	2578(54.9%)	2999(69.4%)
	총계	5,020(84%)	3,977(84.7%)	3,993(92.4%)
안 높임	해체	832(13.9%)	486(10.4%)	271(6.3%)
	해라체	114(1.9%)	185(3.9%)	43(1%)
	총계	946(15.8%)	671(14.3%)	314(7.3%)
하오체		11(0.2%)	28(0.6%)	12(0.3%)
하게체		0(0%)	18(0.4%)	0(0%)
총계		5,977(100%)	4,694(100%)	4,319(100%)

(2) 화계 사용 맥락

　　'하십시오체'는 주로 다수의 청자를 대상으로 발표와 토론과 같이 격식적인 장면에 주로 쓰이거나 친소 관계가 먼 화청자 사이에서 연령이나 지위가 상대적으로 낮은 청자가 높은 청자에게 사용하는 화계이다. 분석 결과 세 교재 중 '서울대 한국어'와 '이화 한국어'에서는 '하십시오체'가 사용된 발화의 과반수 이상이 다수의 청자를 대상으로 쓰인 것으로 '하십시오체'의 사용 맥락이 대화문을 통해 잘 구현되고 있다고 볼 수 있다. 그러나 '연세 한국어'에서는 '하십시오체'가 사용된 대화문의 화청자 관계나 격식/비격식의 장면에 대한 정보가 제시되지 않은 경우가 많아 학습자들이 대화문을 통해 '하십시오체'의 사용 맥락을 익히기 어려워 보인다. 예를 들면 (6)의 경우 듣기 문항의 지시문은 '이야기를 듣고 질문에 답하십시오.'로 지문의 내용을 이해하고 답을 찾는 데는 문제가 없지만 지시문이나 지문 내에 화자와 청자에 대한 어떠한 정보도 없어 학습자들이 '하십시오체'를 어떤 상황에서 누구에게 사용해야 하는지에 사용 맥락에 대한 정보를 얻기 어렵다.

(6) 제임스 씨는 요즘 몸이 안 좋은 것을 느낍니다. 평소에 운동도 많이 하고 규칙적인 생활을 해야 하는데 그렇게 하지 않았기 때문입니다. 한 달 전부터 금연 계획을 세웠지만 아직도 담배를 피우고 있습니다. (중략) 제임스 씨의 생활은 정말 문제가 많습니다. 여러분 제임스 씨에게 어떤 충고를 해 주고 싶습니까?

[연세한국어 3-1권 3과 1항 과제2 듣기 지문]

'해요체'의 경우 현대 한국어에서 가장 많이 사용되는 높임의 화계로서 비격식적인 일상대화에서뿐 아니라 격식적인 장면에서도 사용될 수 있다. 친소 관계가 먼 화청자 관계와 화청자가 서로의 정보를 알지 못하는 낯선 관계에서도 사용된다. 분석 대상 교재에서는 '해요체' 발화의 약 90% 가까이가 비격식적인 장면에서 사용되었으며 격식적인 장면에 사용된 경우는 매우 드물어 격식적으로도 활발히 사용되는 '해요체'의 특성을 잘 보여주지 못하고 있는 것으로 나타났다. 또한, '서울대 한국어'와 '이화 한국어'에서는 친밀하고 수평적인 친구 관계에서 '해요체'가 빈번히 사용되고 있어 일반적인 '해요체'의 화청자 관계를 적절히 반영하지 못하는 경우가 있었다. '해요체'가 사용된 대화문은 화청자 관계에 대한 정보가 충분히 나타나지 않은 경우가 많았는데 '해요체'는 매우 광범위한 화청자 관계에서 사용될 수 있는 화계로 학습자로 하여금 어떤 관계에서 사용이 가능한지 알 수 있도록 맥락을 충분히 제공하는 것이 필요하다.

> (7) 이소라: 프랑크 씨는 어릴 때 뭐가 되고 싶었어요?
> 프랑크: 제 꿈은 성악가가 되는 것이었어요.
> 이소라: 성악가요? 정말 의외인데요. 프랑크 씨, 노래 부르는 걸 좋
> 아해요?
> 프랑크: 네. 어릴 때 음악을 좋아하는 편이었어요. 그러다가 우연
> 히 오페라 공연을 보고 음악의 매력에 푹 빠지게 되었어요.(이하
> 생략)
>
> [이화 한국어 3-2권, 10과, 말해 봅시다2]

안 높임의 화계인 '해체'와 '해라체'는 일상적인 비격식적인 장면에서 주로 사용되며 친밀한 관계에서 연령이나 지위가 높은 화자가 낮은 화자에게 사용하는데 연령, 지위 차가 나더라도 화청자가 친밀하면 사용할 수 있다. 다만, '해라체'의 의문형 종결어미인 '-니, -냐', 명령형 종결어미인 '-어라'는 윗사람에게는 사용되지 않는다는 특징이 있다. 교재 분석 결과 안 높임의 화계가 사용된 발화는 대부분 일상대화였고 화청자 관계 역시 8~90%가 지위 차가 나지 않는 경우에 해당하여 안 높임 화계의 맥락을 잘 보여주고 있었다. 그러나 안 높임의 '해체'와 '해라체'가 연령 차, 지위 차가 있는 경우, 그리고 친밀한 관계에서 주로 사용됨을 고려하면 '해체', '해라체'가 쓰인 대

화문에서 화청자의 지위 차나 친소 관계 정보가 제시되지 않은 점은
개선될 필요가 있다. 학습자들이 교재의 대화문을 통해 이들 화계가
사용되는 맥락을 내면화하기 어렵기 때문이다.

'하오체'는 현대에는 잘 쓰이지 않는 화계로서 지위가 동등하거나
낮은 상대에게 사용되며 '-으시오'와 '-읍시다'만이 각각 문어체의
지시문과 다수의 청자를 향한 격식적인 청유문에 주로 사용된다. 분
석 대상 교재에서는 '연세 한국어'와 '이화 한국어'에서 '-읍시다'가
청유형 어미 중에서 유일하게 사용되었는데 (8)에서와 같이 '해요체'
와 어울려 일상적인 비격식 담화에 사용되어 실제적이지 않은 경우
가 많았고 (9)에서 보듯이 연인 사이에서나 종업원이 손님에게 '-읍
시다'를 사용하는 자연스럽지 않은 예문이 일부 발견되었다. 다른
교재들과 달리 '서울대 한국어'에는 '-오, -소, -읍시다' 등 '하오체'
의 종결어미가 다양하게 사용되었다.

(8) 기사: 어디로 갈까요?
         제임스: 연세 아파트로 갑시다.

                          [연세한국어 3-1권, 7과 4항, 말하기]

(9) 리에: 휴대전화기 좀 고치러 왔는데요.
       산 지 얼마 안 됐는데 전화가 걸리지 않아요.
       직원: 어디 좀 봅시다. 프로그램에 문제가 있는 것 같네요.

                          [연세한국어 3-1권, 2과 4항, 말하기]

'하게체'는 장인이나 장모가 사위에게 또는 스승이 나이 든 제자에
게 사용하는 등 화청자 모두 어느 정도 나이가 든 매우 제한적인 화청
자 관계에서 사용되는데 분석 교재에서는 '연세 한국어'에서만 사용

되었다. 사용된 '하게체' 종결어미는 '-네, -나, -게, -세'로서 교수
가 학생에게 사용하고 있었는데 학생의 나이가 '하게체'를 사용할 만
큼의 정도인지는 확인할 수 없었다.

4.2. 상대높임법의 체계 제시

외국인 학습자들이 상황과 맥락에 맞는 상대높임법을 사용하여
원활한 의사소통을 하게 하기 위해서는 현대 한국어 모어 화자들이
수용할 수 있는 상대높임법 체계를 제시하여야 한다. 3장에서 살펴본
대로 현대 한국어에서는 상대높임법 사용이 세 영역으로 간략해지는
양상이 뚜렷하므로 한국어 교육에서도 이를 반영할 필요가 있다. 즉,
상대높임법 체계를 높임과 안 높임의 두 등분으로 나누고 높임의 등
분에는 현대 국어에서 상대에 대한 높임의 의도를 표시하는 데 가장
널리 쓰이는 그리고 회의나 발표 등의 장르에서 주로 사용되는 격식
적 성격이 강한 '하십시오체'를 두는 것이다. 안 높임의 등분에는 역시
현대 국어에서 높임의 의도를 표시하지 않아도 될 때 가장 폭넓게
사용되는 '해체'와 좀 더 격의 없는 상대에게 사용하는 '해라체'가 함
께 하나의 범주를 이루는 것으로 보는 것이다. '하오체'와 '하게체'의
경우는 일상적으로 자주 사용되는 화계는 아니지만 '-으시오'나 '-읍
시다'와 같은 개별 종결어미가 특정한 용법으로 사용되고 있고, 드라
마나 소설 등에 여전히 사용되고 장인이나 장모가 사위에게, 그리고
스승이 나이 든 제자에게 사용하는 등 제한적인 관계에서 여전히 사
용되는 경우가 있으므로 한국어 학습자의 학습 목표에 따라 필요한
경우 이해 문법으로 교육하는 등 적절히 반영할 필요가 있다.

상대높임법은 종결어미를 통해 실현되므로 한국어 교재에서 각

화계에 속한 대표 종결어미를 제시할 때 화계의 특성을 분명히 제시할 필요가 있다. 각 화계가 사용되는 주요한 맥락은 다음과 같이 정리할 수 있다(박지순, 2022:235).

격식적인 성격을 갖는 높임의 화계인 '하십시오체'는 회의나 발표, 연설 등 격식적인 장면에서 주로 사용되고, 화청자 관계의 측면에서는 청자가 다수일 때 또는 화청자가 친소 관계가 먼 경우 연령과 지위가 높은 청자에게 사용된다. 현대 한국어에서 대표적인 높임의 화계인 '해요체'는 비격식적인 장면에서뿐 아니라 '하십시오체'와 함께 격식적인 장면에서도 두루 쓰이며 연령이 높거나 지위가 높은 청자에게 사용되는데, 친소 관계가 먼 화청자 사이에서나 서로에 대해 잘 알지 못해 연령이나 지위에 대한 정보가 없는 화청자 사이에게도 흔히 사용된다. 안 높임의 화계로 묶일 수 있는 '해체'와 '해라체'는 사용되는 맥락이 대부분 동일한데 주로 일상 대화와 같은 비격식적 장면에서 사용되며 청자의 연령과 지위가 화자와 동등하거나 낮은 경우 또는 연령과 지위의 차가 있더라도 화청자가 친밀한 관계에서 사용된다. 다만, '-니', '-냐'와 같은 '해라체'의 의문형 어미나 '-어라'와 같은 '해라체'의 명령형 어미는 화자보다 청자의 연령이나 지위가 높을 때는 잘 사용되지 않는다. (10)에서 보듯이 화자가 자신보다 연령이 높은 청자에게 '해라체'의 의문형 어미를 사용하는 것은 어색하다.

(10) 언니, 밥 다 먹었니? 그럼 이제 갈까?

'하오체'의 어미 대부분은 일상 대화에서는 활발히 사용되지 않고 일부 어미만 제한된 용법으로 사용되고 있다. '하오체' 어미인 '-읍시다'는 격식적인 장면에서나 다수의 청자를 향해 무엇을 함께 하자고

제안할 때 사용되고 문어에서 '-으시오'가 무엇을 지시하는 의미로
사용된다. 이는 다수의 청자에게 같이 출발하자고 제안하고 있는 (11
가)와 듣기 문항의 지시문에 쓰인 (11나)의 예에서 확인할 수 있다.
'하게체'도 마찬가지로 제한적인 화청자 관계를 제외하고는 일상 생
활에서는 거의 사용되지 않는다. '하게체'가 사용되는 관계는 화자와
청자 모두 어느 정도 나이가 든 경우에 화자가 자신보다 나이와 지위
가 낮은 청자에게 사용하는데, (12가)와 같이 장인, 장모가 사위에게
말하거나 또는 (12나)와 같이 스승이 제자에게 말할 때와 같이 매우
제한된 화청자 사이에서 사용된다.

 (11) 가. 회식 장소에 각자 가지 말고 모여서 같이 출발합시다.
  나. 잘 듣고 다음 질문에 답하시오.

 (12) 가. 장인: 자네, 오늘 일이 몇 시에 끝나나?
  사위: 6시에 끝납니다.
  나. 스승: 김 박사, 논문이 완성되면 한번 보여 주게.
  제자: 네, 그렇게 하겠습니다.

 이에 더해 현대 한국어에서 특징적으로 나타나는 상대높임법 실
현 양상을 함께 제시할 필요도 있다. 첫 번째로 현대 국어에서 가장
많이 사용되는 화계인 '해요체'의 화계가 세분화되는 현상이다. '해요
체' 종결어미 '-어요'는 평서, 의문, 명령, 청유의 모든 서법에 사용되
는 범용 어미로서 현대 한국어에서는 '-어요'에 높임의 선어말어미
'-으시-'가 결합한 '-으세요'도 일종의 범용 어미로서 사용되는 양상
을 보인다. (13)~(16)은 '-어요'와 '-으세요'가 사용된 문장의 주체와
청자가 일치할 때 각 서법에서 높임의 정도에 차이를 보이는 예이다.

(13) 가. 매일 운동을 하는 걸 보면 철수 씨는 참 부지런해요.

　　 나. 매일 운동을 하시는 걸 보면 철수 씨는 참 부지런하세요.

(14) 가. 이렇게 일찍 어디 가요?

　　 나. 이렇게 일찍 어디 가세요?

(15) 가. 이것 좀 마시고 일해요.

　　 나. 이것 좀 마시고 일하세요.

(16) 가. 내일 시간 있으면 저랑 같이 영화 봐요.

　　 나. 내일 시간 있으시면 저랑 같이 영화 보세요.

　다른 한국어 교재와 달리 '연세한국어'에서는 '-어요'와 별도로 '-으세요'를 범용 어미로서 목표 문법 항목으로 제시하고 있는데 특별히 화계를 구분하고 있지는 않지만 (17)과 같은 설명으로부터 '-어요' 보다 높임의 정도가 높은 어미라는 점이 제시되고 있다.

(17) 이 존대 형식(honorific form)은 '-어요/아요/여요'에 존대의 선어 말어미인 '-으시-'가 결합한 것이다. 억양에 따라 진술, 의문, 명령, 제안을 나타낼 수 있다. [연세한국어 1-1권 5-2과]

　그리고 본문에 (18)과 같은 대화문을 통해 '-으세요'의 쓰임을 보이고 있다.

(18) 정희: 아침에 몇 시에 일어나세요?

　　 웨이: 7시 반에 일어나요.

　　 정희: 아침을 먹고 학교에 가세요?

웨이: 아니요, 아침은 안 먹어요.
정희: 수업은 날마다 있어요?
웨이: 네, 월요일부터 금요일까지 있어요.

[연세한국어 1-1권 5-3과]

두 번째, 한국어 교육에서는 특정 장르에서 한국어 모어 화자들의 상대높임법 사용 양상을 반영할 필요가 있다. 식당, 커피숍 등 서비스 업장에서 이루어지는 대화에서는 손님을 존중하는 의미로 손님과 관계있는 사물을 높여 표현하기도 하는데 이는 간접 높임과는 다르다. 간접 높임은 (19)와 같이 화자가 높여 대우하고자 하는 주체의 신체나 소유물 등을 높여 표현함으로써 주체를 높여 표현하고자 하는 화자의 의도를 간접적으로 실현하는 것이라면 서비스 대화에서 볼 수 있는 (20)과 같은 대화에서 '금액'과 '포장'은 주체를 간접적으로 높여 표현할 만큼 주체와 밀접한 관련이 있다고 보기 어렵기 때문이다.

(19) 가. 할아버지께서는 키가 크십니다.
      나. 저희 어머니는 차가 한 대 있으십니다.

(20) 가. 결제하실 금액은 9천 원이십니다.
      나. 손님, 상품 포장 다 되셨습니다.

이 같은 사물 존대는 규범에서 벗어나는 상대높임법 사용으로 여겨졌지만 최근 들어 서비스 업종에서 손님인 청자에 대한 존중을 드러내는 의도로 널리 사용되고 있다. 과거와 달리 이러한 표현이 자연스럽지 못하다거나 규범에 어긋나는 용법으로 여겨지지 않고 있으며, 오히려 구매 대화에서 사물 존대의 표현이 사용되지 않으면 손님으로서 존중받지 못하는 것으로 받아들여지고 있는 등 언어생활의 한 양상으로 자리 잡아 가고 있는 모양새다. 만일 한국어 학습자들이 한국에서 서비스 업종에 종사하게 될 경우 이러한 표현을 제대로 구사하지 못한다면 손님에게 자칫 무례한 태도로 받아들여질 수 있는 만큼 이를 인지하고 적절히 사용할 수 있도록 안내할 필요가 있다.

4.3. 교재의 맥락 제시 방법

상대높임법은 다른 어떤 문법 범주보다 맥락의 영향을 많이 받는 문법 범주로서, 종결어미 문법 항목의 상대높임법 정보에는 해당 종결어미가 사용되는 구체적인 맥락에 대한 정보가 반드시 함께 제시되어야 한다. 즉, 해당 종결어미가 속하는 화계의 높임의 정도, 격식성 외에도 대화자 사이의 친소 관계, 연령차, 지위 차, 장면과 장르에 대한 정보를 제공할 필요가 있다. 이에 더해 학습자들이 말하기 대화문, 듣기 지문 등 한국어 교재에 제시되는 상관적 대화문을 통해 상대높임법에 대한 직관을 키울 수 있도록 대화문이 어떤 맥락에서 발화된 것인지 상세한 정보를 줄 필요가 있다. 이를테면 (21)의 대화문은 직장인인 '정희'와 '과장'의 대화로서 대화 장소나 두 사람의 친소 관계에 대한 구체적인 정보가 없기 때문에 두 사람의 발화에 사용된 상대높임법 양상을 이해하기 어렵다.

(21) 정희: 주말에 무엇을 하실 거예요?
　　　과장: 날씨가 따뜻해서 가족들과 같이 소풍을 갈 거예요.
　　　정희: 어디에 갈 거예요?
　　　과장: 강릉에 갈 거예요.

강릉은 바다도 볼 수 있고 산이 있어서 등산도 할 수 있어요.
요즘 꽃이 많이 피어서 산이 아름다울 것 같아요.
정희: 수영도 할 거예요?
과장: 아니요, 아직 좀 추울 것 같아요.
아이들과 배를 타고 바다 구경을 할 거예요.

[연세한국어 1-2권 9-4과]

　이러한 정보는 화청자의 연령, 직업, 다른 인물들과의 관계 등 등장인물에 대한 정보를 상세하게 주는 방법, 대화문에 대한 설명 즉, 대화가 발생한 장소, 대화 전후의 상황, 화청자의 관계나 히스토리 등을 별도로 지시문 등을 통해 충분히 제시하는 방법, 대화문 안에서 대화의 맥락에 대한 정보를 파악할 수 있도록 대화를 구성하는 방법 등으로 제공될 수 있다(박지순, 2022:257). 어느 한 가지 방법만 사용해서는 대화의 맥락을 충분히 드러내면서 교재를 구성하는 데 어려움이 있으므로 가능한 방법들을 교차 적용해야 할 것으로 보인다. 이를테면 대화문 안에서 발화 맥락에 대한 정보를 충분히 파악하도록 하기 위해서는 대화문의 분량이 길어지는 것을 피할 수 없으므로 다른 방법을 통해 부족한 정보를 보충할 필요가 있다. 또한 한국어 교재에서 제공하고 있는 등장인물 정보는 대개 〈그림 5〉, 〈그림 6〉에서 보듯이 이름, 국적, 직업 정도이고 연령 정보나 인물 간의 관계까지 모두 제공하는 경우는 드문데, 이러한 정보를 등장인물 정보에 모두 제공한다고 하여도 다양한 대화 상황에서 친소관계가 바뀌거나 장면에 따라 역할이 바뀜으로써 상대높임법 사용이 달라지는 경우에는 충분한 정보가 되지 않는다. 따라서 한국어 교재는 가능한 한 등장인물에 대한 정보를 충분히 제시하고, 대화 상황마다 필요한 맥락에 대한 정보를 별도로 상세히 제공할 필요가 있다. 교재의 전체 흐름상

〈그림 5〉[연세한국어]의 등장인물 정보   〈그림 6〉[서울대 한국어]의 등장인물 정보

앞선 대화문에서 이미 제시된 적이 있어 잉여적인 정보가 아니라면 대화문에 대화의 발생 맥락에 대한 정보가 드러나도록 해야 함은 물론이다.

5. 나오기

현대 한국어의 상대높임법에 주목하게 된 이유는 한국어 학습자들이 사용하는 상대높임법이 적절하지 못한 경우가 많고 한국어 교재에 제시되어 있는 상대높임법 정보만으로 학습자들이 자연스러운 발화를 생산해내기 어렵다고 보았기 때문이다. 이러한 문제의식을 가지고 한국어 모어 화자의 상대높임법 사용 양상을 살펴본 결과, 상대높임법은 문법 현상이지만 문장을 넘어서는 담화의 다양한 맥락 요인을 고려해야 하는 담화적 차원의 현상이라는 점이 분명해졌다.

대화 참여자들 각자의 사회적 위치뿐 아니라 참여자들 사이의 역할과 관계, 발화가 이루어지는 장면의 격식성, 제3자의 존재 등 발화 외적인 요소에 대한 고려가 반드시 필요하기 때문이다. 대부분의 문법 현상이 그러할 것이지만 특히 상대높임법은 단순히 문법 규칙을 학습해서는 적절히 사용하기 어려운 복잡한 언어 현상인 것이다.

　이와 함께 근대 이후 한국 사회가 매우 빠르게 변화하면서 신분 사회의 특성이 반영되어 있던 상대높임법에도 급격한 변화가 일어난 것 역시 현대 국어의 상대높임법 체계를 새롭게 규명해야 할 필연적인 이유가 되었다. 신분제의 철폐와 함께 어떤 대상을 높여 표현하고 어떤 대상에게는 그렇게 하지 않을 것인가의 사회적 규범이 변화함에 따라 상대높임법의 양상도 새롭게 변화하게 된 것이다. 현대 국어의 상대높임법 체계를 면밀히 규명하더라도 이를 외국인 학습자에게 어떻게 효과적으로 내면화하도록 할 것인가는 별도의 과제이다. 전술하였듯이 상대높임법 사용은 단순히 언어 내적인 규칙의 문제가 아니라 한국 사회와 문화가 고스란히 반영된 언어 현상이므로 그 접근 방법 역시 상대높임법이 사용되는 여러 맥락이 해당 맥락에 적절한 언어 용법과 함께 제시되어야 하고, 학습자들이 발화 맥락과 언어 용법을 적극적으로 인지하고 내면화할 수 있도록 하는 장치가 마련되어야 하는 것이다. 이 연구는 이를 구체화하는 기초 연구로서의 성격을 갖는다. 이를 바탕으로 상대높임법의 효과적인 교육 방법에 대해서는 후속 연구를 기약하고자 한다.

'의문사'가 사용되면 모두 의문문일까?

: 의문사 구성의 담화 기능

이 글은 언어형식이 드러내는 표면적인 의미와 기능 외에 사용 맥락을 통해 발현되는 의미에 대한 관심에서 출발하였다. 한국어 '의문사'는 의문이 아닌 표현에서도 사용된다는 특징이 있다. 이러한 현상은 언어 내적 규칙이 아니라 언어 사회에서 관습화된 것으로, 맥락 의존성이 높아 담화화용적 접근을 통해 그 의미를 정확하게 파악할 수 있다. 의문사가 사용된 비의문 표현은 비모어 화자에게는 낯선 표현으로 느껴질 수 있으며 의사소통의 실패를 유발하게 하는 원인이 되기도 한다. 이에 외국인을 위한 한국어교육에의 적용을 염두에 두고 실제 언어 사용 양상을 분석하여 의문사 구성의 사용 양상과 담화 기능에 대해 고찰하였다. '의문사가 사용된 비의문 표현에는 어떤 것이 있으며, 그것의 특성은 무엇일까?', '우리 사회의 언중들은 왜 이러한 표현을 선택적으로 사용하는 것일까?' 이러한 물음에 대한 답을 구하는 과정은 언어 연구에서 언어 현상과 맥락 문법, 언어교육의 측면을 폭넓게 살펴보는 계기가 될 것이다.

1. 들어가기

'의문'은 화자가 어떤 사실을 '알지 못함', 즉 정보의 결여가 전제되어 그것에 대한 정보를 얻고자 상대방에게 질문하는 것이다. 이러한 '의문'이 실현되는 문장 형식을 '의문문'이라고 한다. 의문문은 인간이 세상을 인식해 나가는 과정에서 생겨나는 의문을 해결하기 위해 생성하는 문법화된 언어 형식이다. 그런데 이 언어 형식은 일상생활에서 자신에게 필요한 정보를 획득하기 위한 방법으로 사용되기도 하지만 때때로 상대방과 정보나 지식, 의견이나 감정 등을 상호 교류하기 위한 수단으로 사용하기도 한다. 즉, 의문문은 다양한 맥락에서 사용되는 의사소통 수단이며 사회적 인간으로 살아가는 데 필수적인 문장 유형이라 할 수 있다.

그렇다면 의문문의 구성 요소는 무엇이며 의문문은 어떤 특성이 있을까? 의문문은 크게 내용적인 면과 형식적인 면으로 나누어 볼 수 있다. 내용적인 면은 화자가 상대방에게 질문하는 행위를 통하여 정보를 요구하는 것이고, 형식적인 면은 의문사, 의문형 종결어미, 억양 등의 문법적 특성이 드러나는 것이다. 의문문은 질문과 대답이 하나의 쌍으로 이루어지는 경우가 많아 문어보다는 구어에서의 사용 빈도가 높다는 특징이 있다.

의문문을 구성하는 요소 중 하나인 의문사는 '의문의 초점'이 되는 대상을 지시하는 어휘로,[1] 의문문에서 요구하는 정보의 핵심이 된다. 그런데 의문사는 일반적으로 질문을 할 때 사용하는 어휘라 생각하기 쉽지만 의문사가 실제 쓰이는 맥락을 살펴보면 의문문의 고유 기능이라 할 수 있는 '질문'으로만 쓰이는 것은 아니다. 의문사는 쓰이는 환경에 따라 '반박', '동의', '주장', '지시', '요청', '반응' 등 화자의 다양한 발화 의도를 드러내는 데 사용되기도 한다. (1)과 (2)는 의문사

---

[1] '의문사'는 의미적 속성을 근간으로 설정할 수 있는 개념이다. 일반적으로 한국어 '의문사' 어휘는 '부정사'와 형태적으로 동일하고 여러 어휘·문법 요소와 통합 및 공기하여 다양한 기능을 하는 표현이나 '담화표지'로도 쓰인다. 이를 모두 '의문사'라고 하였을 때 포괄하기 어려운 부분이 있으나 이 글에서는 의문사 범주와 부정사 범주로 논의되는 이러한 어휘 부류를 기본적으로 의문사 범주에 속하는 것으로 보고, 상황에 따라서 부정사의 의미도 가지는 것으로 보아 '의문사'라 한다.

'뭐'가 맥락에 따라 상이한 기능을 하는 것을 확인할 수 있는 예이다.

    (1) ㄱ. 가: 지금 <u>뭐</u> 먹어?
             나: 김밥 먹어.
        ㄴ. 가: <u>뭐</u> 먹을래?
             나: <u>뭐든지</u> 상관없어.

   (1)은 '의문사'의 일반적인 쓰임으로 쉽게 떠올릴 수 있는 예이다. (1ㄱ)은 의문사 '뭐'에 초점을 두어 결여된 정보에 대한 질문을 하고 그에 해당하는 대답을 요구하는 것이다. (1ㄴ)의 '나'의 대답은 뚜렷이 정하지 않은 대상을 나타낸다. 그런데 예문 (2)는 (1)과 달리 특정한 맥락에서 쓰여 담화 기능을 수행한다.

    (2) ㄱ. 가: 지금 <u>뭐</u> 먹어?
             나: 응, <u>뭐</u> 먹어.
        ㄴ. 가: <u>뭐</u> 좀 먹을까?
             나: <u>뭐</u> 하러 먹어. (곧 밥 먹을 텐데.)
        ㄷ. 가: 방금 <u>뭐</u> 먹었어?
             나: 조금밖에 안 먹었어.
        ㄹ. 가: 점심 <u>뭐</u> 먹었어?
             나: <u>뭐냐</u> 하면 바로 스테이크.
        ㅁ. 가: 점심 <u>뭐</u> 먹었어?
             나: 밥 먹었지, <u>뭐</u>.

   (2)에 쓰인 '뭐'는 형태적으로 의문사와 동일하며 의미적으로도 의문사 또는 부정사적 쓰임과 관련성을 가진다. (2ㄱ)은 (1)의 의문문과는 억양에서 차이를 보이는데 이때 '뭐'는 말하는 대상을 구체적으로

밝히지 않고 있다. 이는 대상을 구체적으로 밝힐 필요가 없는 상황이 거나 밝히고 싶지 않은 화자의 심리적 태도를 드러낸다. 이때 대화의 초점은 '뭐'에 있는 것이 아니라 '먹다'라는 행동이 된다. (2ㄴ)은 '뭐 좀 먹을까?'에 대한 대답으로 '아니, 먹지 말자.'라고 하지 않고 '뭐 하러 먹어.'와 같이 의문사를 사용하여 '먹을 필요가 없다.'라는 의미 를 전달한다. 이처럼 화자가 대화 상황에서 이러한 표현을 선택할 때에는 화자의 의도를 더욱 잘 전달할 수 있다고 판단했기 때문이다. 이 경우에는 '곧 밥 먹을 텐데'와 같은 보충 발화를 통해 그렇게 말한 까닭을 더 자세히 나타낼 수도 있다. (2ㄷ)은 특정한 담화 상황을 상정해 볼 수 있다. 이를 테면 살을 빼야 하는 사람이 과자를 먹는 상황이라고 했을 때 두 사람이 공유하고 있는 정보, 즉 다이어트 중이 라는 정보에 기반하여 상대방이 무언가를 먹은 행동을 비난하는 화자 의 태도를 드러내는 것이다. 여기에서도 '뭐'는 대화 참여자 모두가 알고 있는 상황이므로 '뭐'는 구체적으로 언급할 필요가 없는 것이 된다. (2ㄹ)은 '뭐냐 하면'을 사용해서 화자가 말할 내용에 청자로 하여금 주의 집중을 하게 하는 표현이고, (2ㅁ)은 말끝에 덧붙여 담화 표지로 사용된 것이다.

지금까지 살펴본 (2)의 예문은 모어 화자의 경우 의미뿐만 아니라 맥락을 통해 화자의 심리적 태도까지 쉽게 파악할 수 있다. 그러나 한국어 학습자의 경우 기존의 어휘, 문법 등의 학습 내용만으로 의미 를 정확하게 이해하기 힘들 것이다. 이는 의문사가 쓰인 실제 의사소 통 상황에서의 의미 및 담화 기능을 정확히 파악해야만 해당 표현의 본질적 의미를 파악할 수 있기 때문이다. 또한, 이러한 이해가 선행 되어야 담화 상황에서 적절하게 사용할 수 있다. 그러므로 의문사 구성의 의미와 기능을 구체화하기 위해서는 선·후행 요소나 공기하

는 어휘의 분포와 담화 맥락을 분석하여야 한다.[2]

　　이에 언어 사용의 측면에서 의문사의 사용 양상을 살펴 문법적 특징과 담화 기능을 고찰하고자 한다. 본 연구에서 주목하는 '의문사 구성'은[3] 의문사 어휘가 의문과 부정에서 의미적 외연이 확대된 쓰임으로, 맥락에 따라 다양한 담화 기능을 담당하는 것이다.[4] 이는 주로 비의문 표현으로 나타나며 담화 상황 또는 상대방 발화에 대한 화자의 심리적 태도를 드러낸다.

2　Batstone(2003:27)에서는 특정 형태의 매우 추상화되고 일반화된 문법 의미가 있다면 이것이 맥락 속의 특정 범위에 걸쳐 나타나는 문법적 의미가 있으며, 실제 맥락마다 다르게 드러나는 특별한 문법적 의미가 있다고 하였다. 그리고 학습자는 세 가지 수준이 적절하게 균형을 이루어야 한다고 하였다. 즉 교수를 위한 문법에서는 매우 일반화되고 추상화된 문법 지식과 함께 언어 사용에 있어서 화자가 왜 이러한 특정 문법을 선택하는지, 이러한 선택에 드러나는 화자의 관점은 무엇인지, 또 이러한 선택에서 드러나는 화자의 청자에 대한 태도는 어떠한 것인지 등에 관심을 두어야 한다는 것이다.

3　'의문사 구성'은 의문사가 특정한 어휘 요소나 문법 요소와 통합 및 공기하는 언어 형식을 나타내는 것으로, '의문사를 포함하는 표현'으로 풀어서 쓸 수 있을 것이다. 형식적인 면에서 '의문사 구성'은 의문사가 담화 상에서 구나 절, 문장까지 다양한 형식으로 나타나기 때문에 이러한 형태·통사적 특성을 포괄할 수 있는 용어이다. 의미적인 면에서 '의문사 구성'은 기본적으로 '의문사'나 '부정사'에서 출발하므로 의문문에 쓰여 물음을 나타내는 것에 국한된 것이 아니며, 의문사와 부정사 모두와 의미·기능상 연관성을 가지는 것이다. 이때 의문사와 부정사가 가지는 의미는 상황에 따라 확장되어 나타나는데, 맥락에 따라 확장되어 사용되는 기능은 화용 정보라고 할 수 있다.

4　남기심(1995:172)에서는 한 낱말이 특정한 통어적 공기 관계를 이룬 상태에서, 그리고 그러한 통어적 공기 구성을 이룰 때의, 그 구성을 이루기 위한 문법적 형태를 띤 상태에서 전이의미를 획득하는 것이라 하였다.

2. 선행연구의 검토

초창기 의문사 연구는 해당 어휘가 가진 중점적인 기능이 무엇인가
에 초점을 맞추어 의문사의 범주, 유형 분류에 대한 논의가 있었다.
연구자의 입장에 따라 의문과 부정 그리고 미정이라는 기능 중 어떤
것을 해당 어휘의 중심으로 볼 것인가에 대해 논쟁하였다.

먼저 의문사 범주와 관련한 연구에서는 의문문에 사용되는 어휘
를 의문사 범주와 부정사(indefinite word) 범주 중에 어느 범주에 속하
는지 논의한 것이다. 이는 의문사와 부정사의 관계를 어떻게 보느냐
에 따라 의문사 전용설, 의문사 중심설, 부정사 중심설, 모름말(미정
사) 중심설 네 가지로 나뉜다.[5]

첫째, 의문사 전용설은 전통적인 문법서에서 주로 다룬 내용으로
Rosny(1864-1866), Dallet(1874), Aston(1879), 寶迫繁勝(1880), Scott
(1887), Imbault-Huart(1889), 최광옥(1908), 김규식(1908) 등이 있다.
이러한 견해들은 주로 '누구', '무엇', '어디' 등의 의문사로서의 기능
만 다루고 부정사로서의 기능에 대해서는 언급하지 않았다. 그리하
여 의문사의 중요성만을 강조하고 의문사와 부정사와의 관계를 밝히
지 못하였다는 아쉬움이 있다.

둘째, 의문사 중심설은 전통적인 문법서에서 현대의 연구로 이어
진 견해이다. Ridel(1881), Underwood(1890), 도정호(1902), 유준길

5　김충효(2000)에서 제시한 바와 같이 '의문사 전용설'은 '누구', '무엇', '어디' 등이 의문
　사로만 쓰인다고 본 것이다. '의문사 중심설'은 이들 낱말이 의문사로서의 기능이 중심
　이 되고 부정사 기능은 부차적인 것으로 보는 것이고, '부정사 중심설'은 부정사로서의
　기능이 중심이 되고 의문사는 부차적인 것라고 보는 것이다. '모름말(미정사) 중심설'은
　대체로 의문사 기능과 부정사 기능을 포괄하는 개념을 기본으로 삼는 경우를 뜻한다.

(1909), 박승빈(1935, 1972), Ramstedt(1939), 홍기문(1947), 김광해(1983), 김충효(1992, 2000), 이은섭(2003, 2005), 김서형(2018) 등이 있다. 이 견해는 의문사가 동일한 형태를 유지하면서 부정사로서의 기능을 담당한다고 하였다. 이는 의문사의 부정사로서의 기능을 인정했으나, 의문사로서의 역할이 더욱 중요하다고 본 것이다.

셋째, 부정사 중심설은 부정사의 기능을 중심적인 기능으로 삼고, 의문사로서의 기능은 부차적인 것으로 보았다. 어떤 경우에나 부정사라는 용어로 기술하여 의문문에 쓰인 어휘가 가지는 의문사로서의 역할보다 부정사로서의 역할이 더욱 중요하다는 관점에서 논의했다. 이러한 연구로는 高橋亨(1909), 김원우(1922), 이규방(1922), 안확(1923), 이완응(1926), 최현배(1937), 김영희(1975) 등이 있다.

넷째, 미정사 중심설은 의문사와 부정사를 미정사(未定詞)의 하위 범주의 개념으로 파악한 논의이다. '누구', '무엇' 등을 확실하지 못하거나 알지 못하는 것을 가리키거나 묻는 말이라고 보는 것이다. 이는 부정사와 의문사의 기능을 모두 가지는 것을 나타내므로 의문사와 부정사 중에 어느 쪽에도 명확하게 속한다고 보기는 어렵다. 이러한 관점의 연구로는 주시경(1910, 1913), 조선어연구회(1930), 정렬모(1946), 김윤경(1948), 장석진(1975), 서정수(1985), 황승렬(1985), 서정목(1987), 이창덕(1992), 임홍빈·장소원(1995), 박진희(2002) 등이 있다.[6]

이와 같은 의문사 범주와 관련된 연구와 더불어 의문사 어휘들의

---

6 의문사와 부정사의 유형 분류에 대한 연구를 살펴보면 최현배(1937), 김광해(1983, 1984), 서정목(1987), 서정수(1996), 김영란(2003), 이은섭(2005), 양명희(2005) 등이 있다. 유형 분류에서도 이들 어휘를 의문사로 보는 연구와 부정사로 보는 연구로 나뉘는데 부정사의 유형을 분류한 연구는 의문사에 비해 적은 편이다. 의문사 어휘 목록 및 유형 분류는 4장에서 자세히 다룬다.

구성과 특징적인 양상에 대해 고찰하였다. 의문사의 기능에 관한 연구는 김광해(1983, 1984)에서 본격적으로 시작되었고 고성환(1987), 임홍빈(1988), 장소원(1998), 이선웅(2000), 박진희(2003), 양명희(2005), 이은섭(2005), 박기선(2011), 이금희(2013), 이규호(2017), 김서형(2018) 등으로 이어진다.

이 시기 말뭉치 언어학의 등장으로 개별적인 의문사의 형태와 의미에 대한 고찰을 통해 의문사의 기능적 면모를 중점적으로 살필 수 있게 되었다. 이들 연구는 구어 말뭉치를 활용하여 그간 문어 중심 연구에서 벗어나 구어까지 논의 대상을 확장하였고, 기능면에서도 의문사나 부정사의 기능뿐만 아니라 간투사의 역할까지 고찰하였다는 데 의의가 있다.

이처럼 언어의 실제적인 사용에 관심을 두기 시작하면서 화용적 특성에 대한 논의가 활발해져 수사의문, 특수의문문에 대한 연구도 이루어졌다. 이는 이창덕(1992), 김선희(2003), 김영희(2005), 김경호(2010) 등으로, 이러한 연구에서 의문사는 의문이라는 어휘적 의미로 해석되지 않고 양태 표현의 기능을 담당하는 것으로 보았다. 특수의문문과 관련한 연구를 살펴보면 용어 사용에 있어 메아리 표현, 양태 의문문, 특수의문문, 담화 책략적 의문문 등으로 연구자에 따라 차이를 보이나[7] 이들 연구는 의문문이 기능적인 면에서 화자의 심리

---

7   서정수(1996)에서는 순수한 질문과는 다른 효과가 곁들여지기도 하고 겉으로 나타난 구문 형식과 엇갈리는 의미 효과를 내기도 하는 의문문을 특수 의문문이라고 하고 이를 '수사적 질문', '서술적 질문', '명령적 질문', '되받음 질문', '감탄 질문'으로 나누었다. 이창덕(1992)에서는 담화상의 의문사는 화자가 이미 알게 된 사실에 대해서 "의도적으로 사용함으로써 담화상의 일어나거나 전제된 사건, 사실, 상대방의 태도 등에 대해서 부정하는 행위를 수행하는 것"이라고 하고 '뭘, 무슨, 뭐, 어디, 어느, 누가, 왜' 등을 부정 화행에 쓰이는 의문사로 보고 있다. 박종갑(1987)에서는 의문문의 형식을 이용하

적 태도에 관여함을 밝혔다는 데 의의가 있다. 또한, 담화 분석 연구
가 활발하게 진행됨에 따라 의문사와 부정사 기능 외에 담화표지와
관련된 논의가 많아졌는데 이는 이한규(1997, 1999, 2008), 구종남
(1999, 2000), 정윤희(2000), 이효진(2005), 김명희(2005, 2006) 등이다.

　마지막으로 한국어교육과 관련한 연구로는 김영란(2003), 서희정
(2009), 서희정·홍윤기(2011), 박기선(2011), 최기영(2012) 등이 있다.
주로 의문사의 특성을 파악하여 한국어교육 현장에의 적용성에 대해
고찰하였다. 이 외에 특정 의문사 어휘 부류를 중심으로 개별 어휘의
기능이나 사용상의 차이를 고찰하는 연구가 많았다. 특히 '무슨, 어
떤, 어느' 등과 같이 유사한 기능을 하는 의문사 간의 쓰임을 변별하
고자 하는 연구가 주를 이루었다. 이 외에도 한국어교육의 특성상
언어 간 대조 연구가 활발히 이루어졌는데 진설매(2014), 윤영숙
(2014), 유나(2015), 임은영(2017) 외 다수 있다. 의문사의 사용 양상이
나 기능 등은 언어권별 대응 양상이 달라 학습자가 오류를 범하는
요인이 된다. 이에 학습자의 오류를 줄일 수 있는 학습 데이터 구축을
위한 대조 분석이 외국인 연구자를 중심으로 활발하게 전개되었다.
그런데 지금까지 한국어 의문사 사용 양상에 대한 종합적인 연구가
충분히 이루어지지 않은 상태이다 보니 이러한 대조 연구의 과정에
서 의문사가 다양한 언어 형식과 결합하는 표현을 충분히 반영하지
못했다는 아쉬움이 있다. 그러므로 한국어 의문사의 사용 양상에 대

여 화자가 자신의 주장이나 견해를 의문문을 통해 나타냄으로써 상대방에게 한층 더
강하게 표현하거나 전달하고자 할 때 이루어지는 수사적 표현이라고 하였다. 김종현
(1999)에서는 선행 발화의 제보나 내용에 대해 메아리 질문의 화자가 부정적인 반응을
보이려고 의도하였을 때를 '수사적 메아리 질문'이라고 하였다.

한 연구가 충실하게 이루어져야 대조 연구에서도 유의미한 결과를 얻을 수 있을 것이다.

한국어교육 분야는 연구와 교육 현장의 상호작용이 활발한 분야이다. 교육 현장과 아주 밀접한 관계를 맺는 분야는 연구 동향을 살펴보면 교육 현장에서 활발하게 이루어지는 학습 내용 및 교수 방법뿐 아니라 교육 현장의 요구, 앞으로의 연구 과제가 드러난다. 의문사와 관련한 연구 동향을 검토한 결과 그간 의문사 연구는 개별 어휘 중심으로 그 특성을 파악하는 데에 집중하였으며 특히 상황 맥락에서 보이는 특성에 대한 연구나 의문사를 포함한 표현 문형 단위의 연구는 거의 없었다는 것을 알 수 있다. 언어는 변화, 생성, 소멸을 반복한다는 점에서 언어교육 현장에서 사용되는 자료 역시 끊임없는 검토와 보완이 요구된다. 이를 위해서는 새로운 관점에서 언어 사용에 대한 연구가 필요하다. 이에 한국어교육 분야에서는 언어 표현이 다양한 맥락에서 드러나는 의미 및 담화 기능에 관심을 가질 필요가 있다.

3. 의문사 구성의 사용 양상과 담화 기능

3.1. 의문사 구성의 사용 양상

한국어 의문사의 사용 양상을 살펴보면 언어 형식, 의미, 담화 기능을 기준으로 크게 세 가지 유형으로 나눌 수 있다. 먼저 첫 번째 유형은 동일한 언어 형식으로 일반적인 의문문으로 쓰이기도 하고 담화 기능을 수행하는 표현으로도 쓰이는 것이다. 이는 해당 표현 자체만 보면 형태·통사적 차이가 없어 의미상 중의성을 띤다. 이러한 표현의 의미를 정확하게 파악하기 위해서는 사용 맥락에 대한 이해가 핵심적인 역할을 한다.

(1) ㄱ. 가: 신촌에는 <u>뭐 하러 가요</u>?
   나: 친구 만나러 가요.
 ㄴ. 가: 신촌에 좀 갔다 올게요.
   나: 늦었는데 거긴 <u>뭐 하러 가요</u>?

(1)은 '뭐'가 '-으러'라는 목적을 나타내는 표현과 함께 쓰인 것이다. (1ㄱ)은 목적을 묻는 일반적인 의문문인 반면 (1ㄴ)은 '갈 필요 없다' 또는 '가지 말았으면 한다'와 같은 화자의 생각을 나타내는 표현으로, 상대의 의견이나 생각에 부정하는 것을 나타낸다. 이는 억양의 차이 외에는 문장 형식, 어휘와 문법의 차이가 없어 대화 맥락을 파악하지 못하면 정확한 의미 파악을 하기 어려워 화용적 실패를 유발할 수 있는 유형이다.

두 번째 유형은 일반적인 의문문으로 자주 쓰이는 표현이다. 그런데 이 표현이 특정 어휘나 문법 표현과 함께 쓰여 다른 의미 양상을 띠게 된다. 즉, 일반적인 의문문에서 일부 표현이 바뀌거나 확장되어 담화 기능을 수행하는 유형이다. 이는 표현의 일부분에서 형태·통사적 변형이 나타나는데 이러한 변형을 통해 의미 및 담화 기능이 실현된다. 이러한 표현은 형태·통사적 규칙성을 찾기 어렵고 해당 언어 사회 구성원들의 상용화된 표현인 경우가 많아 학습자는 더욱 어려움을 느낄 수 있다. 이는 언어 내적 규칙이 아니라 언어 사회의 관습화된 표현이어서 담화 상황에 대한 이해를 통해 정확한 의미 파악이 가능하다. 그러므로 이러한 표현을 학습하기 위해서는 개별 표현을 익혀야 한다.

(2)　ㄱ. 가: <u>몇 번</u> 써야 해?

　　　나: 두 번 써야 해.

　　ㄴ. 가: 이야기 좀 하자고 <u>몇 번</u> 말해?

　　　나: 할 말 없어.

(2ㄱ)과 같이 '몇 번'은 일상생활에서 번호나 횟수를 묻는 질문으로 자주 쓰인다. '몇 번' 뒤에는 어휘와 문법에 큰 제약 없이 일반적인 의문문으로 쓰이는데 '말하다'와 결합하면 일반적인 의문문과 다른 양상이 나타난다. (2ㄴ)의 '몇 번 말해?'는 표면적으로는 상대방에게 내가 몇 번 말했는지 묻는 것이 아니다. 이 표현은 화자가 상대방에게 여러 번 반복해서 말했음에도 불구하고 상대방이 화자가 의도한 대로 행하지 않아 불만을 나타내는 것이다. 이는 불만이나 비난이라는 담화 기능을 수행하는 전형적인 표현이 된다.

마지막으로 일반적인 의문문의 쓰임은 아주 약화되고 주로 담화 기능을 수행하는 표현으로 나타나는 유형이다. 대표적으로 '뭣'과 함께 쓰는 표현을 들 수 있는데 이외에도 '무슨', '뭔' 등과 함께 쓰이는 표현이 있다. 먼저 '뭣'의 경우 사전에서 '무엇'의 준말로 제시하지만 사용 양상을 살펴보면 단순 준말의 형태가 아니라 특정한 담화 기능을 수행하는 데 많은 분포를 보인다.

(3)　ㄱ. 어서 와서 거들지 않고 <u>뭣들</u> 하고 있어.

　　ㄴ. <u>뭣도 아닌</u> 게 어디서 까불어?

　　ㄷ. 가: 얼어 죽을 산 밑이고 산 위에다 정상까지…

　　　나: 에잇! <u>뭣 같은 놈</u> 땜에 얼마나 많은 시간 <u>빼앗긴</u> 거야.

　　ㄹ. 가: 철수 엄마 눈치가 보여서 그래!

　　　나: <u>뭣 같은 소리!</u> 우리가 언제 남의 와이프 눈치 보며 살았다고

(3ㄱ)은 '뭣들 하다'는 상대방이 현재 무엇을 하고 있는지를 묻는 것이라기보다는 현재 상황에 대한 불만을 드러내며 행동을 재촉할 때 쓰는 표현이다. 화자가 요구하는 행동을 하지 않는 상대방에 대한 불만을 나타냄과 동시에 상대방이 특정 행동을 수행하기를 촉구하는 것이다. (3ㄴ)의 '뭣도 아니다'라는 표현은 인성명사와 함께 써서 가리키는 대상을 낮추어 표현하는 것이다. 이는 '뭣'이 가리키는 대상이 자신이면 낮추어 말하는 것이고 상대방을 가리키면 상대방을 낮잡아 보고 무시하는 말이 된다. (3ㄷ), (3ㄹ)의 '뭣 같은 소리', '뭣 같은 놈'과 같은 표현은 상대방 또는 상대방의 말이나 행동을 비하하는 표현이다. 주로 '뭣 같은'은 후행하는 명사가 오기도 하지만 '뭣 같다'로도 쓸 수 있는데 이러한 표현은 상대방을 가리키는 것이면 인격을 무시하는 모욕적인 말이 될 수 있고, 상황을 가리키면 상황을 못마땅해하는 것을 나타낸다.

(4) ㄱ. 가: 오늘 안 가면 안 돼?
　　　나: <u>뭔 소리야?</u> 얼마나 어렵게 예약했는데
　　ㄴ. 가: 너한텐 진짜 아깝다
　　　나: 야! 김영수 <u>무슨 소리야?</u> 내가 아깝지!
　　ㄷ. <u>무슨 뚱딴지 같은 소리야? / 무슨 헛소리야? / 무슨 망발이냐</u>
　　　<u>무슨 말 같잖은 소리를 하는 거야.</u>

(4)의 '뭔' 역시 사전에서 '무슨'을 구어적으로 이르는 말이라고 하지만 이 역시 '무슨'과 분포의 차이를 보인다. '무슨'과 '뭔'은 공통적으로 '말, 소리, 이야기, 말씀' 등과 함께 다양한 맥락에서 쓰이는데 그중 '뭔 소리야?'는 상대방의 말에 대한 반박이나 불만을 드러낼 때 자주 쓰이는 표현이다. '무슨'은 일반적인 의문문에서도 많이 쓰지

만 (4ㄷ)과 같은 담화 기능을 나타내는 표현에서도 쓰인다. 이러한 표현은 터무니없거나 상황에 맞지 않는 말이라는 뜻으로 상대방이 한 말에 못마땅함을 표현한다.

(5) ㄱ. 가: 기사님 급해요, 급해.
　　　　나: 차가 꽉 막힌 걸 날더러 <u>어쩌란 말이에요</u>?
　　ㄴ. 가: 계속 전화가 와서 너무 힘들어.
　　　　나: 그래서 <u>어쩌라고</u>.

(5)의 '어쩌라고', '뭘 어쩌라고', '어쩌란 말이에요?' 등은 일상생활이나 드라마에서 접할 수 있는 표현으로 상대방의 요구나 재촉에 대한 화자의 불만을 드러내는 표현이다. 상대방의 요구에 맞게 행할 수 없을 때 화자는 어쩔 도리가 없다거나 더 이상 다른 방법이 없다는 뜻으로 이러한 표현을 쓰는 것이다.

앞서 살펴본 세 가지 유형 외에 (6)과 같이 의문사가 관용표현 및 인사 표현에 쓰인 것도 있다. 관용표현이나 특정 상황에서 사용하는 인사 표현은 언어 사회의 문화적 맥락과도 맞닿아 있어 한국어 학습자들이 이러한 표현을 잘 이해하고 사용할 수 있도록 세심한 고찰이 필요하다.

(6) ㄱ. 하루 이틀도 아니고 <u>몇 날 며칠</u>을 그렇게 기다리고 있었다.
　　ㄴ. <u>요즘 때가 어느 땐가</u>. 가뜩이나 모임을 금지하는 상황인데
　　ㄷ. <u>친구 좋다는 게 뭐야</u>? 이럴 때 돕는 거지.
　　ㄹ. 가: 이것 좀 드셔 보세요.
　　　　나: <u>뭐 이런 걸 다</u>

(6ㄱ)은 '몇 날 며칠'로 써서 '여러 날'의 의미로 '이어지는 꽤 긴 시간이나 기간'이라는 것을 나타낸다. (6ㄴ)은 '때가 어느 때인데'는 어떤 행동을 하기에 적절하지 않은 시기나 상황이라는 뜻으로, 상대방이 했거나 하고 싶어 하는 행동에 대해 비난이나 핀잔을 할 때 쓰는 표현이다. (6ㄷ)은 특정한 관계를 드러내는 어휘 '친구, 동기, 부부' 등과 함께 쓰여 관계를 내세워 상대방에게 어떤 일을 부탁할 때 쓰는 표현이다. 관용적으로 '친구 좋다는 게 뭐냐', '부부가 좋다는 게 뭐예요' 등으로 흔히 쓴다. (6ㄹ)은 사회·문화적 맥락과 결부되어 있는 인사 표현으로 '뭐 이런 걸 다'와 같은 표현은 상대방이 베푼 것에 대해 감사함을 표현하는 것이다.

지금까지 살펴본 의문사 구성의 세 가지 유형은 의문사가 쓰인 표현의 대략적인 모습을 파악하기 위한 분류라 할 수 있다. 의문사는 여러 언어 형식과 어울려 써서 무수한 표현을 생성해 내고 언어 사용 환경에 따라 의미적 변용을 이루어낸다. 이러한 언어의 유기체적인 성격으로 말미암아 그 유형이나 기능을 단언하기 어려운 면이 있지만 이러한 분류를 통해 전체적인 조망을 해 보았다는 점에서 의의가 있다.

3.2. 의문사 구성의 담화 기능

언어 교육에서 '기능'에 대한 정의와 유형 분류는 연구자의 관점에 따라 차이가 있다. 이글에서 '담화 기능'은 발화문의 기능으로, 특정한 표현이 맥락에서 드러나는 기능이다. 그러므로 의문사 구성이 담당하는 담화 기능은 전체 담화 안에서 화자의 의도와 맥락에 따라 해석되는 것이라고 할 수 있다. 이는 최근 연구 대상이 문장 단위에서 발화 단위로, 정확성에서 유창성으로 더 나아가 문화 간 의사소통으로 그 초점이 옮겨가는 흐름과 맥을 같이하는 것이다.

의문사 구성의 담화 기능을 살펴보면 '불평', '부정', '동의', '놀람', '주의끌기'의 다섯 가지 정도로 압축할 수 있다.[8] 그중 불평하기가 가장 많이 나타나고 그다음으로 많은 것이 부정하기이다. 이는 의문사가 가지는 특성에 기인하는 것으로 볼 수 있다. 의문사 구성은 질문 형식으로 쓰여 체면 손상의 위험이나 대화 참여자의 부담을 경감하는 효과가 있다. 이는 상대방의 의견에 직접적이고 단정적으로 불평이나 부정을 하지 않고 질문의 형식을 통해 상대방이 해석을 하도록 권한을 넘김으로써 화자의 부정적인 심리적 태도를 간접적으로 드러내기 때문이다.

3.2.1. 불평하기

불평하기는 화자가 원하지 않는 상황이 발생했을 때 상대방에게 자신의 부정적인 감정이나 태도를 직·간접적으로 드러내는 것이다.[9] 이러한 부정적인 태도를 상대방에게 드러내는 것은 상대방의 체면을

---

[8] 의문사 구성의 담화 기능은 김진희(2021)의 결과를 바탕으로 하였다.

[9] '불평하기'의 개념 정의를 한 논문에는 미즈시마 히로코(2003), 최명선(2007), 강현화·황미연(2009) 등이 있다. 미즈시마 히로코(2003)는 불평 화행을 화자에게 손해를 끼치는 불만스러운 일이 이미 발생한 후에 화자가 자신의 심적인 태도를 청자에게 직간접적으로 표출하는 행위, 또는 표출하지 않는 행위라고 정의하였다. 최명선(2007)은 사적인 측면에서는 과거의 일 혹은 현재 진행 중인 일이 화자가 기대한 바에 못 미칠 때 불편함을 표출하는 행위이고 공적인 측면에서는 과거의 일 혹은 현재 진행 중인 일이 누구에게나 일반적으로 바람직하지 않은 영향을 미칠 때 불평을 표출하는 행위라고 정의한 바 있다. 강현화·황미연(2009)에서는 불평 화행은 청자의 체면을 위협하는 행위로서 화자가 판단했을 때 청자에게 책임이 있다고 보는 행위나 사건에 대해 화자의 부정적 견해를 드러내는 화행으로 규정하였다.

손상시킬 수 있는 위험이 있어 고도의 전략을 필요로 한다.[10] 그런데 불평을 하는 상황에서 상대방의 체면과 관련하여 두 가지 태도가 나타날 수 있다. 그중 하나는 화자가 불편한 상황에서도 상대방의 체면을 보호하려는 의도를 가지고 행하는 경우이다. 다른 하나는 그와 반대로 의도적으로 상대방의 체면을 손상시킬 목적을 가지는 경우이다. 이처럼 불평하기는 특정한 의도를 가지는 표현이므로 담화 상황을 고려하여 제한적으로 쓸 수 있는 것이다. 이는 비모어 화자는 물론이고 모어 화자에게도 습득과 사용에 어려움이 있을 수 있다.

불평을 하는 표현에 의문사가 사용되는 것은 의문사가 가지는 특성 때문이다. 의문사를 통해 질문의 형식으로 표현하면 단정적이거나 직접적으로 불평을 하는 것으로 보이지 않는다. 그러나 담화 의미상 불평이 드러나므로 간접적으로 알 수 있게 한다. 그러므로 화자는 직접적으로 불평하는 것과 달리 상호 간의 체면 손상의 부담을 더는 효과가 있는 것이다. 이러한 전략적 언어 표현을 사용하기 위해서는 해당 표현의 특성을 알아야 한다.

(1) ㄱ. <u>뭐</u> 저런 놈이 다 있어?
ㄴ. 맘에 안 든단 말야. <u>지가 뭔데</u> 동네 앞길을 막고 서서
ㄷ. <u>아주머니는 누군데</u> 나더러 떠들지 말라는 거요?

---

10 Brown & Levinson(1987)의 공손이론(politeness theory)은 인간의 행동은 보편적인 규칙에 준하여 행하여진다고 보고 그 규칙을 공손(politeness)이라고 정의하였다. 모든 사람들이 공유하고 있는 기본적인 욕구인 체면이라는 개념을 가정하여 타인으로부터 행동을 방해받거나 간섭받기 싫은 욕구인 소극적 체면(negative face)과 타인에게 이해받고 호감을 받으며 칭찬받고 싶은 욕구인 적극적 체면(positive face)으로 분류하였다. '공손'은 상대방의 체면에 대한 배려행위로 정의하고 체면을 위협하는 행동을 '체면 위협행위(face threatening acts)'라 하였다.

먼저 '무엇', '무슨'과 같이 주로 사물이나 사실과 관련한 표현에서 사용하는 의문사를 '사람'을 가리키는 말로 써서 그 대상을 낮잡아 표현하여 화자의 불만을 드러내는 것이 있다. 언어권별로 표현 양상에는 차이가 있지만 이는 범언어적인 현상이다. 한국어에서는 (1ㄱ)과 같이 주로 '사람, 남자, 여자' 등도 쓰이지만 사람을 낮잡아 쓰는 어휘 '놈, 년, 새끼' 등과 함께 써서 상대방의 행동에 대한 강한 불만을 드러내기도 한다. (1ㄴ)과 (1ㄷ)에서 각각 의문사는 '뭐', '누구'로 쓰였지만 결국 '무슨 자격으로 그런 행동을 하느냐?'로 바꾸어 쓸 수 있으며 그럴 자격이 없다는 것을 간접적으로 드러낸다. 결국 화자는 상대방이 어떤 행동을 할 만한 자격이나 권한이 없다고 생각하여 못마땅하게 여김을 드러낸다.

(2) ㄱ. 저것들이 <u>사람을 뭘로 보는 거야?</u>
     ㄴ. 그게 농담이야? <u>사람을 어떻게 보고</u>…….
     ㄷ. <u>누굴 바보로 아나?</u>

(2ㄱ)과 (2ㄴ)에서는 각각 의문사 '뭐'와 '어떻게'가 판단 및 평가를 하는 의미의 '보다'와 함께 쓰여 상대방이 화자를 낮잡아 보거나 폄하하는 태도에 대해 불만을 드러내는 것이다. (2ㄷ)에서는 보다 직접적으로 '호구, 바보, 등신' 등의 비하하는 어휘를 사용하여 화자를 낮잡아 보는 상대방의 태도를 비난한다.

(3) ㄱ. <u>무슨 학생이</u> 새벽부터 화장이냐?
     ㄴ. 바보같이 왜 울어? <u>무슨 남자가 저래.</u>
     ㄷ. 쟤가 어떻게 됐나 봐

(3ㄱ), (3ㄴ)은 특정한 부류를 나타내는 인성명사 '대학생, 여자, 남자, 애' 등과 함께 쓰이는 것으로 이는 화자가 대상에 기대하는 바 또는 일정한 기준에 맞지 않음을 나타낸다. (3ㄷ)은 상대방의 행동이나 태도를 이해할 수 없거나 용인하기 어려울 때 화자가 상대방에게 직접적으로 비난하지 않고 '어떻게 되다'라는 불명확한 표현으로 강한 불만을 드러낸다. 이는 상대방의 행동이 화자의 기대와 다름을 나타냄과 동시에 불만이나 비난을 드러내는 것이다.

(4) ㄱ. 이게 <u>무슨</u> 짓이야? / <u>뭔</u> 짓이냐? / 지금 <u>뭐</u> 하는 짓이야?

ㄴ. 이게 <u>무슨</u> 꼴이냐 / 니들 그 꼴이 <u>뭐냐</u>?

ㄷ. 애가 생각하는 게 <u>어째</u> 그 모양인지. / 넌 늘 <u>왜</u> 모양이냐?

(5) ㄱ. <u>뭘</u> 잘했다고 울어? / 잘한 게 <u>뭐</u> 있다고 울어?

ㄴ. 니가 <u>뭘</u> 안다고 나서? / 니가 <u>아는</u> 게 <u>뭐</u> 있다고 나서?

(4)는 의문사와 '짓, 꼴, 모양' 등의 어휘와 함께 쓰여 상대방의 행동이나 태도에 대한 비난을 나타내는 예이다. (5)는 간접인용과 함께 쓰인 표현으로 상대의 현재 행동 즉, 우는 것, 나선 것에 대한 비난을 나타낸다.

(6) ㄱ. <u>뭐가</u> 어쩌고 <u>어째</u>? / <u>뭐가</u> <u>어째</u>? / <u>뭣이</u> <u>어째</u>.

ㄴ. <u>무슨</u> 놈에 날씨가 이렇게 추워? / 법은 <u>무슨</u> 놈의 법이야. / <u>무슨</u> 얼어죽을 등산이야?

(6ㄱ)은 그 자체가 하나의 표현이 되어 상대방의 말에 강한 불만을 나타낸다. (6ㄴ)은 '무슨 놈의', '무슨 놈에', '무슨 얼어죽을'과 같은

표현을 써서 못마땅함을 드러낸다. 이때 '놈의', '놈을', '얼어죽을'은 쓰지 않아도 전달하고자 하는 의미가 달라지지는 않지만 이러한 표현을 쓰면 불평이 보다 강하게 전달된다.

3.2.2. 부정하기

의문사 구성이 나타내는 담화 기능 중 두 번째로 많은 분포를 보이는 것이 '부정하기'이다. 부정하기는 어떤 사실이 아니라는 것 또는 상대방의 의견이나 생각에 동의하지 않는다는 것을 나타낸다. 이러한 부정은 그 자체가 상대방의 체면을 손상시킬 가능성이 크다. 그러므로 부정을 표현할 때 상대방의 체면을 보호하거나 상호 간의 관계 유지를 위해 대화 참여자의 부담을 경감할 수 있는 전략을 필요로 한다.

보통 부정을 할 때는 일정한 발화 순서가 있다. 상대방의 발화가 우선적으로 이루어진 후에 화자가 상대방의 발화 내용에 대한 부정을 표현하는 것이다. 이러한 발화 순서는 의문사를 사용한 부정 표현에 영향을 끼친다. 이는 화자가 부정을 표현할 때 앞선 상대방 발화의 전체 또는 일부 내용을 그대로 가져와서 표현하는 경우가 많다. 이것은 상대방의 발화를 인용하는 전략으로, 직접적으로 부정하지 않으면서 화자의 의도인 부정을 드러내는 것이다.

특히 상대방의 발화를 인용하는 전략은 담화의 결속성이나 응집성을 높여 주기도 하고 부정하는 내용을 정확하게 짚어주는 역할을 하기도 한다. 이처럼 의문사를 써서 부정하기의 기능을 수행할 때는 상대방이 한 말과 의문사를 함께 써서 질문하는 형식으로 나타난다. 이 역시 체면 손상의 위험이나 대화 참여자의 부담을 경감하는 효과가 있다. 상대방의 의견에 직접적이고 단정적으로 부정하지 않고 상대방이 해석을 하도록 권한을 넘김으로써 간접적으로 부정을 드러내기 때문이다.

> (1) ㄱ. 이 빵쪼가리가 <u>굶긴 게 아니고 뭐야?</u>
>   ㄴ. 가: 가출이 아니야.
>   나: <u>가출이 아니면 뭐란 말이야?</u> 이 겨울에 여름옷까지 싸들고

(1)의 '이/가 아니고 뭐예요?'는 상대방의 발화 내용에 대한 반박을 나타낸다. 이 표현은 질문의 형식을 취해 표면적으로는 상대방의 대답을 요구하는 것처럼 보이지만 실제로는 대답을 구하는 질문이 아니다. 이는 상대방의 발화를 듣고 화자가 그에 대한 반응을 보이는 것이며 자신의 의견을 강하게 표현하는 것이다. 상대방 말의 일부를 가져다가 상대방의 의견에 반박하면서 자신의 생각에 대한 강한 확신을 드러낸다. 이때 대화 내용에 따라 근거가 되는 말을 함께 제시하기도 한다.

> (2) ㄱ. 가: 예습했어
>   나: <u>예습이 다 뭐예요?</u> 숙제도 못 했는데요.
>   ㄴ. 가: 좀 쉬었어?
>   나: <u>쉬는 게 다 뭐예요?</u> 밥도 못 먹은걸요.

(2)의 '이/가 다 뭐예요?'는 상대방이 하는 말을 듣고 그 내용을 부정하는 표현이다. 화자가 말하는 내용 중 부정하고자 하는 부분의 내용의 일부를 그대로 쓰고 있다. 보통 이러한 표현 뒤에는 그것보다 더한 상황에 대해 언급하여 앞서 말한 것은 당연히 아니라는 점을 부각한다.

(3) ㄱ. 가: 아르바이트 너무 힘들다.

　　　나: <u>나는 뭐 재미있는 줄 알아?</u>

　　ㄴ. 가: 이거 왜 이랬어?

　　　나: <u>그러는 넌 뭐 잘하는 줄 알아?</u>

　　ㄷ. <u>누구는 뭐 좋아서 그러는 줄 알아?</u>

(3)은 '은/는 뭐 ‒는 줄 알아요?', '은/는 뭐 ‒는지 알아요?'로 '그렇지 않다'는 뜻으로 부정을 나타낸다. 이 표현에서는 주어는 보통 '나', '우리'를 쓰며 가끔 '누구는'으로도 쓸 수 있다. 이러한 표현에서 의문사 '뭐'를 쓰지 않아도 의미가 크게 달라지지 않는다. (3ㄱ)은 상대방이 힘들다는 표현을 한 것에 대해 '나도 재미있는 것은 아니다' 즉, '너만 힘든 것이 아니라 나도 힘들다'라는 표현으로 쓴 것이다. (3ㄷ)은 '누구'라고 표현했지만 화자를 암시하는 것으로 '나도 좋아서 그러는 게 아니다'라는 것을 나타낸다.

(4) ㄱ. 너 다칠까 봐 마음 졸이신다더라. <u>어디 그뿐이냐?</u>

　　ㄴ. 형한테 맞은 게 <u>어디 그때뿐이었겠는가.</u>

　　ㄷ. 가: 그 사람하고 무슨 척진 거 있소?

　　　나: <u>어디 척 뿐이겠습니까?</u>

(4)는 '어디'와 '뿐이에요?'가 함께 쓰여 '그뿐이 아니다'라는 부정을 나타내는 표현이다.[11] '어디'는 가리키는 곳을 명시적으로 나타내

---

11 박종갑(1986: 180‒181)에서는 '내가 어디 먹었니'와 같이 의문사와 그것에 호응되는 서술어의 의미 자질이 일치하지 않는 의문문은 화자의 의도가 '부정목적의 적극적 진술'을 할 때 쓰인다고 하였다. 이러한 논의는 '어디'와 '뿐'이 함께 쓰여 부정의 의미를 나타내는 표현을 설명할 수 있을 것이다.

지 않는 것으로 특정한 대상을 지정하는 '뿐'과 의미상 어울려 쓰기 어렵다. 그러나 이 문장에서는 특수한 의미적 자질의 결합으로 부정의 의미를 나타내고 있다. 이러현 표현은 상황에 따라 앞서 언급한 것보다 더 심한 정도의 사례를 덧붙여 말하기도 한다.

> (5) ㄱ. 가: 난 괜찮다고...
> 　　　　 나: <u>괜찮긴 뭐가</u> 괜찮아
> 　　 ㄴ. 가: 그게 아니잖아요.
> 　　　　 나: <u>아니긴 뭐가</u> 아냐.
> 　　 ㄷ. 가: 뭐 먹었어?
> 　　　　 나: <u>먹긴 뭘</u> 먹어?
> 　　 ㄹ. 가: 오늘은 누구 안 만나?
> 　　　　 나: <u>만나긴 누굴</u> 만나.

　(5)의 '-긴 의문사 V?'는 의문사가 '-긴'과 함께 쓰여 의문사를 중심으로 앞뒤로 동일한 어휘가 반복되는 것으로 여러 의문사에서 나타나는 표현이다. '좋긴 뭐가 좋아?', '먹긴 뭘 먹어?', '가긴 어딜 가?', '만나긴 누굴 만나?', '먹긴 언제 먹어?' '울긴 왜 울어?' 등으로 쓸 수 있다. 여기서 앞에 쓰인 표현 없이 '뭐가 좋아?', '뭘 먹어?', '어딜 가?', '누굴 만나?', '언제 먹어?' '왜 울어?'로 써도 의미상 큰 차이가 없다.[12]

---

12 이창덕(1992: 163)에서는 '울기는 왜 울어?'와 같이 시인보조동사문에 의문사를 결합시킨 시인보조동사 질문문은 상황이나 맥락에 관계없이 대답 요구의 기능을 가지지 못하고 상대방의 발화 내용을 부인, 거부, 거절, 반박하는 기능을 수행하게 된다고 하였다.

3.2.3. 동의하기

상대방의 의견에 동의하는 표현 중 많은 연구가 이루어진 것은 맞장구 표현이다. 이와 관련한 연구는 주로 간투사, 감탄사, 담화표지 등을 연구 대상으로 하여 청자 반응 표현으로 분류하였다. 청자가 대화에서 상호작용하며 참여하고 있다는 것을 드러내는 표지 정도로 본 것이다. 이는 단순 발화 교대나 반응을 보이는 정도로 제한적인 기능 표현으로 본 것인데 이글에서는 이러한 관점에서 벗어나 상대방의 발화를 들은 청자가 더 이상 수동적인 상황에 머무르지 않고 화자가 되어 자신의 의견을 적극적으로 표현한다는 점에 주목하였다.

이 글에서 '동의하기'는 적극적이고 능동적 주체로서 화자의 의견을 나타내는 언어적 표현을 나타낸다. 이는 청자로서 단순히 화자의 발화에 공감과 이해를 나타내는 것뿐만 아니라 대화에서 상호작용능력을 가진 주체가 되어 자신의 의견을 표명하는 것으로 본 것이다.[13]

동의하기 표현을 살펴보면 대표적인 것으로 (1)의 '말해 뭐 해?'를 들 수 있다. 이는 고정된 형식으로 쓰여 표면적으로는 말할 필요가 없음을 나타낸다. 이는 더 말할 필요가 없다는 뜻으로, 상대방의 발화에 단순 동조하는 것 이상의 적극적 공감을 표현한다고 볼 수 있다. 이 표현은 고정된 형태로 쓰고 있어 상대방의 선행 발화에 영향을 받지 않고 자유롭게 쓸 수 있으며 긍정적인 상황과 부정적인 상황

---

13 상호작용능력은 Vygotsky의 사회문화이론을 근거로 한 것으로, 일반적인 언어능력은 존재하지 않고 오직 특정한 맥락으로 국한된 언어능력만이 존재한다는 입장에서 등장한 개념이다. 이 이론에 따르면 개인이 상호작용 행위에 참여하는 것이며 어휘와 통사, 순서와 주제 운영 지식, 수사적 표현 방식과 기술에 대한 지식 등의 다양한 유형의 상호작용 자원을 습득하게 되고 이렇게 습득된 자원은 같은 유형의 상호작용 행위로 일반화할 수 있다고 보았다.

모두에서 쓸 수 있다. 이와 유사한 표현으로 '두말할 필요가 없다',
'말하면 입만 아프다'와 같은 표현이 있으며 이들 표현과 교체해서
쓸 수 있다.

    (1)   가: 이거 진짜 맛있다.
          나: <u>말해 뭐 해.</u>

    (2)   ㄱ. 가: 점점 할아버지를 닮아 가서 큰일이야.
             나: <u>누가 아니래.</u> 남의 말을 귀 담아 들을 줄 모르고
          ㄴ. 가: 이러다간 꼴찌 되겠어.
             나: <u>누가 아니래.</u>

(2)의 '누가 아니래'도 상대방의 의견에 동의하는 것을 나타내는
표현이다. 수사의문문으로 써서 아니라고 하는 사람이 없을 거라는
의미로 상대방의 의견에 적극적으로 동조하는 표현이다. 이러한 표현
은 '왜 아니야?', '글쎄 말이야'와 같은 표현으로도 바꾸어 쓸 수 있다.[14]

3.2.4. 주의끌기

의문사를 사용하여 질문하지만 상대방의 직접적인 대답을 기대하
거나 기다리지 않는 표현이 있다. 이는 주로 상대방의 주의를 끌어
화자의 말에 집중하도록 하는 표현이다. (1)과 같이 다양한 의문사가

---

14 이런 표현 외에도 '그러니까', '응'과 같은 맞장구 표현도 쓸 수 있다. 본고의 '말해
   뭐 해', '누가 아니래' 등은 상대방과 의견이 같음을 적극적으로 드러내는 언어적 표현이
   므로 순서교대나 단순 반응을 나타내는 담화표지와는 형식이나 내용 면에서 차이가
   있다.

'–는지 알아요?' 또는 '–는 줄 알아?'와 함께 쓰여 이러한 기능을 한다. 이는 질문 형식이지만 보통 화자가 질문을 한 후 상대방의 대답을 기다리지 않고 바로 이어서 자신이 추가 발화를 하여 발화교대 없이 혼자 발화를 이어간다. 이에 상대방은 당연히 대답을 할 필요가 없게 된다. 또한 질문의 내용을 살펴보면 상대방은 당연히 모를 수밖에 없는 것이거나 상대방이 잘 모를 것이라고 생각하는 것이 많다. 이로써 상대방의 대답을 기대하는 질문이 아니라는 점이 더 명확해진다. 이러한 표현은 화자가 대화의 주도권을 가지고 대화를 하면서 상대방이 대화 내용에 집중하도록 하는 것이다. 이때 대화에 집중하도록 하는 요인은 '의문사'를 포함한 질문 형식이라는 점이다. 이 상황에서 질문을 하는 것은 실제로 청자에게 대답을 요구하지는 않지만 대답을 해야 할 것 같은 상황에 놓이게 하고 궁금증을 유발하기 때문이다. 이러한 상황에서 화자가 물음을 던지면 청자는 자연스럽게 화자의 말에 집중하게 된다. 이 표현은 예문에서 보는 바와 같이 비교적 다양한 의문사와 함께 쓰며 일상적인 대화뿐 아니라 공적인 발표를 하는 상황에서도 많이 쓰인다.

(1) ㄱ. 여러분, 사람에게 제일 무서운 게 뭔지 아십니까? 습관입니다.

ㄴ. 분쟁이 왜 생기는지 아세요? 대부분 돈 때문입니다.

ㄷ. 누가 그랬는지 알아요? 바로 아들이 그랬대요.

ㄹ. 분유 한 통에 얼만지 아세요? 이 돈으로 어떻게 생활해요?

ㅁ. 그게 무슨 소리인지 알아? 선량한 시민들이 다치고 있다는 말이야.

ㅂ. 그 사람 고향이 어딘지 알아요? 충청도래요.

이와 같이 (1)은 화자가 질문을 통해 궁금증을 유발한 후 자신이 그 대답을 함으로써 대화의 초점이 자연스럽게 뒷말에 가게 된다. 담화 상황에서 화자가 혼자 이야기를 하면서 전체 흐름을 주도하지만 질문과 대답을 하는 형식을 통해 주고받는다는 인상을 주어 마치 상호작용을 하는 듯한 느낌으로 이야기에 집중하게 된다.

이와 유사하게 (2)와 같이 '-냐고 하다'라는 간접인용의 표현과 함께 써서 화자의 말에 집중하게 하는 것도 있다. '-냐고?' '-냐 하면' 등의 표현으로 여러 의문사와 쓸 수 있다.

(2) ㄱ. 다음에 또 하나는 <u>뭐냐 하면</u> 그 노벨상을 탄 그 사람도 처음엔
ㄴ. 담당자가 <u>누구냐 하면은</u> 새로 온 신입이지.
ㄷ. 그러니까 그게 <u>무슨 말이냐 하면</u> 전쟁이 오래 갈 수도 있다는 거지.
ㄹ. 지금 이외에 <u>어떤 문제가 있느냐</u> 하면은 법적인 문제이지.

(2)는 '-냐 하면'을 써서 대화 참여자 중 화자가 혼자 이야기를 하면서 상대방의 입장에서 질문할 수 있는 것을 가정하여 표현한 것이다. 실제 상대방은 이런 질문을 하지 않았지만 질문을 한 듯한 인상을 준다. 이는 상호 간 대화를 주고받는 것처럼 보여 자연스럽게 뒷이야기에 초점이 가게 된다.

(3) ㄱ. 옷이 얼마나 좋은가. <u>가격은 어떤가.</u> 장관 부인들이 입는다는
ㄴ. 눈매를 만들어 냈다. <u>콧날은 또 어떤가.</u> 잘 깎여진 콧날은

(3) 역시 자신이 하는 말에 상대방이 계속해서 집중하도록 하는 표현이다. 화자가 어떤 주제에 대해 혼자 말하면서 물음을 던져 궁금

증을 유발한 후 뒤에 오는 내용에 집중도를 높이려는 것으로 보인다.

지금까지 살펴본 표현은 생략해도 사실적 내용 전달에 있어 문제가 되지 않아 필수적인 표현이 아니라고 생각할 수 있지만 전달 효과에는 큰 차이를 보일 수 있다. 이는 혼자 말하지만 마치 상대방과 질의응답을 하는 듯한 인상을 주어 궁금증을 유발함과 동시에 뒤에 오는 내용에 보다 집중하도록 한다. 이는 특정 담화 상황에서 전략적으로 사용하여 대화에의 몰입도를 높일 수 있다.

3.2.5. 놀람

의문사 구성 중에 질문의 형식을 띠지만 상대방의 대답을 요구하는 것이 아니라 화자의 감정을 표현하고자 하는 것이 있다. 감정이라 하면 아주 다양한데 이중 의문사를 사용하여 표현하는 감정은 놀람이 대표적이다.

(1) ㄱ. 가: <u>이게 다 뭐예요?</u>
　　　 나: 별거 아니에요.
　　ㄴ. <u>이게 누구야?</u> 박 사장 오랜만이야.
　　ㄷ. 아니 여기까지 <u>어쩐 일이세요?</u>
　　ㄹ. 이게 <u>웬 떡이야?</u> / <u>웬 날벼락인지</u> 모르겠네.

(1ㄱ)의 '이게 뭐예요?'와 '이게 다 뭐예요?'는 직면한 상황에 대한 감정을 표현한 것이다. 상대방이 선물로 보이는 것을 내밀었을 때 이러한 표현을 할 수 있다. 이는 결국 직시한 상황에 대한 놀람을 드러낸다. (1ㄴ)의 '이게 누구야?'는 주로 예상하지 못한 상황에서 지인을 만났을 때 놀람과 반가움을 표현하고자 하는 말이다. 이때 만난 사람은 아는 사람으로 신분을 묻는 것이 아니라 생각하지 못했

다거나 오랜만에 만나서 약간의 놀람을 감탄조로 표현하는 것이다. 이러한 상황에서 '이게 웬일이야?'와 같은 표현으로도 쓸 수 있다. 일반적으로 '이게'의 경우 사물을 가리키는 말로 쓰고 사람을 지칭할 때는 낮잡아 이르는 표현인데 이러한 상황에서는 사람을 지시하여 낮춤의 표현하는 것이 아니라 이 상황을 포괄적으로 지칭하는 것으로 볼 수 있다. (1ㄷ)의 '(이게) 어쩐 일이에요?'도 예상하지 못한 등장이나 만남에 놀람을 표현하는 것이다. 이는 '무슨 일이에요?'로도 쓸 수 있다. (1ㄹ)의 '웬 떡이야', '웬 날벼락이야?'는 이유나 까닭을 모르는 상황에 대한 놀람을 드러낸다. 이 둘은 상반되는 상황에서 쓰는 표현으로 후행하는 어휘의 의미 양상에 영향을 받는다. '웬 떡이야?'라고 하면 뜻밖의 행운을 나타내는 긍정적인 의미이고 '웬 날벼락이야?'라고 하면 생각하지 못한 부정적인 상황에 대한 놀람을 나타낸다. 이 외에도 '웬'이 관용구나 속담에서 쓰이는데 '웬 청천 하늘에 날벼락', '마른하늘에 웬 날벼락'과 같은 표현으로도 쓸 수 있다. 이 같은 표현에서 '웬'의 위치는 고정된 것이 아니며 쓰지 않는 경우도 많다.

4. 한국어교육에의 적용

한국어를 유창하게 한다는 것은 어휘와 문법을 정확하게 사용하여 상황에 맞게 자연스럽게 표현한다는 것이다. 그런데 이는 일반적인 한국어 학습자가 교과서나 문법서의 내용을 충실하게 숙지했다 하더라도 쉽게 도달하기 어려운 수준일 수 있다. 왜냐하면 비모어 화자가 언어 사용 맥락을 이해하고 담화 기능을 고려하여 적절한 표현을 사용한다는 것은 말처럼 쉬운 일이 아니기 때문이다. 의문사만 살펴보아도 사용 맥락이 다양할 뿐만 아니라 해당 맥락에서 사용할 수 있는 표현 역시 고정되지 않고 변이 및 확장이 수시로 일어나고 있다.

그러므로 원활한 의사소통을 위해서는 언어뿐만 아니라 언어를 둘러싼 환경에 대한 다차원적인 이해가 선행되어야 한다. 이러한 이해의 폭을 넓히기 위한 방법으로는 담화 상황을 고려하여 문법 항목에 대한 적절한 정보를 제공하는 것이 될 것이다. 이를 위해서는 기본적으로 양질의 참조 자료를 구축하여야 한다. 학습 자료 구축은 기존의 학습 자료를 비판적으로 검토하여 취사선택한 후 새로운 내용을 추가하는 등의 방법으로 정교화할 수 있다.

의문사와 관련한 학습 자료 구축은 두 가지로 나누어 살펴볼 수 있다. 한 가지는 의문사 어휘 목록을 확정하여 기존의 어휘로 접근하던 방식의 장점을 취하는 것이다. 다른 하나는 의문사 구성을 중심으로 특정한 표현 문형을 찾아내어 학습 내용으로 제시하는 방안이다.

먼저 첫 번째 방법은 기존에 의문사를 개별 어휘로 접근하여 주로 초급 단계에서 제시했던 교수 방법을 유지하여 정확한 어휘 의미와 연어 정보, 사용역 정보 등의 어휘 정보를 제공하는 것이다. 의문사는 범언어적인 어휘 부류이므로 학습자들에게 친숙하여 비교적 쉽게 이해하고 사용할 수 있다.[15] 이때 선행되어야 할 사항은 한국어교육

---

15 의문사가 여러 언어에서 나타나는 범언어적인 어휘 부류임과 동시에 부정사와 형태적으로 동일하다는 점, 담화표지로 사용된다는 특징 또한 범언어적이라는 연구가 있다. Frajzyngier(1991)에서는 의문사가 부정사와 동일한 형태를 취하는 것은 범언어적인 현상으로, 인구어족 언어들의 특징이기도 하며 그 외에도 헝가리어, 유토-아즈텍어족, 체딕어 등 언어에서 흔히 나타난다고 하였다. 이는 부정사가 어떤 사람, 장소, 사물 등을 가리키기는 하나 불확실한 정체를 지니고 있다는 면에서 의문사와 공통점으로 지니고 있음을 생각할 때 이상한 일이 아니며, 의문사가 담화표지로 발전하는 현상

에서 유용한 의문사 어휘 목록을 확정하는 것이다. 이에 지금까지 이루어진 의문사 어휘 목록 및 유형 분류를 살펴보면 다음과 같다.

(1) 김광해(1984)의 의문사 유형 분류

　ㄱ. 한정 의문사
　　[+수량] : 몇, 얼마
　　[-수량] : 언제, 어디, 누구, 어느
　ㄴ. 비한정 의문사
　　[+서술성] : 어찌하-, 어떠하-
　　[-서술성] : 무슨(무엇) [+이유] 왜

먼저 김광해(1983, 1984)에서는 의문사가 응답의 논리적 범주에 대하여 행하는 제약에 근거하여 의문사를 크게 '한정의문사'와 '비한정 의문사'로 분류한 후 각각의 하위 유형으로 나누었다. 한정의문사는 다시 [수량]을 변별자질로 설정하여 [+수량]과 [-수량]의 성질을 가진 의문사로, 비한정의문사는 [서술성]을 변질자질로 하여 [+서술성]과 [-서술성]의 성질을 가진 의문사로 나눈 것이다.

(2) 서정목(1987)의 의문사 유형 분류

　ㄱ. 체언 의문사: 누구, 무엇, 언제, 어디
　ㄴ. 용언 의문사: 어찌하-, 어떻-
　ㄷ. 수량사 의문사: 몇, 얼마

역시 범언어적으로 그리 희귀한 예는 아니라고 하였다.

ㄹ. 관형사 의문사: 어느, 무슨, 웬

ㅁ. 부사 의문사: 왜, 어찌

서정목(1987)은 의문사가 가지는 형태·통사적인 특징에 따라 경남 진해의 방언을 대상으로 의문사의 유형을 분류한 후 어휘의 의미에 대해 고찰하였다. 이 연구에서는 미정사가 의문문에서 의문의 초점을 받으면 의문사가 된다고 하여 의문사를 체언 의문사, 용언 의문사, 수량사 의문사, 관형사 의문사, 부사 의문사로 구분하였다.

(3) 서정수(1996)의 의문사 유형 분류

ㄱ. 의문 체언 : 무엇, 누구, 얼마, 몇, 언제, 어디

ㄴ. 의문 관형어 : 무슨, 어떤, 어떠한, 어느, 몇, 웬

ㄷ. 의문 부사어 : 어떻게, 왜, 어째서, 얼마나, 언제, 어디에, 어디에서, 어디로

ㄹ. 의문 용언 : 어찌한다, 어떠하다, 어떻다

(4) 이은섭(2005)의 의문사 유형 분류

ㄱ. 의문 대명사 : 누구, 무엇, 어디, 언제

ㄴ. 의문 수사 : 몇, 얼마

ㄷ. 의문 관형사 : 무슨, 어느, 어떤, 어인, 웬, 어쩐

ㄹ. 의문 부사 : 어떻게, 어째, 어찌, 왜

ㅁ. 의문 동사 : 어찌하-, 어쩌-, 어떡하-

ㅂ. 의문 형용사 : 어떠하-

서정수(1996)과 이은섭(2005)도 의문사가 가지는 형태·통사적인

특징에 따라 유형을 분류하였다. 서정목(1987)과 서정수(1996)의 유형 분류는 유형의 명칭에 있어 일관성이 다소 부족함을 알 수 있다. 특히, 서정수(1996)에는 하나의 의문사가 두 가지 유형에 포함되거나 의문사에 조사가 붙은 형태가 의문사와 동등하게 제시되어 있어 층위에 문제가 제기된다.

(5) 양명희(2005)의 부정칭 유형 분류

　　ㄱ. 부정칭 대명사: 무엇, 누구, 얼마, 언제, 어디, 아무, 모두, 여럿
　　ㄴ. 부정칭 수사: 몇, 몇몇
　　ㄷ. 부정칭 관형사: 무슨, 어느, 웬, 모(某), 몇, 어떤, 어떠한, 아무
　　　　(아무런), 모든, 한, 여러, 많은, 다른
　　ㄹ. 부정칭 부사: 얼마나, 언제, 어떻게, 왜, 어찌, 어째(서)
　　ㅁ. 부정칭 동사: 어찌하다, 어떠하다(어떻다), 아무렇다, 무엇하다

그 외에 양명희(2005), 김영란(2003)은 한국어교육을 고려하여 목록화하고 유형을 분류한 연구이다. 양명희(2005)는 '부정사'라는 용어가 다른 언어 'infinitive'와 혼동될 여지가 있으므로, '부정사' 대신 '부정칭(不定稱)'이라는 용어를 사용하였다. 의미적인 측면에서 국어 부정칭의 범주를 설정하는 것이 한국어교육이나 번역에 유용할 것이라 하고, '정해지지 않은 것을 지칭', '모든 것을 지칭'하는 의미를 가지는 어휘 범주를 품사에 따라 분류하였다.

(6) 김영란(2003)의 의문사 유형 분류

　　제1유형 지시 의문사: 무엇, 어디, 누구, 언제

제2유형 선택 의문사: 어떤, 어떻다, 무슨, 어느
제3유형 수량 의문사: 몇, 얼마
제4유형 설명 의문사: 어떻게, 왜

김영란(2003)은 한국어교육 자료에 기반하여 의문사의 목록화를
시도한 연구라는 점에서 의의가 있다. 그러나 이 연구에서는 한국어
교재에 나타난 의문사를 확인하고 그것을 다시 교재에서 출현하는
빈도를 살펴 최종 12개의 의문사 목록을 확정하였는데 이는 한국어
교재라는 제한된 자료에 기반하였다는 아쉬움이 있다. 또한 유형 분
류 기준을 살펴보면 화자가 궁금해하는 것이 무엇인가에 따라 크게
네 가지 유형으로 나누었다. 그중 제2 유형에서 '어떻다'와 '어떤'이
반드시 선택과 관련된다고 보기 어렵다. 이는 '선택 의문사'의 개념을
폭넓게 다루어 '선택' 외에 '특정한 상황적 요소의 특성이나 종류'를
포함한다고 한 데서 생긴 문제로 보이며 이로 인해 용어와 내용이
명시적으로 드러나지 않게 되었다.

이글에서의 의문사 목록 선정 과정은 다음과 같다. 먼저 한국어교
육 분야에서 이루어진 범용적인 어휘 목록 관련 연구를 검토하였다.
대표적인 연구로는 조남호(2002)와 강범모·김흥규(2009)의 어휘 사
용 빈도 조사, 김중섭 외(2011) 등이 있다. 조남호(2002), 강범모·김흥
규(2009)는 대규모 말뭉치 자료를 대상으로 사용 빈도를 분석한 연구
이다.

<표 1> 의문사 사용 빈도(김진희, 2021: 9)

어휘	수준	품사	현대 국어 사용 빈도 조사(2002)	한국어 사용 빈도(2009)
언제	초급	대명사, 부사	221/252	1842/1703
어떤	초급	관형사	1917	15449
어떻다	초급	형용사	1748	14249
뭐	초급	대명사	1420	6312
누구	초급	대명사	1384	13513
어느	초급	관형사	1255	13428
무엇	초급	대명사	1249	17229
어디	초급	대명사	1148	10775
왜	초급	부사	1139	9652
몇	초급	수사, 관형사	53/1024	301/11601
무슨	초급	관형사	869	8505
얼마	초급	명사	490	4359
어떠하다	초급	형용사	263	1980
웬	중급	관형사	68	492

　김중섭 외(2011)는 '국제 통용 한국어교육 표준 모형 개발 2단계' 연구로, 국가 차원의 표준화된 한국어교육과정을 개발한 것이다. 이 연구는 한국어 교육 현장에서 범용적으로 사용할 수 있도록 구체적인 항목의 선정과 등급 범주의 하위 영역에 대한 항목 배열까지 이루어졌다. 특히, 어휘 선정의 경우 빈도를 중심으로 한 객관적 방법론을 기반으로 하였으며 이에 더해 전문가의 평정을 통한 주관적 방법론을 도입하여 객관적 방법론만 적용하던 한계를 보완한 것이다.

<표 2> 국제 통용 한국어 교육 표준 모형 어휘 자료[16]

등급	어휘	품사	빈도 순위	학습용 기본어휘	학습자 사전	교재 말뭉치	토픽 기출	한국어 교육 점수	빈도 점수	총점
초급	무엇	대명사	86	15	15	15	15	60	39.72	99.72
초급	어떤	관형사	104	15	15	15	15	60	39.66	99.66
초급	어떻다	형용사	118	15	15	15	15	60	39.61	99.61
초급	누구	대명사	124	15	15	15	15	60	39.59	99.59
초급	어느	관형사	125	15	15	15	15	60	39.59	99.59
초급	어디	대명사	188	15	15	15	15	60	39.38	99.38
초급	왜	일반부사	213	15	15	15	15	60	39.29	99.29
초급	무슨	관형사	255	15	15	15	15	60	39.15	99.15
초급	얼마	일반명사	503	15	15	15	15	60	38.33	98.33
초급	언제	대명사	1344	15	15	15	15	60	35.52	95.52
초급	뭐	대명사	351	15	15	15	0	45	38.83	83.83
초급	몇	수사	6054	15	15	15	15	60	19.82	79.82
중급	뭣	대명사	3682	15	15	15	0	45	27.73	72.73
고급 이상	어떠	어기	1243	15	0	0	0	15	35.86	50.86

이 글에서는 기존의 연구에서 다룬 의문사 목록을 검토하였고 한 국어 대규모 자료를 대상으로 한 어휘 빈도 기준을 종합하여 의문사 목록을 선정하였다. 우선적으로 포함된 의문사 목록은 '무엇, 뭐, 어 디, 언제, 누구, 얼마, 몇, 무슨, 어느, 어떤, 왜, 어떻다, 어떠하다' 13개이다. 이는 기존의 연구에서 공통적으로 다루는 것이며 빈도 조

---

16 김중섭(2011) 국제 통용 한국어교육 표준 모형 개발 2단계 보고서를 참고하였으며 수치 의 의미는 출현한 빈도를 나타낸다.

사에서도 상위 빈도를 차지한 것이다.[17] 이 외에 6개의 어휘가 더 포함이 되는데 본고에서는 기존의 구어형 또는 준말 정도로 다루던 어휘를 모두 독립적인 의문사로 목록화한 것이 특징적이다. 이는 '뭣', '뭔' 등이 대표적인데 이들 어휘의 사용 양상을 살펴보면 본딧말과 상호교체되는 단순 준말이 아니라 특정한 표현으로 쓰이거나 담화 기능을 수행하는 데 더 많은 분포를 보인다는 차이가 있다. 그 외에 '어떻게, 어쩌다, 어찌하다, 웬'도 의문사 목록에 포함하였는데 '어떻게'는 일부 연구에서는 독립된 어휘로 다루지 않았지만 고성환(1987), 서정수(1996), 이은섭(2005) 등에서는 '부사류'로 다룬 바 있다. 본 연구에서는 '어떻다'는 주로 대상의 특성이나 상태에 대한 물음을 나타내는 데 반해 '어떻게'는 방법이나 수단 등에 대한 물음을 나타낸다는 점에서 이 둘을 독립적으로 살펴볼 필요가 있다고 보았다. '어떻게'와 '어떻다'는 의문의 대상으로 삼는 것이 다르므로 단순히 활용형의 관계로만 보기 어렵다는 측면을 고려한 것이다. '어쩌다'와 '웬'은 출현 빈도가 낮고 다른 의문사와 달리 중급이나 고급에서 제시되는 것으로 한국어교육 분야의 연구에서는 많이 다루지 않았지만 '어쩌다, 어찌하다'와 같은 동사류는 특정 표현을 구성할 때 쓰이고 '웬'은 기존의 의문사의 특성을 규명하는 연구에서도 많이 다루었을 뿐 아니라 구어에서 자주 쓰이므로 목록에 포함될 필요가 있다고 보았다. 이에 본

---

17 이은섭(2005; 66)에서는 '어떤'과 '웬'은 의문사 목록에서 주목받지 못했거나 제대로 인정받지 못했다고 보았다. '어떤'의 경우가 의문사 형용사 '어떠하-'의 활용형에서 왔으리라는 인식이 고착되어 독립된 품사로 간주되지 못한 경우인 반면, '웬'은 구어적 환경에 주로 사용된다는 점에서 다른 의문사들과 동등한 위상을 지닌 성분으로 대접받지 못했다고 하였다. 그러나 수행하는 의미 기능에 있어서의 독자성이나 관형 구성의 통합 관계 차원에서 다른 의문사들과 동일한 면모를 지니고 있다는 점에 주목하여 독립된 의문 관형사로 다루어야 한다고 주장하였다.

연구에서 선정한 의문사 목록은 총 19개이며 유형은 형태·통사적 특징에 따라 분류하였다. 한국어교육에서 품사 정보는 해당 표현의 결합 정보와 같은 특징을 일정 부분 공유하므로 학습자가 사용 양상을 파악하는 데 도움이 된다.[18]

〈의문사 목록과 유형 분류〉[19]

ㄱ. 대명사류 : 무엇, 뭐, 뭣, 어디, 언제, 누구
ㄴ. 수사류 : 얼마, 몇
ㄷ. 관형사류 : 무슨, 뭔, 어느, 어떤, 웬
ㄹ. 부사류 : 왜, 어떻게
ㅁ. 형용사류 : 어떻다, 어떠하다
ㅂ. 동사류 : 어쩌다, 어찌하다

다음으로 의문사 구성을 중심으로 특정한 표현 문형을 학습 내용

---

18 의문사 유형 분류 기준으로 형태·통사적 특징을 근간으로 삼을 때 품사 통용 문제를 간과할 수 없다. 이는 의문사 연구에서 오래 전부터 관심을 가진 것으로, 한 단어가 둘 이상의 문법적 성질을 함께 가지고 있는 경우 품사 처리 문제이다. 이는 품사 전성으로 보는 관점과 품사 통용으로 보는 관점이다. 최현배(1999:719–25)와 같은 전통 문법에서는 '본형 그대로' 몸바꿈하는 것이라 하여 한 품사에서 다른 품사로 전성되는 것으로 설명해 왔다. 그러나 한글학회의『큰사전』의 경우 한 표제어 아래 두 가지 품사를 써서 의미를 설명하고 있다. 이는『표준국어대사전』도 마찬가지이다. 이러한 사전적 처리는 품사적 기능을 공유하고 있다고 보아 품사 통용이라고 하는 것이다. 이러한 품사통용어의 문제는 심화된 논의가 이루어져야 함에도 불구하고 이 글에서는 형태를 초점으로 하여 그것을 사용 양상을 살피므로 대표적인 쓰임으로 보는 품사를 정하고 통용되는 품사에서의 사용 양상도 함께 고찰하였음을 밝힌다.
19 김진희(2021)에서는 어휘의 활용형, 준말과 본디말 관계의 어휘를 통합하여 목록화한 바 있다. 그러나 본고에서는 준말과 본디말의 경우 일정한 분포와 의미·기능상 차이가 있다는 점에 주목하여 개별적으로 제시하였다.

으로 제시하는 방안에 대해 살펴본다. 의문사는 개별 어휘로 접근하여 주로 초급 단계에서 어휘 의미를 학습하는 데 중점을 두었던 경향이 있었다. 그러나 학습자의 언어 능력 향상을 위해서는 교육 현장에서 활용할 수 있는 다양한 부류의 표현 문형을 찾아내고, 해당 표현의 특성을 살펴 그에 맞는 구체적인 정보를 제시하는 것이 중요하다. 이는 중고급 단계에서 접할 수 있는 확장적인 언어 단위를 통해 해당 표현이 사용되는 사회·문화적 맥락을 이해하도록 하는 방법이기 때문이다. 학습자는 이러한 표현을 익힘으로써 특정한 사용 맥락에서 자신의 의도를 드러낼 수 있는 문법적 선택을 할 수 있게 된다. 맥락과 관련이 있는 학습 내용이 축적되면 전달의 효용성을 가져올 수 있는 표현을 선택하는 능력까지 갖추게 된다. 이는 고도화된 언어 사용 능력을 배양하는 것이다.[20]

이에 구체적으로 의문사 구성을 학습에 적용할 수 있는 방안을 제안하고자 한다. 의문사가 쓰이는 환경은 일반적인 의문문, 수사의문문, 의문사 구성, 담화표지 정도로 나눌 수 있다. 실제 한국어교육에의 적용성과 관련하여 표현 단위의 학습 자료가 될 만한 것은 의문사 구성, 수사의문문, 의문사를 포함하는 관용표현 정도이다.

먼저 의문사 구성과 관련하여 기존의 학습 내용에 포함되지 않았던 표현 문형을 찾아 문법 항목으로 제시하는 방법이 있다. 이때 주의

---

20 Diane Larsen-Freeman(2006)은 문법 형태는 문법을 사용하는 사용자의 선택에 의해 결정된다고 하였다. 이는 특정한 문법 형태가 지니는 기능은 고정된 것이 아니라 사용자가 해당 형태를 사용하는 맥락에 따라 달라질 수 있으며, 동일한 기능을 지니는 형태일지라도 동일한 환경에서 사용되는 것이 아니라 사용자의 선택에 의해 더 선호되거나 덜 선호되는 환경이 존재한다는 것이다. 최근 한국어교육에서도 담화나 화용 차원의 맥락이 문법 요소의 선택에 끼치는 영향을 인식하고 맥락과 담화 상황을 고려한 문법 연구가 이루어지고 있다.

할 점은 기학습 내용과의 변별점을 구체적으로 제시하는 것이다. 학습 단계가 진행될수록 유사한 의미·기능을 담당하는 표현이 많아지는데 이에 대한 변별적 특징이 제공되지 않으면 학습자는 자신에게 익숙한 언어 표현을 사용하게 될 가능성이 크다. 이는 결국 언어의 이해와 사용에 있어 큰 격차를 낳을 수 있다.

  의문사와 함께 쓰이는 표현 문형을 살펴보면 '−으러 가다', '−으려고', 간접인용 등이 있는데 이는 초급과 중급에서 교수하는 문법 항목이다. 그런데 이러한 문법 항목은 의문사와 함께 쓰여 기존의 학습 내용과는 상이한 의미·기능을 하는 표현으로 나타난다. 이는 3장에서 살펴본 바와 같이 일반적인 의문문으로 쓰였을 때와 비의문 표현으로 쓰였을 때 형태·통사적인 차이가 드러나지 않는 경우가 많다. 이때 형태적 중의성 때문에 학습자들에게 이해와 사용에 어려움을 더하게 된다. 그러므로 아래와 같은 구체적인 사용 정보를 제공하여 해당 문법 표현이 가지는 전형적인 문법적 특성과 비의문 표현으로 쓰여 담화 기능을 하는 표현의 차이점을 보여줘야 한다.

  (1) ㄱ. 가: 늦었는데 거긴 <u>뭐 하러</u> 가요?
          나: 친구 만나러 가요.
      ㄴ. 가: 나 학교 앞에 갔다올게.
          나: 늦었는데 거긴 <u>뭐 하러</u> 가요?

  (1ㄱ)은 '뭐'와 '−으러 가다'가 함께 쓰여 일반적인 의문문으로 쓰이는 것으로, 이때 문법 항목의 대표 형태는 '−으러 가다'이다. 이는 결합하는 선행 어휘로 '하다' 외에 '먹다, 사다, 찾다' 등 비교적 자유롭게 교체된다. 그러나 (1ㄴ)은 의문사가 중심이 되는 '뭐 하러'를 대표 형태로 제시할 수 있다. 후행하는 어휘는 '가다', '사다', '하다'

등 다양한 유형의 동사가 올 수 있고 후행하는 요소 없이 단독으로도 쓸 수 있다. 이 두 예의 경우 대화에서 드러난 형태에는 큰 차이가 없지만 문법 교육에서 제시하는 표현의 형태가 다르며 의미 또한 다르게 나타난다. (1ㄱ)은 '가는 목적'이 중심이 되어 선행하는 어휘에 따라 구체적인 목적이 달라진다. 이에 반해 (1ㄴ)은 '할 필요가 없다'는 의미가 중심이 되어 후행하는 어휘에 따라 구체적으로 할 필요가 없는 행동이 무엇인지 드러나게 된다. 이처럼 '뭐 하러'와 같은 의문사 구성을 찾는다면 학습 자료의 풍부화에 기여할 수 있을 것이다.

(2) ㄱ. 바빠서 <u>어디</u> 가겠어요?
　　ㄴ. <u>누구</u>는 하고 싶어서 해요?
　　ㄷ. 경험도 없는데 <u>어떻게 잘할 수 있겠어요</u>?

(2)는 의문사가 쓰인 수사의문문으로, 기존의 학습 자료에 큰 부담 없이 추가할 수 있는 항목이다. 이는 반어로 쓰여 부정이나 반박 등을 하는 표현에 상당 부분 나타나는데 주로 문법 형태 '겠어요?'와 함께 쓰인다. 실제로 한국어교육 기관 교재의 문법 항목에도 '어디 -겠어요?'와 같은 표현은 있지만 극히 일부 교재에서만 다룬다. 수사의문문은 다양한 의문사와 종결 표현이 결합하여 일상생활에서 널리 쓰이므로 학습 자료에 적극적으로 포함할 필요가 있다. 빈도가 높은 유형을 중심으로 일부 결합 유형을 다루면 다양한 표현으로 확대 적용할 수 있어 학습의 효율성을 높일 수 있다.

(3) ㄱ. 가: 걔 이번에 너무했지?
　　　나: <u>말해 뭐해</u>! / <u>누가 아니래</u>!

ㄴ. 가: 양말은 잘 벗어서 빨래통에 넣으라고 <u>내가 몇 번을 말해?</u>
   나: 미안해요.

(4) ㄱ. 지금 <u>때가 어느 땐데</u> 모여서 밥을 먹어?
   ㄴ. <u>몇 날 며칠</u>을 고민했는데 답이 안 나와.

(3)과 (4)는 고정성이 높은 하나의 덩어리 표현으로 상황에 맞게 제시하면 쉽게 학습할 수 있는 표현이다. 기존의 학습 사전을 살펴보면 '뭐니 뭐니 해도', '어느 세월에'와 같은 표현은 부표제어에 싣고 있다. 이처럼 '말해 뭐해', '누가 아니래', '몇 번을 말해?'와 같은 표현도 학습 자료에 적극적으로 수용하여 학습자들의 접근성이 높은 학습 사전 등에서 제시하면 도움이 될 것이다. 이는 현실에서 자주 접할 수 있는 표현이므로 학습 내용의 실제성 및 학습 효용성을 높일 수 있다.

지금까지 살펴본 내용은 한국어교육에 적용하기 위한 간략한 예시에 불과하다. 앞으로 맥락과 문법이라는 새로운 관점의 연구를 통해 그간 학습 내용에 포함되지 않았던 표현 문형을 찾아 자료화하는 것은 중요한 과제이다. 한국어 문법 교육 항목에는 문장을 형성하기 위한 기능을 담당하는 문법 형식뿐 아니라 이른바 '표현 문형'이라고 불리는 복합 구성 형식을 다수 포함한다. 이러한 표현 문형은 여러 범주의 결합형으로 구성되며, 어떤 범주들이 어떠한 형식으로 결합되는지 공통분모를 찾기 어려울 만큼 다양한 통사적·어휘적 결합 양상을 보인다. 이로 인해 한국어 교육용 문법 목록을 작성하기도 쉽지 않고 학습자의 한국어 숙달도 등급에 맞게 배열하는 일도 쉽지 않다. 그러나 여전히 어휘 요소와 문법 요소가 통합 또는 공기하는 표현 문형은 한국어교육 현장에서 중요한 교수 항목임에 틀림없다.

특히, 외국어 학습에서는 체계로서의 문법 규칙보다는 실제로 사용되는 표현 학습의 효용성이 크다. 그러므로 학습자가 이러한 표현의 구체적인 의미와 기능을 이해하고 정확하게 사용하도록 돕기 위해서는 언어 사용의 본보기가 될 수 있는 표현을 찾아서 상황 맥락과 함께 제시해야 한다. 이를 위해서는 다양한 어휘 부류의 사용 양상을 면밀히 파악하여 그것이 특정한 패턴으로 나타나는 경우 의미 및 담화 기능에 대한 연구가 활발히 이루어져야 한다.

5. 나오기

이 글에서 다룬 의문사 구성은 기본적으로 의미와 형식의 결합 원리가 있는 것이나 이러한 기본 의미 외에 화자가 의사소통 체계상의 여러 다른 조건에서 변용 또는 확대 사용되어 여러 기능을 수행하는 것이다. 의문사 구성 중에는 언어 사회의 언중이 반복적으로 사용하면서 굳어진 표현이 많은데 주로 불평, 부정 등의 담화 기능을 담당한다. 이러한 맥락 지향적인 표현은 의미 파악이 쉽지 않을 뿐만 아니라 담화 상황에 따라 전략적으로 사용해야 하므로 유의할 점이 많다. 맥락 의존적인 표현을 연구할 때에는 언어의 내부 구조에만 체계와 원리가 있는 것이 아니라 언어의 사용에도 어떠한 체계와 원칙이 있다는 인식이 필요하다. 그리하여 본 연구에서는 의문사의 사용 양상을 고찰하여 의문사가 확장된 의미와 기능을 담당하는 표현으로 쓰일 때 해당 표현의 의미 및 담화 기능과 관련된 여러 특징을 고찰하였다.

그 결과 의문사 구성은 주로 '불평', '부정', '동의' 등의 담화 기능을 담당한다는 것을 밝혔다. 특히, '불평'과 '부정'에 다수의 분포로 나타났는데 이는 의문사가 가지는 특성에 기인한다고 보았다. 화자가 의문사 구성을 전략적으로 선택하는 까닭은 상대방의 의견에 직접적이고 단정적인 불평이나 부정을 회피하려는 의도에서 비롯된다. 즉, 질문의 형식을 통해 상대방이 그 사안에 대해 해석하도록 권한을 넘김으로써 화자의 부정적인 심리적 태도를 간접적으로 표현하게 된다. 또한 화자가 부정을 표현할 때 상대방의 발화를 인용하는 전략을 사용하는데 이는 담화의 결속성이나 응집성을 높여 주는 동시에 부정하고자 하는 내용을 정확하게 짚어주는 역할을 한다. 결국 의문사가 사용된 비의문 표현을 선택함으로써 대화 참여자 간에 체면 손상의 위험이나 부담을 경감하는 효과를 얻고자 하는 것이다.

의문사는 고빈도 어휘이며 한국어교육 현장에서 초급부터 배우는 기초 어휘이다. 이글에서 의문사는 실제 언어 생활에서 중요한 역할을 하는 어휘 부류이므로 단순 어휘 학습에 그치지 말고 학습을 진행하면서 중·고급에서 담화 기능과 함께 표현 문형으로 다루어야 함을 주장하였다.

최근 한국어 학습 목적이 다양화되어 그에 따른 학습자의 요구도 한층 다양해짐에 따라 기존의 학습 자료를 검토하는 것은 중요한 과제이다. 이에 그간 많이 다루지 않았던 담화 기능에 초점을 맞춰 한국인과의 대화에서 자연스러운 발화를 이어갈 수 있는 표현을 찾아 자료화하는 것은 꼭 필요한 작업이다. 특히 담화 기능과 관련된 문법 항목이나 표현 등을 한국어 교수·학습 자료에 적극적으로 반영한다면 학습자가 보다 풍부하고 다채로운 언어생활을 하는 데 도움이 될 것이다. 본 연구에서는 의문사에 한정하여 살펴보았지만 이러한 점은 의문사뿐만 아니라 다양한 언어 연구에 광범위하게 적용될 수 있을 것이다.

시제 형태소의 미실현은 미습득을 의미할까?

한국어에서 시간을 나타내는 요소는 선어말어미 '-었-', '-겠-'이나 관형사형 전성어미 '-ㄴ/은', '-ㄴ/는' 등 문법 형태소를 중심으로 연구되었다. 한국어교육 분야에서도 시제 습득은 주로 형태소 습득 순서, 시상 가설과 담화구조 가설 등의 관점에서 과거, 현재, 미래를 나타내는 시제 형태소의 습득 양상을 살펴보는 형태 기반 연구(form-oriented studies)를 중심으로 이루어졌다고 할 수 있다. 이 글은 기존의 형태 기반 연구가 아닌 담화 인지적인 차원에서 시제 형식의 습득 이전에 어휘나 화용적인 수단을 통해 발견되는 시간성(temporality)에 대한 학습자의 인식을 중요하게 다루는 의미 기반 연구(meaning-oriented studies)의 전통에 기대고 있다. 이러한 '시간성 지시 (temporal reference)'의 습득 과정에 대한 연구는 엄밀한 의미에서는 맥락과 직접적으로 연계되는 개념은 아닐 수 있다. 그러나 시간성 지시 장치의 습득 과정에 작용하는 수많은 요인들을 담화 맥락 및 모국어 요인으로 대표되는 사회맥락적 요인에서 검토함으로써 한국어 학습자가 시간성 지시 장치를 시제 형태소 차원에서만이 아니라 어휘와 화용적인 수단을 통해 복합적으로 사용해가는 실질적인 발달 과정을 구체적으로 확인할 수 있을 것이다.

1. 들어가기

시제와 상에 대한 제2언어 습득 연구는 크게 형태 기반 연구(form-oriented studies)와 의미 기반 연구(meaning-oriented studies)로 구분된다(Bardovi-Harlig, 2000:12). 형태 기반 연구는 형태소 습득 순서, 시상 가설과 담화구조 가설 등의 관점에서 이루어진 연구로서 시간을 문법적인 굴절을 통해 나타내는 시제 형식에 주목한다. 반면, 의미 기반 연구는 담화 인지적인 차원에서 시제 형식의 습득 이전에 어휘나 화용적인 수단을 통해 발견되는 시간성에 대한 학습자의 인식을 중요하게 다룬다.

전통적으로 한국어에서 시간을 나타내는 요소는 선어말어미 '-었-', '-겠-'이나 관형사형 전성어미 '-ㄴ/은', '-ㄴ/는' 등을 의미하며 주로 '시제'라는 문법 영역에서 다루어져 온 것이 사실이다. 또한 형태소 기반의 제2 언어 습득 연구에서도 일반적으로 한 언어에서 과거 시간을 나타내는 문법적 형식으로 시제와 상이 대표적인데 곧 시제 습득이 익숙하지 않은 학습 초기 단계에서는 미실현 오류가 높고 습득 과정이 진행되면서 점차적으로 시제를 정확하게 사용해 가는 양상이 확인된다. 이와 같이 형태 중심의 관점에서 '-었-'과 같은 과거 시제 형태소의 미실현은 과거 시제의 미습득으로 간주된다. 그러나 시제 형식으로 드러나는 문법 항목의 습득만을 한국어 시간성 장치의 습득으로 이해하는 것이 타당한지 재고해 볼 필요가 있다. 성인 제2언어 학습자들은 목표어의 시제 형태소를 습득하기 전에 어휘를 통해 시간적 배경을 나타내거나 시간 순서로 일어났던 사건을 나열함으로써 두 사건의 시간적 선후관계를 지시하는 양상을 보이기 때문이다. 이 글에서 살펴본 중국인 한국어 학습자의 경우에도 시간을 표현하는 데 있어서 단순히 문법 형태소만을 사용하지 않는다. 오히려 그들이 이미 알고 있는 담화맥락적 지식을 활용하여 여러 경로로 시간에 대한 정보를 제공하거나 시간 부사나 시간을 나타내는 표현 문형 등을 활용하여 시간적 배경을 제시하는 양상이 다음과 같이 포착된다.

(1) 저는 한국 음악을 좋아합니다. 중국에서 한국 노래를 자주 <u>듣습니</u>

다(✔ 들었습니다). 〈2급 18주차〉
(2) 우리 어머님께서 탁구를 너무 잘해서 저도 탁구를 많이 했습니다. 근데 저는 한국에 와서 한 번도 못합니다(✔ 못했습니다). 〈1급 6주차〉
(3) 사람들은 다 소중하게 생각해서 사랑하는 물건이 있는대 나도 그런 것 있다. 먼전은 휴대폰이다. 이 휴대폰은 나 한국에 온 후에 혼자 삿다. 그때는 이 휴대폰 사기 전에 여권이 꼭 <u>필요하다</u>(✔ 필요했다). 〈2급, 24주차〉

예문 (1)-(3)은 형태 기반의 관점에서 과거시제를 나타내는 선어말어미 '-었-'의 미습득으로 이해되어 과거시제 형태소의 누락 오류로 인식된다. 그러나 각 예문에서 '중국에서', '한국에 온 후', '그때' 등 당시 사건이 일어난 시간적 배경을 나타내는 어휘적 표현이 함께 사용된 것이 확인된다. 이와 같이 의미 기반 연구에서는 어휘적 시간성 지시 장치의 출현을 선어말어미 '-었-'의 부정확한 사용이나 미실현을 보완하는 기제로 파악하는데 손희연(2001:57-58)은 이러한 경향이 이미 높은 수준의 시간성 관련 담화 지식과 인지 발달이 이루어진 상태의 성인 제2 언어 학습자들에게서 보편적으로 나타나는 현상이라고 하였다.

(4) [H 집에서 인터뷰.]
1 H: 마닐라에서 만났어요:: 예, 마닐라에서 만났는데/
2 인터뷰어: /어::
3 H: <u>식사하는데</u>(✔식사했는데) 이기 아빠가 이기 머리가 쫌 ^없잖아요::\ 예 기 고 아침에 아침 식사는 이 계란 삶는 계란이 하나 <u>있어요</u>(✔있었어요) XX 아침에 고:: 계란에는 원래 옆에 있으 깨야되는데 이 이마에서 ^탁 깨는 바람에 제가 <u>놀란 거에요::</u>(✔놀랐던 거예요) (손희연, 2001:58)

(5) {1.2} 파전은:: 저:: 음::~ 처음에(처음메) 한국에:: 와서(와써) 친
구::〈vocal desc='들이마시는숨'〉음::~|{1.3} 코::= 코::= 초급 고
급| 고급 한국어 고급 친 구〈vocal desc='들이마시는숨'〉어::~ 하
고 같이 학교 근처..의 집에서 먹 었..습니다.|어::~ 너무 너무 맛
있::습니다(✔맛있었습니다). (2급, 12주차)

(6) 지난 주말에는 내 친구의 보무님을 한국에 왔는데 우리 같이 한강
공원에 가고 산책했다. 친구의 보무님을 자전거를 타는 것도 좋아하는
데 우리 자전거를 탔다. 정말 <u>재미있다</u>(✔재미있었다). 〈2급, 16주차〉

예문 (4)는 필리핀에서 한국에 온 결혼이주여성 H의 구어 담화
자료로 담화 처음에 마닐라에서 남편을 만났다는 언급을 통해 과거
시간적 배경을 담화에 제시한 후 청자와 '과거 맥락'을 공유했다는
학습자의 전제 아래 과거시제 형태소의 실현 없이 현재적 묘사를 통
해 당시의 사건을 그려내고 있다. 예문 (5)는 성인 중국인 한국어
학습자의 구어 발화로 한국에서 파전을 먹었던 과거의 한 경험을 언
급하고 있다. 학습자는 선행 발화의 시간적 배경에 기대어 그때 먹었
던 파전의 맛을 서술하고 있어 과거시제 형태소를 생략하고 있다.
또 다른 성인 중국인 한국어 학습자의 구어 발화인 예문 (6)에서도
담화의 처음에 제시된 '지난 주말'이라는 어휘적 표현이 담화 전체의
시간적 배경으로 작용한다는 전제하에 한강공원 산책과 자전거 타기
등의 활동에 대해 어떻게 느꼈는지 학습자의 당시 감정을 묘사하는
부분을 과거시제 형태소 없이 서술하고 있다.

이 글은 성인 한국어 학습자들의 시간성 인지 메커니즘을 고려하여
시간성 지시 장치(temporal reference means)를 시제로 나타나는 문법적
형식 외에 시간 부사 등의 어휘적 형식과 시간 순서에 따른 담화 구성
이나 사건 나열 등과 같은 화용적 형식까지 확장된 개념으로 정의한

다. 또한 과거시제 형태소 '-었-'의 미실현 시 다른 시간성 지시 장치
들이 보완적으로 사용되는 양상을 검토함으로써 과거 시간 표현에
대한 중국인 한국어 학습자의 인식과 전략에 대해 접근해 보고자 한
다. 또한 중국인 학습자들에게 과거시제 형태소의 미실현이 높게 나타
나는 원인으로 모어의 영향에 주목하여 중국어에서의 담화 전개 방식
과 동작류[1]와의 과거시제 결합 양상의 특징을 함께 분석할 것이다.
마지막으로 한국어 학습자들의 시간에 대한 이해과 습득 과정을 시제
형태소 차원을 넘어서 담화와 어휘의 차원에서 살펴보고 초급에서
고급으로 숙달도가 올라갈수록 나타나는 양상을 살펴볼 것이다.

2. 선행연구의 검토

2.1. 과거시제 형태소의 습득과 모어의 영향

중국인 한국어 학습자들이 과거시제 필수 맥락에서 현재형을 사
용하는 것은 범언어권적인 현상인가? 아니면 중국인 한국어 학습자
들에게 두드러지는 특징인가? 한국어 시제 습득의 어려움은 범언어
권적인 현상이지만 중국인 한국어 학습자들은 시제 오류 빈도 수와
시제 대치 양상, 숙달도별 오류 양상에서 타언어권 학습자와 다른
특징을 보인다. 이숙(2013)은 타언어권 학습자들에게서 과거시제 형

---

1 동작류란 Vendler(1967)에서 [±동작성], [±순간성], [±종결성]의 세 가지 의미자질로
  정의된 동사의 상적의미(aspectual meaning)를 "상태(state)", "행위(activity)", "완성
  (accomplishment)", "달성(achievement)" 동사로 구분한 것에 기반한다(김보영, 2017:
  139).

태소를 과잉 사용하는 경향이 두드러지는 데 반해 중국인 한국어 학습자들은 과거시제 필수 맥락에서 '-었-'의 미실현 오류가 높다고 언급하였다. 김재욱(2005)에서는 다른 언어권 학습자들과 달리 중국인 한국어 학습자들은 중고급 단계에 가서도 과거시제 형태소의 미실현 오류를 지속적으로 일으킨다고 하였다. 이해영(2003:291)에서도 중국인 한국어 학습자들이 일본어권 한국어 학습자에 비해 과거시제 필수 맥락에서 현재형을 사용하는 비율이 높게 나타난 것으로 보고하고 있다.

의미 기반의 관점에서 이주노동자나 아동 등 제2 언어 학습자들의 시간성 지시 장치 습득 과정을 살펴본 연구들은 대개 초기에는 화용적 장치를 주로 사용하다가 점점 숙달도가 증가하면서 화용적 장치에서 어휘적 장치로, 어휘적 장치에서 문법적 장치로 능숙한 사용을 보인다(Shumann, 1987; Yang & Huang, 2004 등). 그중에서도 중국인 영어 학습자의 시간성 지시 습득을 살펴본 Yang & Huang(2004)은 시간성 지시 습득의 발달 단계를 고찰함에 있어서 문법적 장치의 정확한 습득이 늦어지는 이유로 중국인의 모어인 L1의 특성에 주목한다. 즉 중국어에서 시간을 나타낼 때 시제와 같은 문법 형식이 부재하는 반면, 맥락 단서 및 담화에서의 발생 순서 등의 담화 화용적인 요소와 '작년', '어제' 등의 어휘적 요소를 주로 사용한다는 특징이 중국인 학습자들이 영어 시제를 정확하게 습득하는 것에 부정적인 영향을 준다는 것이다. 그는 피실험자 집단을 초등학교 5학년, 중학교 1, 3학년, 고등학교 2학년, 대학생의 5개 집단으로 구분하고 유사통시적인 방법으로 각 집단에서 산출한 쓰기 자료를 분석하였다. 분석 결과, 이들은 초등학교 5학년부터 대학생이 되기까지 약 6년 동안 정규 영어 수업을 들었으나 대학생 집단의 쓰기에서 과거시제 정확도는 67.5%를 보여 중국인 학습자들이 영어 시제 형태소를 정확하게 습득하는데 어려움이 있음을 보여준다. Yang & Huang(2004)의 연구 결과는 시제 형식이 모어에 존재하는 스페인어 화자의 영어 과거시제 습득을 살펴본 Salaberry(1999)나 Anderson(1991)에서 스페인 영어 학습자들이 2년 만에 준원어민 수준으로 과거시제를 정확하게 사용한다는 결과와 분명한 차이가 있다. 이를 통해 Yang & Huang(2004)은 무시제 언어라는 중국어의 특징이 중국인 영어 학습자들로 하여금 문법적인 장치를 정확하게 습득하여 사용할 수 있는 시기를 늦추고 오히려 화용적 장치나 어휘적 시간성 지시에 의존하는 시기가 더 길어지도록 만든다고 결론지었다. 중국인 한국인 학습자들의 한국어 과거시제 습득에서 모어인 중국어의 특징은 〈그림 1〉에서처럼 한국어 과거시제 형태소에 해당하는 '-었-'의 습득을 지연시키고 화용적, 어휘적 장치의 사용에 의지하는 기간을 강화시킬 것인가? 과연 무시제 언어인 중국어의 특징은 중국인 한국어 학습자들의 과거시제 습득에 어떠한 영향을 미칠 것인가?

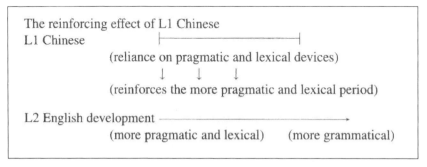

〈그림 1〉 L1 중국어의 강화 효과(Yang & Huang, 2004:63)

2.2. 동작류(lexical aspect)와 과거시제 형태소의 결합 양상

시상가설(Aspect Hypothesis, 이하 AH)이란 동작의 동작류(lexical aspect)에 따른 시제 형태소와의 결합 양상을 설명하는 것으로 Vendler (1967)에 기반한 [±동작성], [±순간성], [±종결성]의 의미 자질에 따라 동사를 크게 상태동사(state verb), 행위동사(activity verb), 달성동사(achievement verb), 완성동사(complete verb)로 구분한다(Chen & Shirai, 2007:2; 김보영, 2017:139). 먼저 영어, 독일어, 일본어 모어 아동들을 대상으로 한 연구에서는 과거시제 형태소를 종결점이 있는 달성동사와 완성동사와 먼저 결합시킨 다음에 행위동사, 상태동사의 순서로 결합을 확대해가는 경향성이 발견되었다. 더욱이 시상가설 연구는 L1 습득을 넘어 스페인어, 영어, 프랑스어 화자를 대상으로 한 L2 습득 연구에서도 활발하게 진행되면서 L1 습득에서의 결과가 L2 습득에서도 여전히 유효한 것으로 확인되고 있다(Shirai & Kurono, 1998:248). 그간 한국어 제2 언어 습득 과정에 시상가설을 시도한 연구로는 이채연(2008), 박선희(2009), 이민아(2011) 등이 있다. 이 연구들에서는 한국어 학습자들이 과거시제 형태소를 사용함에 있어서 종결점이 있는 달성동사와 완성동사와의 결합이 종결점이 없는 행위동사와 상태동사와의 결합보다 더 긴밀한 것으로 나타났다. 또한 숙달도가 높아질수록 점차적으로 종결점이 없는 행위동사, 상태동사 등과 결합해가는 양상이 확인되었다. 그러나 중국인 한국어 학습자들을 대상으로 한 박선희(2009)에서는 학습자들의 과거시제 형태소와 동작류와의 결합 양상 분석 결과, 상태동사와의 결합에서 가장 낮은 분포를 보였으며 과거시제 필수 맥락에서도 상태동사에 시제 형태소를 결합하지 않는 시상가설의 반례들이 확인됨을 언급한 바 있다. 이는 이민아(2011)에서 일본인 중·고급 학습자들이 과거시제 형태소의 사용에 있어서 종결점이 있는 동작류뿐만 아니라 종결점이 없는 동작류인 행위동사, 상태동사와도 90% 이상의 높은 사용률을 나타낸 것과는 다소 대조적인 결과라 할 수 있다. 이 상반되는 결과를 해석해내는 열쇠를 이영진·정해권(2010)에서는 중국어의 상태동사와 과거시제 형태소의 결합 양상의 특징에서 찾고 있다. 즉 중국인 학습자들이 유독 한국어의 상태동사에서 과거시제 형태소를 실현시키지 않는 것은 중국어의 상태동사와 완료상 '了'의 결합이 문법적으로 허용되지 않는 것에 기인한다는 것이다. 이로써 중국인 한국어 학습자들이 과거시제 형태소를 사용함에 있어 모어인 중국어의 문법 지식으로 인해 부정적 전이가 작용함을 알 수 있다.

2.3. 시간성 지시 장치의 분류 체계 검토

본 연구에서는 의미 기반 연구에서 취하고 있는 시간성 지시에 대한 세 가지 분류 체계를 받아들여 한국어의 과거 시간을 나타내는 시간성 장치를 화용적 시간성 지시, 어휘적 시간성 지시, 문법적 시간성 지시 장치로 구분하고자 한다. 먼저 담화적 맥락과 배경을 통해 간접적으로 시간적 배경을 도입하고 제시하는 화용적 장치로는 시간 순서에 따라 사건을 나열하는 시간 순서(chronological order), 이미 과거의 시간적 배경이 제시된 담화 맥락으로써 과거의 시간적 배경을 공유한 채 암시적으로 시간을 제시하는 암시적 지시(implicit reference), 다른 시간에 일어난 두 가지 이상의 사건을 통해 과거 시간을 알 수 있게 하는 사건 대조(contrasted event)가 해당한다. 각 예문을 구체적으로 살펴보면 다음과 같다.

(7) 시간 순서(chronological order)

일요일에 커피숍에 갑니다(✔ 갔습니다). 커피를 마십니다(✔ 마셨습니다). 그리고, 커피숍에서 공부합니다(✔ 공부했습니다). 〈학습자 C, 6주차, 문어〉

(8) 암시적 지시(implicit reference)

1 교사: 그럼 중국에서는:: 주말에 뭐 했어요?

2 학습자: 중국에서?

3 교사: 음.

4 학습자: 어음::~ 친구::하고(하꼬),

5 교 사: 음.

6 학습자: 〈vocal desc='들이마시는숨'〉 어음::~ 영화를 봤어요. (보쏘요.) | 어::~ 등산도:: 갔어요.

(중략)

7 학습자: 어::음::~ 〈vocal desc='들이마시는숨'〉 | {2.0} 음~ 맛있게(맛이게) 음식을 또,

8 교 사: 으으음.

9 학습자: 먹= 먹었어요. | 어음::~ 〈vocal desc='들이마시는숨'〉 | 그리고:: | 〈vocal desc='들이마시는숨'〉 롯= 롯= 롯::뜨, 원.

10 교사: 으응,

11 학습자: 롯= 롯드원에 가 | 학습자: 갔어= 가겠으= 갈(ㄱ) 거= 갈(ㄱ) 갈(ㄱ) 거예요.(꺼예요.)(✔갔어요). 〈학습자 A, 6주차, 구어〉

(9) 사건 대조(contrasted event)

1 학습자: 근데:: 아 중국에서도::(쭝국에서도::) 극장::도(크장::도::) 많이::

2 학습자: 가::= 가::= 가스=가는데::,(✔갔는데)

3 교사: 음.

    4 학습자: 어 〈@한국::에서@〉 한국어 잘::(자::) 못해서
    5 교사: 아::
    6 학습자: 어:: 〈@영화도 볼 수 없어요.@〉(✔없었어요) 〈학습자 D,
        26주차, 구어〉

   예문 (7)에서 학습자는 먼저 일어난 사건 순서대로 담화를 전개하고 있으며 예문 (8)에서는 첫 번째 줄에 있는 교사 발화인 '중국에서 주말에 뭐 했는지' 묻는 질문에서 이미 과거에 대한 시간적 배경이 화·청자에게 분명하게 제시되고 학습자 역시 담화 초반에 언급된 '중국에 있었을 때'를 기준 삼아 후행 담화들을 이어가는 양상이 확인된다. 예문 (9)는 중국에서 있을 때와 지금 한국에서의 시간적 배경이 대조되는 상황에서 시간적인 선후 관계가 명확하게 드러나는 것을 알 수 있다.

   다음으로 부사나 명사로써 시간적 배경을 드러내는 어휘적 장치는 크게 다섯 가지로 범주화하였다. '어제', '그제', '작년', '재작년' 등 말하는 시간을 기점으로 과거를 나타내는 시간 부사, '여기에서', '그곳에서', '중국에서' 등 장소 표현을 통해 특정 장소에 머물렀던 기간을 나타내는 장소 부사구, '1월', '봄', '아침', '크리스마스' 등 달력상에 정해진 날짜나 요일을 뜻하는 달력상의 지시, '그날', '그해', '이듬해', '다음날', '3일 뒤' 등 구체적인 날짜가 나타나지는 않지만 앞에 이미 언급된 특정 시간을 재언급하는 조응적 지시, '-기 전에', '-었을 때', '-은 다음에', '-은 후에', '-을 때' 등 시간을 나타내는 덩어리 표현인 시간 표현 문형이 그것이다. 마지막으로 이 글에서 문법적 장치라 명명하고 있는 한국어의 과거시제를 나타내는 문법 형식으로는 선어말어미 '-었-'과 관형사형 전성어미 '-은'을 포함하였다.

〈표 1〉 시간성 지시 장치 분류 체계

화용적 장치	시간 순서적 배열
	암시적 지시
	사건 대조
어휘적 장치	시간부사
	장소부사구
	달력상의 지시
	조응적 지시
	시간 표현 문형
문법적 장치	'-었-'
	'-은'

3. 시간성 지시 장치의 발달 양상

3.1. 종적 말뭉치 구축 및 분석 방법

이 글에서는 한국어 학습자의 시간성 지시 장치의 발달 양상을 고찰하기 위해 단일 학습자의 언어 발달 과정을 추적하며 변화 양상을 살펴보기에 적절한 종적 연구 방법(longitudinal study)을 취하였다. 학습자 종적 말뭉치(longitudinal learner corpus)는 일반 학습자 말뭉치처럼 중간언어 발달을 분석하는 데 사용될 수 있는 하나의 가능한 자료로서 시간에 따라 중간언어 발달이 어떻게 진행되는지 밝혀준다. 종적 말뭉치를 토대로 학습자의 언어 습득 발달을 살펴보는 종적 연구는 언어 발달의 어느 한 시점에서 학습자 집단을 관찰하는 횡단 연구(cross-sectional study)와 달리 시간에 따라 동일한 주체를 따라가

며 시간에 따라 서로 다른 시점에서 주체들이 생산하는 언어와 관련
된 데이터를 수집하도록 설계하는 것이다(Johnson and Johnson, 1999,
Granger, S., Gilquin, G., & Meunier, F. (Eds.), 2015에서 재인용). 이를
통해 동일 시점에서 초급, 중급, 고급의 서로 다른 숙달도에 있는
한국어 학습자를 대상으로 하는 유사통시적 연구(pseudo-longitudinal
study)만으로는 발견하기 어려운, 시간성 지시 습득 과정에서 나타나
는 세부적인 특징을 발견할 수 있으며 개별 학습자들이 산출한 일정
기간의 언어 자료를 통해 시간성 지시 장치의 발달 과정을 추적해
갈 수 있다. 이 글에서는 국내 대학 부설 한국어교육기관에서 개설된
일반 한국어 프로그램 전 과정을 성공적으로 이수한 중국인 학습자
네 명을 대상으로 1년 6개월에 걸쳐 2주에 한 번씩 말하기와 쓰기
자료를 수집한 국립국어원의 학습자 말뭉치를 활용하였다. 이 글에
서 활용한 종적 자료의 규모와 주제에 대해서는 〈표 3〉과 〈표 4〉에서
확인할 수 있으며 보다 자세한 문어와 구어 지침에 대해서는 한송화
외(2021)의 〈부록 2〉에서 확인이 가능하다.[2]

---

[2] 국립국어원 한국어 학습자 말뭉치는 2015년부터 2021년까지 진행된 사업으로 143개
국, 95개 언어권한국어 학습자가 산출한 문구어 자료로 구성되어 있다. 2021년 4월
6일 기준으로 약 500만 어절의 원시 말뭉치, 370만 어절의 형태 주석 말뭉치, 110만
어절의 오류 주석 말뭉치가 구축되어 있으며 국립국어원 한국어 학습자 말뭉치 나눔터
사이트를 통해 학습자 말뭉치 검색 및 다운로드가 가능하고 각 연도별 한국어 학습자
말뭉치 연구 및 구축 결과 보고서도 참고할 수 있다.
https://kcorpus.korean.go.kr/index (검색일: 2022년 8월 1일)

〈표 2〉 학습자별 문어 및 구어 자료의 어절 수 (김보영 2019:59)

담화유형	수준	학습자 A	학습자 B	학습자 C	학습자 D
문어	초급	673	1,080	513	759
	중급	1,419	1,683	1,167	1,513
	고급	650	957	569	681
	계	2,742	3,720	2,249	2,953
구어	초급	2,969	5,550	3,467	3,182
	중급	4,185	9,203	4,418	5,764
	고급	2,097	5,047	1,675	1,674
	계	9,221	19,800	9,560	10,620

〈표 3〉 국립국어원 학습자 말뭉치의 주차별 주제 (김보영 2019:57-58)

급수	주차	문어 주제	구어 주제
1급	2주차	자기소개	안부인사
	4주차	가족	취미
	6주차	주말	주말에 하는 일
	8주차	받고 싶은 선물	자기 소개
	10주차	좋아하는 계절	좋아하는 계절
2급	12주차	취미	한국 음식
	14주차	친구	한국어 공부
	16주차	자주 가는 곳	여행 경험
	18주차	미래 계획	한국 날씨
	20주차	여행 경험	선물 이야기
3급	22주차	10년 후의 계획	고향이야기
	24주차	아끼는 물건	스트레스
	26주차	취미로 배우고 싶은 것	여가 시간
	28주차	나의 생활 습관	좋아하는 운동
	30주차	잊지 못할 추억	명절이야기

	32주차	갖고 싶은 직업	영화이야기
4급	34주차	나의 성격	만남
	36주차	행복	하고 싶은 일
	38주차	좋아하는 책	후회했던 일
	40주차	닮고 싶은 사람	환경문제
5급	42주차	피로를 예방하는 방법	성공적인 삶
	44주차	올바른 인터넷 사용 태도	경제문제
	46주차	신문의 기능	문화
	48주차	감시카메라 설치 확대	갈등
	50주차	성공	예술
6급	52주차	선의의 거짓말	학교 교육
	54주차	예술 교육	봉사
	56주차	자연 보존과 자연 개발	현대인의 생활
	58주차	직업관	결혼
	60주차	현대 사회에서 필요한 인재	남성과 여성

3.2. 과거시제 형태소의 숙달도별 미실현 양상

중국인 한국어 학습자들이 2주에 한 번씩 산출한 문구어 자료를 토대로 초급, 중급, 고급의 숙달도별 분석을 진행했다. 2주차에서 20주차 사이에 수집된 언어 자료는 초급의 숙달도로, 22주차에서 40주차 사이에 수집된 언어 자료는 중급의 숙달도, 42주차부터 60주차 사이에 수집된 언어 자료는 고급의 숙달도로 분석하였다. 숙달도 및 문구어 담화유형에 따른 학습자 A, B, C, D의 과거시제 형태소의 미실현 양상은 다음과 같다.

〈표 4〉 학습자 A, B, C, D의 문어에서의 과거시제 형태소 미실현 빈도 및 비율 (%)

	학습자 A			학습자 B		
	초	중	고	초	중	고
미실현 빈도 (회)	5	12	0	6	21	1
과거시제 필수 맥락 수 (회)	36	92	5	62	71	8
미실현율 (%)	13.9	13.2	0	10	30	12
	학습자 C			학습자 D		
	초	중	고	초	중	고
미실현 빈도 (회)	20	17	0	9	13	0
과거시제 필수 맥락 수 (회)	33	49	3	28	87	3
미실현율 (%)	60.6	34.7	0	32	15	0

먼저 문어 자료의 과거시제 필수 맥락에서 과거시제 형태소의 미실현 양상을 확인해 보면, 학습자 A는 초급에서 13.9%, 중급에서 13.2%, 고급에서 0%의 미실현율을 나타내어 숙달도에 따라 시제 형태소의 미실현율은 감소하는 양상을 보인다. 학습자 C와 학습자 D 역시 각각 초급에서 60.6%와 32%, 중급에서 34.7%와 15%, 고급에서 모두 0%의 미실현율을 보여 시제 형태소의 미실현율은 숙달도에 따른 감소 양상을 보이는 것으로 확인된다. 한편, 학습자 B의 미실현율은 다른 학습자들과 달리 초급에서 10%, 중급에서 30%, 고급에서 12%의 미실현율을 보여 과거시제 형태소의 미실현율이 중급으로 갈수록 증가하다가 다시 감소하는 패턴을 보인다.

〈표 5〉 학습자 A, B, C, D의 구어에서의 과거시제 형태소 미실현 빈도 및 비율 (%)

	학습자 A			학습자 B		
	초	중	고	초	중	고
미실현 빈도 (회)	12	14	2	14	25	1
과거시제 필수 맥락 수 (회)	60	48	13	90	149	50
미실현율 (%)	20	29	15	16	17	2
	학습자 C			학습자 D		
	초	중	고	초	중	고
미실현 빈도 (회)	18	16	2	14	21	5
과거시제 필수 맥락 수 (회)	67	64	10	79	120	42
미실현율 (%)	27	25	20	18	17	12

　　다음으로 구어 자료 분석 결과, 학습자 A와 학습자 B는 각각 초급에서 20%와 16%, 중급에서 29%와 17%, 고급에서 15%와 2%의 미실현율을 보여 초급에서 중급으로 숙달도가 높아질수록 미실현율이 커지고 중급 이후 단계에서 점차 줄어드는 양상을 보인다. 반면 학습자 C와 학습자 D는 각각 초급에서 27%와 18%, 중급에서 25%와 17%, 고급에서 20%와 12%의 비율을 보여 초급에서 고급으로 숙달도가 높아질수록 미실현율이 지속적으로 감소하는 양상이 확인된다.

3.3. 미실현 시 다른 시간성 지시 장치의 사용 양상

　　3.2절에서 다룬 필수 맥락에서의 과거시제 형태소 미실현 양상은 오류 분석의 관점에서 시제 형태소의 누락 오류로 이해되거나 중간언어 발달의 관점에서 시제 형태소의 미습득으로 논의된다. 그러나

과거시제 필수 맥락에서 문법적 장치를 사용하지 않은 경우 한국어 학습자들은 과거라는 시간적 배경을 인지하고 있음을 다른 방식을 통해 드러내지는 않을까? 중고급 숙달도에서보다 초급에서 시제 형태소의 미실현율이 높다면 한국어 학습자들은 오히려 학습자들에게 보다 익숙한 언어적 수단을 통해 과거시제에 대한 인식을 드러내려고 하지는 않을까? 실제로 이 글에서 중국인 한국어 학습자 A, 학습자 B, 학습자 C, 학습자 D는 모두 과거시제 필수 맥락에서 문법적 장치를 사용하지 않은 경우에 화용적 장치나 어휘적 장치 등 다른 시간성 지시 장치를 사용하여 과거라는 시간적 배경을 구현한다는 것이 확인되었다. 학습자 A, 학습자 B, 학습자 C, 학습자 D가 각각 과거시제 형태소를 미실현한 각 예문을 분석한 결과, 시제 형태소가 미실현된 예문에서 아래와 같이 선행 담화에서 과거임을 알 수 있는 시간적 배경이 제시되었거나 구체적인 어휘를 통해 과거 시간을 알려주는 경우가 많았다.

(10) ㄱ. 우리 어머님께서 탁구를 너무 잘해서 저도 탁구를 많이 했습니다. 근데 저는 한국에 와서 한 번도 <u>못합니다</u>(✔ 못했습니다). 〈학습자 A, 2급, 6주차〉

ㄴ. 지난 주에 우리 여행했는데 가평에 갔다. 거기 경치도 <u>좋고</u>(✔ 좋았고) 사람도 없어요(✔ 없었어요). 〈학습자 B, 2급, 14주차〉

ㄷ. 저녁에 중국 식당에 친구를 <u>만납니다</u>(✔만났습니다). 친구하고 같이 중국 음식을 <u>먹습니다</u>(✔먹었습니다). 〈학습자 C, 1급, 6주차〉

ㄹ. 하루 동안 혼자 구경하고 밥을 먹었다. 구경할면 할수록 재미없고 기분이 점점 없었다. 집에 <u>돌아가고 싶은데</u>(✔ 가고 싶었는데) 돌아가는 기차표가 밤에 <u>11시이다</u>(✔ 11시였다). 〈학습자 D,

3급, 30주차〉

(11) ㄱ. 그리고 고등학교 때 영화와 드라마 만드는 것을 배웠다. 대학교
때 이런 전공을 계속 석택하고 배우고 있다(✓ 배웠다). 그런데
나는 어렸을 때 작품 내용보다 배우들 얼굴이 더 관심이 있다
고 생각했다. 〈학습자 A, 3급, 26주차〉

ㄴ. 사람들은 다 소중하게 생각해서 사랑하는 물건이 있는대 나도
그런 것 있다. 먼전은 휴대폰이다. 이 휴대폰은 나 한국에 온
후에 혼자 삿다. 그때는 이 휴대폰 사기 전에 여권이 꼭 빌요하
다(✓ 필요했다). 〈학습자 B, 2급, 24주차〉

ㄷ. 나는 대학교 때 전공은 첼로여서 매주 첼로 선생님을 같이 공부
했다. 나의 첼로 선생님은 중국에 제일 유명한 음악 대학교에
서 음악을 배웠다. 첼로를 잘할 뿐만 아니라 인품도 좋아서 여
신처럼 완벽하다(✓ 완벽했다). 첼로 선생님은 수업 때 너무 친
절하고 잘 가르쳤다. 〈학습자 C, 4급, 40주차〉

ㄹ. 나는 대학교에서 전공이 관광 관리과이다(✓ 관광 관리과였다).
그때는 여행 가이드가 되고 싶다(✓ 되고 싶었다). 〈학습자 D,
4급, 32주차〉

예문 (10ㄱ)-(10ㄹ)은 학습자 A, 학습자 B, 학습자 C, 학습자 D의
문어 자료에서 과거시제 형태소를 미실현한 경우에 화용적 장치가
사용된 예로서 (10ㄱ)에서는 과거사건과 현재사건의 대조를 통해 시
간의 선후 관계를 드러내며 (10ㄴ)에서는 담화 처음에 시간적 배경이
소개되어 지난 주말 이야기를 시작하고 있음을 알 수 있다. (10ㄷ)
역시 학습자 C의 지난 주말에 관한 담화로서 과거시제 형태소는 미실
현되었지만 식당에 가고 친구를 만나고 음식을 먹은 일련의 연속적인
사건을 시간 순서로 언급함으로써 선후 관계를 전달하고 있다. (10ㄹ)
역시 과거의 경험을 소개하는 여행 담화이다. 필자는 담화 시작부터

이미 청자와 공유하고 있는 혼자 여행했던 과거 맥락을 청자와 공유하고 있으므로 당시 심경과 상황을 과거 시점으로써 묘사하지 않고 암시적 지시에 의존하여 현재적 진술로 담화를 이어가는 양상이 발견된다. 한편, 예문 (11ㄱ)-(11ㄹ)은 학습자 A, 학습자 B, 학습자 C, 학습자 D의 문어 자료에서 과거시제 형태소의 미실현 시 어휘적 장치가 보완적으로 사용된 경우로서 각 예문에서는 '고등학교 때', '한국에 온 후에', '그때', '대학교 때' 등 시간 표현 문형과 조응적 지시를 통해 과거 사건이 일어났던 시간적 배경을 충분히 설명해내고 있다.

(12) ㄱ. {1.2} 파전은:: 저:: 음::~ 처음에(처음메) 한국에:: 와서(와써) 친구:: 〈vocal desc='들이마시는숨'〉 음::~|{1.3} 코::= 코::= 초급 고급| 고급 한국어 고급 친구 〈vocal desc='들이마시는숨'〉 어::~ 하고 같이 학교 근처..의 집에서 먹었..습니다.|어::~ 너무 너무 맛있::습니다(✓맛있었습니다). 〈학습자 A, 12주차〉

ㄴ. 제가:: 포::항::도:: 가 봤습니다::|포항::에는(보항::에는) 사람::드= 사람들::('람'의 영어식발음) 〈note〉'들'에서 ㄹ을 권설음으로 발음〈/note〉 많이 안= 많:::= 많::이:: 있는지,(이는지,) 아, 많이 없어서|어::~ 제 마음이:: 마음에 정말:: 듭니다::(✓들었습니다) 〈학습자 B, 16주차〉

ㄷ. 중국에::(쭝국에::) 자= 자= 중국에서::,(쭝국에서::,) 자주:: 봐요::.(✓봤어요::.) |{1.2} 한국에::= 한국에서::.|음::~|인터넷만::,(인터네만::,) 〈vocal desc='웃음'〉|음::,|혼자:: 봐요::.(✓봤어요) 〈학습자 C, 26주차〉

ㄹ. 어 어 예원|홍콩에서 나픈 사람 어|어 나픈 사람|어 있어서|어 예 예원 어 다른 사람|다 도와주고|있습니다.(✓있었습니다) 그래서 음|홍콩 사람 예원 존경했습니다.|〈학습자 D, 32주차〉

(13) ㄱ. {2.6} 〈vocal desc='들이마시는숨'〉 잊을 수 없는 추억이|{1.0}

음::~| {1.3} 작년(젓년::) 생일::(생이::) 때= <u>생일이다.(✔생</u>
<u>일이었다)</u> 어~ 있습니다.(✔있었습니다) 〈학습자 A, 28주차〉

ㄴ. {1} 음::~ 옛날에,::(옛날레,::) 〈note〉'날'의 'ㄹ'의 권설음화
〈/note〉|유모::도 있었,= <u>있어요(✔있었어요)</u> 그런데(근떼
이::)|요즘::('요'의 'ㅛ'에서 'ㅛ'와 'ㅠ'의 중간발음) 어 아마 없
어요, 〈학습자 B, 22주차〉

ㄷ. 작피(✔작곡) 공부하기 전에|음|첼로하고 첼로하고 쭝구 전통
악기|음| 더 배웠는데| 음 연주할 때| 음| 감동이 <u>없어요.(✔</u>
<u>없었어요)</u>| 〈학습자 C, 50주차〉

ㄹ. 아 처음에 봤 <u>봤더니(✔처음에 봤을 때)</u>|아 너무 조용한 사람이
서|말또 할 수 없어서.|어 말도 더 할 수 <u>없습니다.(✔없었습니</u>
<u>다).</u> 〈학습자 D, 34주차〉

예문 (12ㄱ)-(12ㄹ)은 학습자 A, 학습자 B, 학습자 C, 학습자 D의
구어 자료에서 과거시제 형태소를 미실현한 경우에 화용적 장치가
사용된 예로서 (12ㄱ)에서는 한국 음식 중에 파전을 처음 먹었던 과거
의 시점이 이미 제시되어 암시적 지시로 시제 형태소의 사용을 대체
하였고 (12ㄴ)에서는 담화 첫 문장에서 이전에 포항을 여행했던 과거
경험에 대한 담화임을 추론할 수 있다. (12ㄷ)은 과거의 어느 시점과
최근에 있었던 두 사건을 대조함으로써 과거 중국에 있었을 때와 한
국에서 지내고 있는 현재 시점과의 선후 관계를 명시한다. (12ㄹ)은
예원이 다른 사람을 도와준 사건과 그로 인해 사람들의 존경을 받은
사건이 서로 다른 시점을 기반으로 제시되었으므로 선행 사건에서
과거시제 형태소가 생략되었지만 후행 사건보다 앞서 일어난 일임을
추론할 수 있다. 한편, 예문 (13ㄱ)-(13ㄹ)은 학습자 A, 학습자 B,
학습자 C, 학습자 D의 구어 자료에서 과거시제 형태소의 미실현 시

어휘적 장치가 보완적으로 사용된 경우로서 각각 '작년 생일 때', '옛날에', '유모가 있었을 때', '(대학교에서) 작곡을 공부하기 전에', '처음 봤을 때' 등 시간 부사, 시간 표현 문형을 통해 과거 사건이 일어났던 시간적 배경을 충분히 설명해내고 있다.

이는 시제 범주가 존재하지 않는 무시제 언어인 중국어에서도 시간부사나 담화 맥락 등을 통해 과거사태에 대한 인식을 표현하는 것처럼, 중국인 학습자들이 과거시제 형태소 사용이 익숙하지 않은 초기 한국어 학습 단계에서 문법적 장치 외의 다른 시간성 장치들을 활발하게 사용한다는 것을 의미한다. 특히 이러한 현상은 Shumann (1987), Meisel(1987), Bardovi-Harlig(1992), Bardovi-Harlig(2000)와 같은 연구에서 학습 초기 단계에서는 연속적으로 사건을 나열하는 순차적 발화(serialization)와 같은 화용적 장치 또는 시간부사어와 같은 어휘적 장치를 사용하다가 점차적으로 시제 형태소로 과거 시간을 표현하는 문법적 장치가 발달하는 등 시간성 지시 장치의 습득 과정에 숙달도에 따른 일련의 발달적 흐름이 발견된다고 한 것과도 관련이 있다.

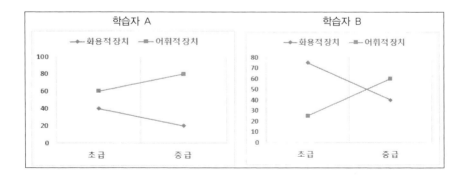

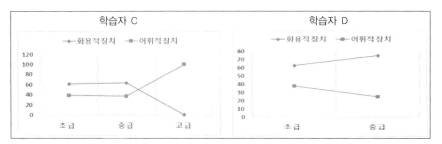

〈그림 2〉 문어에서의 학습자의 과거시제 미실현 시 시간성 지시 장치의 대체 사용
(김보영, 2019:118,122,126,130)

위 〈그림 2〉는 한국어 학습자가 문어 자료에서 과거시제 형태소를
미실현 했을 때 다른 시간성 지시 장치를 대체 사용한 빈도를 정규화한
후 퍼센트(%)로 나타낸 것으로 김보영(2019)의 〈그림 10〉-〈그림 13〉에
해당하는 그래프를 한 번에 비교할 수 있게 만든 것이다. 학습자 A의
과거시제 미실현 오류 문장 17개를 숙달도별로 분석했을 때 초급 단계
에서는 화용적 장치가 40%(2회), 어휘적 장치가 60%(3회) 사용되었고
중급 단계에서는 화용적 장치가 20%(3회), 어휘적 장치가 80%(2회)
사용되었다. 학습자 B는 29개의 미실현 오류 문장 중 초급 단계에서는
화용적 장치를 75%(3회), 어휘적 장치를 25%(1회) 사용하였고 중급 단
계에서는 화용적 장치를 40%(5회), 어휘적 장치를 60%(7회) 사용하였
다. 학습자 C는 37개의 미실현 오류 문장 중 초급 단계에서는 화용적
장치를 61%(11회), 어휘적 장치를 39%(7회) 사용하였으며 중급 단계에
서는 화용적 장치를 63%(12회), 어휘적 장치를 37%(7회) 사용하였고
고급 단계에서 어휘적 장치를 100%(1회) 사용하였다. 학습자 D는 22개
의 미실현 오류 문장을 숙달도별로 분석했을 때 초급 단계에서는 화용
적 장치를 63%(5회), 어휘적 장치를 38%(3회) 사용하였고 중급 단계에
서는 화용적 장치를 75%(9회), 어휘적 장치를 25%(3회) 사용하였다.

학습자 D를 제외하고 학습자 A, 학습자 B, 학습자 C에서 공통적으로 확인되는 양상은 초급에서 중급 혹은 고급으로 갈수록 화용적 장치의 발달이 줄어드는 반면, 어휘적 장치의 사용은 오히려 증가한다는 것이다. 이를 통해 필수 맥락에서 과거시제 형태소를 미실현한 경우에 숙달도에 따라 시간성 지시 장치의 사용 양상도 달라지는 것을 확인할 수 있다.

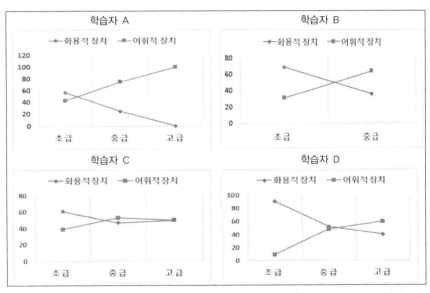

〈그림 3〉 구어에서의 학습자의 과거시제 미실현 시 시간성 지시 장치의 대체 사용
(김보영, 2019:185,189,193,197)

　　〈그림 3〉은 구어 자료에서 한국어 학습자의 과거시제 미실현 시 시간성 지시 장치의 대체 사용 양상을 퍼센트(%)로 나타낸 것으로 김보영(2019)의 〈그림 25〉-〈그림 28〉에 해당하는 그래프를 한 번에 비교할 수 있게 만든 것이다. 구어에서 학습자 A의 과거시제 미실현

오류 문장 28개를 숙달도별로 분석했을 때 초급 단계에서는 화용적 장치가 8회(57%), 어휘적 장치가 6회(25%) 사용되었고 중급 단계에서는 화용적 장치가 4회(75%), 어휘적 장치가 12회(100%) 사용되었으며 고급 단계에서는 어휘적 장치만 1회(100%) 사용되었다. 학습자 B는 40개의 미실현 오류 문장 중 초급 단계에서는 화용적 장치를 9회(61%), 어휘적 장치를 4회(47%) 사용하였고 중급 단계에서는 화용적 장치를 8회(39%), 어휘적 장치를 14회(53%) 사용하였다. 학습자 C는 36개의 미실현 오류 문장 중 초급 단계에서는 화용적 장치를 11회(61%), 어휘적 장치를 7회(39%) 사용하였으며 중급 단계에서는 화용적 장치를 7회(44%), 어휘적 장치를 9회(56%) 사용하였고 고급 단계에서는 화용적 장치와 어휘적 장치를 각각 1회씩(100%) 사용하였다. 마지막으로 학습자 D의 미실현 오류 문장 40개를 숙달도별로 분석했을 때 초급 단계에서는 화용적 장치가 10개(61%), 어휘적 장치가 1회(39%) 사용되었고 중급 단계에서는 화용적 장치가 11회(47%), 어휘적 장치가 10회(53%) 사용되었으며 고급 단계에서는 화용적 장치가 2회(40%), 어휘적 장치가 3회(60%) 사용되었다. 구어 자료에서는 문어 분석 결과와 달리 학습자 A, 학습자 B, 학습자 C, 학습자 D 모두에게서 초급에서 중급 혹은 고급으로 갈수록 화용적 장치의 발달이 줄어드는 반면, 어휘적 장치의 사용이 오히려 증가하는 양상이 공통적으로 발견된다. 특히 한국어 학습자들은 초급에서는 화용적 장치, 중급과 고급에서는 어휘적 장치를 통해 과거시제 필수 맥락에서 시제-대체(tense-substitute)의 기능을 수행하고 있음을 알 수 있다.

3.4. 동작류별 과거시제 형태소의 미실현 양상

문법적 지시 장치의 미실현 시 용언의 동작류(lexical aspect)에 따른 분포를 살펴보면, 문어와 구어에서 모두 학습자 A와 학습자 B, 학습자 C, 학습자 D는 상태동사 즉 형용사나 지정사일 때 과거시제 형태소의 미실현율이 가장 높았고 그다음으로 행위동사의 미실현 양상이 두 번째로 높게 나타났다.

〈표 6〉 과거시제 형태소의 미실현 시 용언의 동작류 유형별 빈도율(김보영, 2019:216)

		상태	행위	심리인지	완성	달성	합계
문어	학습자 A	70%	20%	0	0	10%	100%
	학습자 B	50%	30%	10%	10%	0	100%
	학습자 C	50%	37.8%	0%	13.5%	0	100%
	학습자 D	65%	25%	5%	5%	0	100%
구어	학습자 A	53.6%	25%	7.1%	3.6%	10.7%	100%
	학습자 B	67.5%	17.5%	5%	7.5%	2.5%	100%
	학습자 C	58.3%	36.1%	2.8%	2.8%	0	100%
	학습자 D	68.3%	22%	2.4%	2.4%	4.9%	100%

먼저 문어에서 과거시제 형태소의 미실현 시 용언의 동작류별 분포에서 상태동사에 해당되는 용언 목록을 살펴보면 '있다', '없다', '이다', '슬프다', '좋다', '춥다', '재미있다', '많다', '맛있다', '비싸다', '아름답다', '깨끗하다' 등 주로 초급 난이도의 어휘와 '-을 수 있-', '-을 것 같-', -고 싶-' 등 초급 수준의 표현 문형이 주를 이루고 있다. 이는 구어에서도 발견되는 현상으로 과거시제 형태소의 미실현 시 동작류가 상태동사인 목록에 '힘들다', '아니나', '예쁘다', '괜

찮다', '다르다', '-을 수 없-' 등이 올라와 있어 초급 수준의 형용사 단어가 문장에서 서술어로 쓰인 경우에도 과거시제 형태소를 적절하게 사용하지 못하고 있다는 것을 확인할 수 있다(〈표 7〉 참고[3]).

〈표 7〉 문구어 자료에서 나타나는 문법적 장치의 미실현 시 용언의 동작류별 분포

담화	개별	유형	빈도(빈도율, %)	용언 유형 (type)
문어	학습자 A	상태	12 (70%)	있다(3), 없다(2), -고 싶다(2), 슬프다(1), -을 수 있다(1), 이다(1), 좋다(1), 춥다(1)
		행위	4 (20%)	만나다(1), 못하다(1), 배우다(1), 좋아하다(1)
		완성	0	-
		달성	1 (10%)	나다(1)
		심리	0	-
		합계	17 (100%)	
	학습자 B	상태	8 (50%)	없다(1), 재미있다(1), 있다(1), 필요하다(1), -을 것 같다(1), -을 수 있다(3)
		행위	5 (30%)	듣다(1), 먹다(1), 못하다(1), 좋아하다(2)
		완성	1 (10%)	만들다(1)
		달성	0	-
		심리	1 (10%)	보다(1)
		합계	15 (100%)	
	학습자 C	상태	18 (50%)	고 싶다(3), 많다(3), 맛있다(2), 비싸다(1), 아름답다(1), 없다(2), 완벽하다(1), 이다(1), 있다(1), 좋다(2), 피곤하다 (1)
		행위	14 (37.8%)	가다(4), 공부하다(1), 듣다(1), 마시다(1), 만나다(2), 먹다(2), 보다(1), 사용하다(1), 좋아하다(1)

담화	개별	유형	빈도(빈도율, %)	용언 유형 (type)
문어	학습자 C	완성	5 (13.5%)	망치다(1), 받다(1), 사다(1), 주다(1), 찍다(1)
		달성	0	–
		심리	0	–
		합계	37 (100%)	
	학습자 D	상태	13 (65%)	–것 같다(2), –고 싶다(3), 깨끗하다(1), 속상하다(1), –지 않다(2), 이다(4)
		행위	5 (25%)	놀다(1), 하다(1), –라고 하다(3)
		완성	1 (5%)	쓰다(1)
		달성	0	–
		심리	1 (5%)	결정하다(1)
		합계	20 (100%)	
구어	학습자 A	상태	15 (53.6%)	깊다(1), –을 수 있다(1), 맛없다(1), 맛있다(1), 이다(3), 있다(4), 재미있다 (1), 힘들다(3)
		행위	7 (25%)	가다(2), 듣다(1), 다니다(1), 배우다(1), 오다(1), 하다(1)
		완성	1 (3.6%)	만들다(1)
		달성	3 (10.7%)	포기하다(1), 놓다(1), 돌아가다(1)
		심리	2 (7.1%)	생각하다(2)
		합계	28 (100%)	
	학습자 B	상태	27 (67.5%)	괜찮다(1), 맛있다(1), –고 싶다(2), 아니다(2), 아프다(1), 않다(1), 없다(3), –을 것 같다(1), –을 수 있다(3), 이다(6), 있다(5), 재미있다(1)
		행위	7 (17.5%)	살다(1), 보다(1), 하다(1), (마음에) 들다(1), 키우다(1)
		완성	3 (7.5%)	정하다(1), 받다(1), 감다(1)
		달성	1 (2.5%)	되다(1)
		심리	2 (5%)	생각하다(1), 모르다(1)
		합계	40 (100%)	

담화	개별	유형	빈도(빈도율, %)	용언 유형 (type)
구어	학습자 C	상태	21 (58.3%)	-고 싶다(1), 괜찮다(1), 다르다(1), 많다(1), 맛있다(1), 멋있다(1), 아니다(1), 없다(1), 예쁘다(1), -은 것 같다(1), -을 수 없다(1), 이다(4), 이상하다(1), 있다(4), 크다(1)
		행위	13 (36.1%)	가다(1), 감동하다(1), 만나다(2), 먹다(2), 배우다(1), 보다(4), 쉬다(1), 쓰다(1), 좋아하다(1)
		완성	1 (2.8%)	입다(1)
		달성	0	-
		심리	1 (2.8%)	모르다(1)
		합계	36 (100%)	
	학습자 D	상태	28 (68.3%)	깨끗하다(1), 아름답다(2), 않다(1), 없다(4), 이다(1), 있다(14), 재미있다(5)
		행위	9 (22%)	가다(1), 먹다(2), 살다(1), 쉬다(1), 여행하다(1), 이야기하다(1), 전공하다(1), 하다(1)
		완성	1 (2.4%)	준비하다(1)
		달성	2 (4.9%)	성공되다(2)
		심리	1 (2.4%)	생각하다(1)
		합계	41 (100%)	

　그렇다면 중국인 한국어 학습자들이 다른 동작류보다도 유독 상태 동사에서 과거시제 형태소를 미실현하는 비율이 높은 이유가 궁금해진다. 우선 이론적인 토대 위에서 설명하는 방식이 있다. 먼저 시상가설의 입장에서 과거시제 형태소는 종결점이 있는 달성동사나 완성동사와 우선적으로 결합하기 시작하여 점차적으로 종결점이 없는 상태동사나 행위동사로 확산되기 시작한다. 그것은 과거시제 형태소가 가지고 있는 [+완성] 자질이 [+종결점] 자질과의 결합을 수월하게 만들기 때문이다. 또한 Shirai & Andersen(1995)에 의하면 원형성 이론

(prototype theory)에서는 과거시제 형태소는 [+종결점]이 있는 완성동사나 달성동사와 결합하는 것이 원형적이고, [+진행]이나 [+지속] 자질을 가지는 현재시제 형태소는 [−종결점]인 상태동사나 행위동사와의 결합이 원형적이라고 한다. 이와 같은 관점에서 〈표 6〉과 〈표 7〉에서 종결점이 없는 상태동사와 행위동사에서 과거시제 형태소의 미실현율이 높고 종결점이 있는 완성동사와 달성동사에서 과거시제 형태소의 미실현율이 낮게 나타난 것은 시상가설의 원형성 이론에 부합하는 결과라고 할 수 있으며 중국인 학습자들이 다른 동작류보다도 상태동사와 행위동사에서 과거시제 형태소를 미실현한 채 현재형을 사용하는 양상은 동작류적 특징과 자질 결합의 원형성 이론을 보여주는 하나의 사례라고도 할 수 있을 것이다(김보영, 2017).

두 번째로 가능한 설명은 중국어 모어의 특징에서 상태동사와 과거시제 형태소의 미실현 양상을 해석하고자 하는 접근법으로 상태동사(형용사)와 중국어의 완료상 '了'가 결합하지 않는 중국어의 문법적인 특징이 한국어 과거시제 형태소 습득에 부정적 전이를 일으킨다는 것이다. 실제로 한국어 중국인 학습자들은 동작류에 따른 과거시제 형태소 미실현 양상을 확인했을 때 상태동사에서 미실현율이 가장 높은 것으로 확인되었다(문어: 50%–70%, 구어: 53.6%–68.3%). 또한 상태동사 중에서도 초급 어휘인 '이다', '있다', '없다', '재미있다' 등의 용언에서 미실현율이 가장 높게 나타난 것도 중국어 용언의 동작류와 완료상 '了'의 결합 제약이 과거시제 필수 맥락에서 시제 형태소의 미실현 결과를 낳은 것이라는 견해에 타당성을 부여한다. 중국어에서 신분이나 소속을 나타내는 판단동사 '이다'와 전형적인 형용사로 분류되는 '재미있다'는 둘다 완료상 '了'와 결합하지 않는 분명한 특징이 있기 때문이다. 중국어권 학습자의 모어 영향을 살펴본 이영진·정해권(2012)에서도 타언어권 한국어 학습자에 비해 중국인 한국어 학습자가 상태동사에서 과거시제 형태소를 미실현하는 오류가 더 많이 나타났고 집단 간에 통계적으로 유의미한 차이가 발견된 바 있다. 이를 토대로 중국어의 개별 동사들과 과거시제 형태소와의 결합 제약이 중국인 한국어 학습자의 한국어 상태동사와 과거시제 결합에 있어 간섭 현상을 일으킨 것으로 보는 견해는 설득력이 있다고 본다.

3.5. 시간성 지시 장치의 복합적 발달 과정

마지막으로 살펴볼 것은 초급 단계에서 고급 단계로 갈수록 중국인 학습자들이 시간성 지시 장치를 복합적으로 어떻게 사용하는가 하는 것이다. Bardovi-Harlig(1992)는 시간부사어의 빈도를 사용된 동사의 빈도로 나눈 'adverbial-verb' 비율을 기준으로 학습 초기에서 후기로 가면서 어휘적 장치가 줄어들고 시제 형태소로 시간성 지시가 실현되는 양상을 확인한 바 있다. 이러한 분석 방법을 기초로 이 글에서 살펴본 화용적 장치, 어휘적 장치, 문법적 장치를 사용한 빈도를 각각 과거시제가 결합이 가능한 동사 빈도로 나눈 비율을 가로축을 숙달도 변인, 세로축을 100% 누적 빈도율로 하여 제시하였다. 분석 결과, 학습자 A, 학습자 B, 학습자 C, 학습자 D는 문구어 자료에서 대체적으로 초급에서 화용적 장치를, 중급에서 어휘적 장치를, 고급으로 갈수록 문법적 장치를 사용하는 발달적 흐름을 나타내었다. 학습자별, 담화유형별 차이 및 기존 연구와의 차이점에 대해서는 〈그림 4〉와 〈그림 5〉를 통해 더욱 구체적으로 설명하겠다.

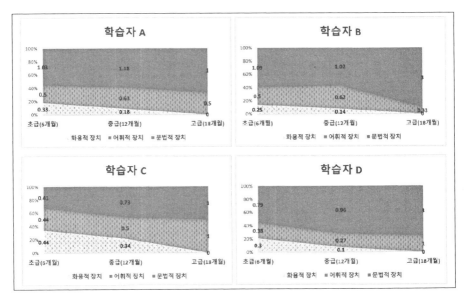

〈그림 4〉 문어에서의 학습자 A, B, C, D의 시간성 지시 발달 흐름

〈그림 4〉는 중국인 한국어 학습자의 문어에서의 시간성 지시 장치의 발달 흐름을 나타낸 것이다. 학습자 A, 학습자 B, 학습자 D의 경우에는 문법적 장치의 사용 비율이 중고급 단계뿐만 아니라 초급 단계에서도 가장 높은 빈도로 사용되었다. 이는 한국어교육 기관에서 학습이 이뤄지는 한국어 학습자 변인의 특성이 반영된 것으로 자연적 습득 환경에 있는 성인 이주 노동자를 대상으로 한 기존의 시간성 지시 연구에서 7개월 정도에 문법적 장치가 처음 확인되는 것과 크게 다른 점이라고 할 수 있다. 기관에서 한국어 학습을 시작한 중국인 학습자들은 대부분 2주차부터 과거시제 형태소를 사용하기 시작하고 초급 단계에서도 다른 장치에 비해 문법적 장치의 사용 비중이 높은 편임을 알 수 있다. 반면 학습자 C의 경우에는 초급 단계에서 화용적 장치와 어휘적 장치의 사용 비중이 문법적 장치의 비중보다

다소 높은 것으로 나타나 자연적 습득 환경에서의 시간성 지시 습득
의 발달 양상에 더 가까운 것으로 확인된다. 그럼에도 불구하고 초
급, 중급, 고급 단계에서의 시간성 지시 장치의 전체적인 발달적 흐
름 양상을 살펴보면 학습자 A, 학습자 B, 학습자 C, 학습자 D 모두
중급 단계로 갈수록 화용적 장치가 확실하게 감소하면서 그 공백을
어휘적 장치가 대체하기 시작한다. 또한 중급에서 고급 단계로 갈수
록 문법적 장치 위주로 시간성 지시 장치의 사용이 이루어지는 점이
확인되어 네 학습자의 시간성 지시 장치의 사용에서 의미 기반 선행
연구의 결과와 마찬가지로 숙달도에 따른 일정한 발달적 흐름이 발
견된다는 것을 알 수 있다.

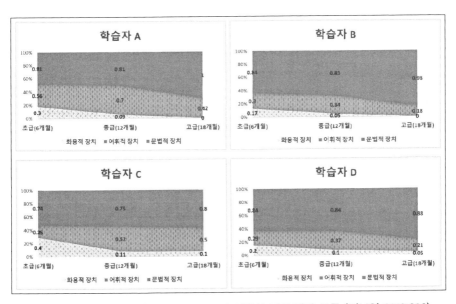

〈그림 5〉 구어에서의 학습자 A, B, C, D의 시간성 지시 발달 흐름 (김보영 2019:208)

〈그림 5〉는 중국인 한국어 학습자의 구어에서의 시간성 지시 장치의 발달 흐름을 나타낸 것이다. 구어에서는 학습자 A, 학습자 B, 학습자 C, 학습자 D 모두 초급 단계에서 문법적 장치의 사용률이 다른 화용적 장치나 어휘적 장치의 사용률에 비해 압도적으로 높게 나타난다. 이러한 부분은 이주노동자나 아동 등 자연 습득 학습자를 대상으로 한 Summan(1987), Meisel(1987), Lee(2001)에서 문법적 장치의 출현 자체가 중급 단계 이후에 나타난 것과는 다소 차이가 있는 점이라고 할 수 있다. 그럼에도 불구하고 초급, 중급, 고급 단계에서의 시간성 지시 장치의 발달 양상을 구체적으로 살펴보았을 때, 네 명의 학습자 모두 초급 단계에서는 화용적 장치가 주로 문법적 장치를 대체하였고 중고급 단계에서는 주로 어휘적 장치가 문법적 장치를 대체하여 시간성 지시를 나타내는 양상이 발견된다. 학습자 A, 학습자 B, 학습자 C, 학습자 D 모두에게서 중급 단계로 갈수록 화용적 장치의 사용 비중은 줄어든 반면 어휘적 장치의 사용 비중이 두드러지게 증가하였고 중급에서 고급 단계로 갈수록 문법적 장치의 사용 비중이 확실하게 증가하는 것이 확인된다. 학습자 A, 학습자 B, 학습자 C, 학습자 D의 문법적 장치의 사용률은 초급 단계에서부터 다른 화용적 장치나 어휘적 장치의 사용률에 비해 높은 편이나 과거시제 필수 맥락에서 시제 사용의 정확도를 분석한 결과 일부 학습자들에게서 U자형 발달 양상이 확인되며 초급 단계에서 고급 단계로 올라가면서 네 학습자 모두 과거시제 형태소의 정확도가 상승하는 양상을 보여준다. 이로써 중국인 한국어 학습자들이 학습의 초급 단계, 즉 문법적인 정확도가 낮은 상황에서 이를 대체할 수단으로써 화용적 장치와 어휘적 장치가 사용하는 것임을 추정해 볼 수 있다. 이로써 문법적 장치의 사용이 능숙해지기 전까지 중국인 학습자들이 초급 단계에서는 화용적

지시를 통해 전략적으로 시간성 지시를 사용하다가 중급 단계로 가면서 점차 어휘적 지시를 통해서 시간성 지시를 구현해가려 하는 발달적 연쇄가 확인된다고 하겠다.

4. 한국어교육에의 적용

한국어교육에서 외국인을 대상으로 하는 교육 문법은 실제 언어 사용상의 특성을 다루며 다양하고 구체적인 실제 자료를 기반으로 한다. 따라서 외국인 학습자들에게 노출되는 실제 언어 자료를 기반으로 구체적이고 실용적인 문법 기술이 필요하다고 할 수 있다(강현화·원미진, 2017:78). 이를 위해 먼저 현재 한국어교육 현장에서 자주 사용되는 문법 자료에서 과거시제 '-었-'을 기술하고 있는 양상을 살펴본 후 본 연구에서 발견된 내용들도 추가적으로 기술하고자 한다.

(가) 국립국어원 한국어교수학습샘터 사이트: 문법·표현 내용 검색 항목[4]

◆ 의미와 용법

상황이나 사건이 **과거**에 일어났음을 나타내는 선어말어미.
(동사나 형용사, '이다, 아니다'에 붙어) 과거에 발생한 상황이나 사건을 나타낼 때 사용한다. 부차적으로 과거의 상황이나 사건이 이미 완료됨을 나타내거나, 과거의 상황이나 사건이 지금까지 지속되고 있음을 나타낼 때 사용한다.

◆ 예문

담화 예문	가: 마이클 씨, 빵이 어디에 있어요? 나: 제가 어젯밤에 **먹었어요**. 가: 흐엉 씨, 지난 주말에 무엇을 **했어요**? 나: 저는 친구와 같이 쇼핑을 **했어요**. 가: 줄리아 씨, 여름 방학에 어디에 **갔어요**? 나: 남자 친구와 같이 제주도에 **갔어요**. 가: 현우 씨, 어제 본 영화가 **어땠어요**? 나: 영화가 너무 **무서웠어요**. 가: 이 집이 김 선생님 집이에요? 나: 네, 20년 전부터 여기 **살았어요**.
문장 예문	·영수 씨가 지난달에 책을 5권이나 **읽었다**. ·마이클 씨는 작년에 한국에 **왔어요**. ·어제 동생이 보낸 편지를 받고 기분이 **좋았어요**. ·제 동생은 어렸을 때 정말 **예뻤어요**. ·왕밍 씨는 2011년에 대학교를 **졸업했다**. ·작년 여름에 서울은 정말 **더웠어요**. ·수지 씨가 늦잠을 자서 눈이 **부었어요**. ·어제 냉장고에 음식이 아무것도 **없었어요**. ·작년에 제가 받은 생일 선물은 **구두였어요**. ·앤디 씨는 할아버지를 많이 **닮았습니다**.

---

4 국립국어원 한국어교수학습샘터 사이트에서의 '-었-' 항목에 대한 기술은 아래 사이
   트를 참고하였다.
   https://kcenter.korean.go.kr/kcenter/search/dgrammar/view.do?mode=view&id
   =742&srchChosung=%E3%84%B1&searchCategory=&searchGrade=&searchTabM
   enu=&searchChineseYn=&curPage=1&srchKey=headword&srchKeyword=%EC%9
   7%88(검색일: 2022년 9월 12일)

* '-었-'은 말하는 시점을 기준으로 과거에 이미 일어난 동작이나 상태를 나타낸다. 동사에 따라 완료를 나타내거나 과거에 발생한 행위나 상태가 지금까지 지속됨을 나타내기도 한다. 마지막 담화 예문에서 '살았어요'는 과거부터 지금까지 계속 살았다는 지속의 의미를 나타낸다.
* 외양을 나타내는 일부 동사 '생기다, 닮다, 찌다, 마르다' 등에 '-었-'이 붙은 '생겼다, 닮았다, 쪘다, 말랐다'는 '-었-'이 결합되었지만 과거가 아닌 현재의 의미로 사용된다. '앤디 씨는 할아버지를 많이 닮았습니다.'는 과거에 완료된 상태가 현재까지 지속되고 있음을 보여 준다.

(나) 한국어교육 문법 〈자료편〉[5]

◆ 의미와 용법 1

어떤 사건이나 상황이 과거에 일어났음을 나타낸다.

◆ 예문

· 태훈이는 <u>주말</u>에 강희를 만났다.
· 내가 <u>어릴 때</u> 어머니는 학교 선생님이셨다.
· 오랜만에 친구를 만나니까 참 기분이 좋았어요.
· 가: 밥 먹으러 갈래?
  나: 나는 <u>이미</u> 먹었는데.

---

5 강현화 외(2016:621–622)에서 참고하였음. 이 책에서는 '-었/았-'의 의미를 크게 '과거', '완료(지속)', '미래의 일 단정'의 세 가지로 구분하였고 각 의미에 대한 문법 정보를 따로 제시하고 있으나 여기서는 본 연구와 관련된 과거시제에 대해 기술한 부분만 정리하였다.

◆ 문법 정보

선어말어미 정보	'-(으)시'의 뒤에, '-겠-', '-더-'의 앞에 결합하여 '-(으)시-+-었-+-겠-+-더-'의 순서로 쓸 수 있다. (예) 선생님께서 많이 힘드셨겠더라고요.
종결어미 정보	'-자', '-읍시다' 등의 청유형 어미나 '-어라', '-으세요', '-으십시오' 등의 명령형 어미와 결합하기 어렵다. (예) * 시간이 없으니까 빨리 갔(읍시다/으세요)

    (가)는 '-었-'의 의미와 용법을 과거시제로서의 의미뿐 아니라 완료와 지속의 부가적인 의미도 함께 설명하고 있고 (나)는 '-었-'의 의미를 크게 과거, 완료, 미래의 일 단정으로 구분한 후 각 의미에 대한 문법 정보를 제시하고 있다. 초급에서 처음 과거의 의미를 학습하는 학습자들에게는 현재시제를 사용할 때의 형태와 과거시제를 사용할 때의 형태 변화와 의미 변화를 충분히 숙지하는 것이 필요하므로 '-었-'의 전면적인 의미를 한 번에 이해하도록 하기보다는 가장 대표적인 의미가 되는 과거시제로서의 '-었-'의 의미를 먼저 교육하는 것이 필요하다. 또한 예문을 제시하는 방식에 있어서는 담화 예문과 문장 예문을 구분하되 (가)에서처럼 담화 예문부터 제시하는 것이 '-었-'이 사용되는 담화 상황을 이해하는 데 효과적이다. 그리고 (가)와 (나)의 담화 예문이나 문장 예문에서 모두 '2011년'이나 '어제', '지난달', '어릴 때' 등 시간부사(어)가 사용되어 과거라는 시간적 배경이 확실하게 제시되었을 때 '-었-'의 의미가 효과적으로 전달되는 것을 알 수 있다.[6] 이에 과거 시간부사어가 '-었-'과 자주 함께 어울

---

6 한국어 교수학습샘터 사이트에서는 교사가 한국어 학습자에게 '-었-'을 교수할 때 참고하도록 아래와 같은 예문은 도입 문장으로 추천하면서 과거에 일어난 사건임을 분명

리는 문장 성분에 대한 정보를 담는 공기 정보란을 추가하여 과거시
제 '-었-'이 사용되는 담화 맥락을 명확하게 제시하는 것이 필요하리
라 본다.

(다) 이 글에서 제시하는 '-었-'의 용법 정보

◆ 의미와 용법

> 상황이나 사건이 **과거**에 일어났음을 나타내는 선어말어미.
> (동사나 형용사, '이다, 아니다'에 붙어) 과거에 발생한 상황이나 사건을
> 나타낼 때 사용한다.

◆ 예문

담화 예문	가: 흐엉 씨, <u>지난 주말</u>에 무엇을 **했어요?** 나: 저는 친구와 같이 쇼핑을 **했어요.** 가: 줄리아 씨, <u>여름 방학</u>에 어디에 **갔어요?** 나: 남자 친구와 같이 제주도에 **갔어요.** 가: 현우 씨, <u>어제</u> 본 영화가 **어땠어요?** 나: 영화가 너무 **무서웠어요.**

히 제시하기 위해 시간 명사를 사용하는 것이 좋다고 부연하고 있다.
(1) 교사: 어제 무엇을 해요?
    학생: 공부를 해요.
    교사: 어제 공부를 해요. 어제 공부를 했어요.
(2) 교사: 수지 씨, 고등학교 때 키가 커요? 작아요?
    학생: 키가 작아요.
    교사: 키가 작아요. 수지 씨는 고등학교 때 키가 작았어요.

문장 예문	·영수 씨가 <u>지난달</u>에 책을 5권이나 **읽었다.** ·마이클 씨는 <u>작년</u>에 한국에 **왔어요.** ·<u>어제</u> 동생이 보낸 편지를 받고 기분이 **좋았어요.** ·제 동생은 <u>어렸을 때</u> 정말 **예뻤어요.** ·왕밍 씨는 <u>2011년</u>에 대학교를 **졸업했다.** ·<u>작년</u> 여름에 서울은 정말 **더웠어요.** ·<u>어제</u> 냉장고에 음식이 아무것도 **없었어요.** ·<u>작년</u>에 제가 받은 생일 선물은 **구두였어요.**

◆ 공기 정보

과거시제를 나타내는 '-었-'은 담화에서 주로 다음과 같은 어휘와 자주
함께 사용된다.

(1) 말하는 시간을 기점으로 과거를 나타내는 시간 부사: '어제', '그제',
  '작년' 등
(2) 장소 부사구: '그곳에서', '고향에서' 등
(3) 달력상에 정해진 날짜나 요일: '1월', '봄', '아침', '크리스마스' 등
(4) 담화에서 이미 언급된 특정 시간을 재언급하는 조응적 지시: '3일 뒤',
  '그날' 등
(5) 시간을 나타내는 표현 문형: '-기 전에', '-었을 때', '-은 후에' 등

5. 나오기

지금까지 한국어교육 분야에서는 한국어 학습자의 과거시제 습득
에 대해 주로 시상 가설, 담화 구조 가설, 형태소 습득 순서 등의
관점에서 연구가 이루어졌으며 이러한 형태 기반 연구(form-oriented
studies)에서는 과거시제 형태소의 미실현이 미습득이나 오류로만 다

루어져 온 것이 사실이다. 따라서 본 이 글에서는 의미 기반 연구 (meaning-oriented studies)의 전통에 기대어 중국인 한국어 학습자의 과거시제 형태소 미실현 현상이 반드시 과거시제의 미습득을 의미하지 않는다는 것을 다각적으로 고찰해 보았다. 이를 위해 시간성을 나타내는 언어적 장치를 문법 형태소 중심으로 제한하지 않고 어휘적 장치와 담화·화용적 장치까지도 확장하여 세 가지 시간성 지시 장치의 사용 양상과 발달 과정을 네 명의 중국인 학습자의 종적 말뭉치를 통해 추적하여 보았다.

형태소 기반 연구에서 종종 간과되고 있는 사실은 성인 학습자들이 언어를 습득함에 있어 담화-인지 체계를 십분 활용하여 전략적으로 목표 언어를 사용한다는 사실이다. 이런 맥락에서 과거시제 형태소의 미실현을 단순히 누락 오류로 집계한다는 것은 사용 오류 이면에 감추어져 있는 학습자의 중간언어 습득에 대한 광범위한 정보들과 귀중한 단서들을 놓치는 것이 아닐까 하는 생각을 해 보게 된다. 가령, 학습자는 과거시제 형태소를 제대로 사용하지 못했을 때 과거를 나타내는 시간부사와 같은 어휘적 수단을 제시하거나 사건이 일어난 순서대로 문장을 배열하는 등 화용적인 수단을 활용한다. 그리고 이러한 시제 형태소의 대체적 사용은 목표 언어의 숙달도 단계에 따라 활용의 양상이 규칙적인 흐름을 보인다. 즉 초급 단계에서 학습자들은 화용적 장치를 문법적 장치의 대체 수단으로 적극 활용하는 데 비해 중급 단계에서는 어휘적 장치를 문법적 장치의 대체 수단으로 적극 활용한다는 것이다. 또한 자연 언어적 습득에서 문법적 장치의 출현은 중급 이후 꽤 늦은 단계에서 나타나는 데 비해 이 글에서 살펴본 기관 학습자들의 문법적 장치의 출현은 비교적 초기에 이루어진다. 그럼에도 불구하고 흥미로운 사실은 기관 학습자의 시간성 지시 장치의 발달 과정 역시 자연 언어 환경에서의 습득 양상과 유사한 흐름을 보인다는 점이다. 즉 초급에서 중급 단계로 갈수록 화용적 장치의 비중이 줄어들면서 어휘적 장치의 비중이 증가하고 중급에서 고급 단계로 갈수록 어휘적 장치의 비중이 줄어들면서 문법적 장치의 비중이 증가하는 일정한 발달적 연쇄가 나타난다.

무엇보다 이 글에서는 중국인 학습자들의 과거시제 형태소 미실현에 작용하는 모국어의 특성과 동작류의 원형성 원리에 대해서도 살펴보고자 했다. 먼저 시제 형태소 없이 어휘나 담화적인 배경을 통해 시간을 제시하는 중국어의 무시제 언어라는 특징이 과거시제 필수 맥락에서 미실현 현상을 강화시키는 요소가 된다는 것이다. 특히 시제 형태소 없이 시간 순서로 제시하는 시간적 순서 원리, 동시적으로 발생하지 않는 사건을 대조하는 원리, 과거 시간적 배경에 대해 공유된 지식이나 상황적인 맥락이 전제되는 암시적 지시 등 이 글에서 살펴본 화용적 장치는 실제 중국어 담화에서 자주 확인할 수 있는 담화조직원리이기도 하다. 따라서 화용적 장치로 문법적 장치를 대체하여 사용하는 양상은 시제 형태소의 사용이 능숙하지 않은 초기 단계에서 과거시제를 미실현한 학습자들에게서 가장 많이 확인할 수 있었던 유형으로 발견된다. 다음으로 동작류와 완료상의 결합 제약 역시 과거시제 형태소 미실현에 영향을 주었다. 중국어의 상태동사에 완료상이 결합하지 않는 특성으로 인해 중국인 학습자들은 과거시제 형태소를 미실현한 용언의 동작류 분포에서 다른 어떤 동작류보다 상태동사의 경우에 과거시제 형태소를 미실현하는 비율이 가장 높은 것으로 확인되었다. 게다가 종결점이 없는 현재시제와 상태동사, 행위동사의 결합이 원형적이라는 시상가설의 원형성 원리까지 작용하여 전반적으로 중국인 학습자들이 상태동사 및 행위동사의 과거시제 형태소 결합에서 미실현율이 높은 것으로 확인된다.

이와 같이 과거시제 형태소의 미실현 양상을 담화조직원리 등 담화·화용적 차원과 모국어 요인 등 사회맥락적 차원에서 살펴보려고 한 이 글의 시도는 기존의 형태소 중심의 습득 연구의 대안으로서 형태나 문법으로 표상되는 언어적 차원을 넘어 담화·인지적 차원 및 사회적 차원에서 제2언어 습득 논의를 이끄는 의미있는 시도라 생각된다. 규범 문법적으로 무엇이 맞고 틀린지를 밝히는 것보다 한국어를 사용하는 한국어 모어 화자 및 한국어 학습자의 시간성에 관한 내재적인 지식, 담화·인지 차원에서 이루어지는 실제적인 지식과 사용 문법에 주안점을 두어야 한다는 것. 그것이 바로 한국어교육용 문법이 지향해야 할 지점이며 동시에 이 글을 통해 환기하고 싶었던 바이다.

강현화(2006), 「한국어 문법 교수학습 방법의 새로운 방향」, 『국어교육연구』 제 18권, 서울대학교 국어연구소, 31-60쪽.

강현화(2007a), 「한국어 교재의 문형 유형 분석-문형 등급화를 위해」, 『한국어교육』 18(1), 국제한국어교육학회 3-32쪽.

강현화(2007b), 「한국어표현능력 향상을 위한 담화기능별 문형표현 단위에 대한 연구: '거절표현'을 중심으로」, 『응용언어학』 23-1, 한국응용언어학회.

강현화(2008), 「어휘접근적 문법교수를 위한 표현문형의 화행 기능 분석: '어야 하다/되다'를 사례로」, 『한국어의미학』 26, 한국의미학회, 21-46쪽.

강현화(2011), 「한국어 교수를 위한 한국어 맥락 문법 연구 – 부정표현을 중심으로」, 한국연구재단.

강현화(2012), 「한국어교육에서의 담화 기반 문법 연구: 부정 표현의 맥락 문법을 활용하여」, 『외국어교육』 19-3, 한국외국어교육학회.

강현화(2014), 「부정표현의 맥락 문법 연구 – "안 -지 않다"와 "-지 못해(요)"를 중심으로」, 『문법교육』 20호, 한국문법교육학회.

강현화 외(2017), 『담화 기능에 따른 한국어 유사 문법 항목 연구』, 한글파크.

강현화·원미진(2017), 『한국어교육학의 이해와 탐구』, 한국문화사.

강현화·이현정·남신혜·장채린·홍연정·김강희(2016), 『한국어교육 문법(자료편)』, 한글파크.

강현화·홍혜란(2010), 「한국어 종결표현의 화행 기능과 한국어 모어 화자의 인식에 관한 연구」, 『외국어교육』 17(2), 한국외국어교육학회, 405-431쪽.

강현화·황미연(2009), 「한국어교육을 위한 불평표현 문형 연구 – 불평화행과 인용표현의 관계를 중심으로」, 『한말연구』 24권, 한말연구학회.

고성환(1987a), 「의문의 문답관계에 대한 연구」, 서울대학교 대학원 석사학위 논문.

고성환(1987b), 「국어 의문사의 의미분석」, 『언어』 제12권 제1호, 한국언어학회, 104-129쪽.

구종남(1999), 「담화표지 '어디'에 대하여」, 『언어학』 제7호, 대한언어학회, 217-234쪽.

구종남(2000), 「담화표지 '뭐'의 문법화와 담화 기능」, 『국어문학』 제35권, 국어문학회, 5-32쪽.

국립국어원(2005a), 『외국인을 위한 한국어 문법2』, 커뮤니케이션북스.

국립국어원(2005b), 『한국어 문법2』, 커뮤니케이션북스.

권경원(1991), 「담화해석과 맥락의 역할에 관한 연구」, 『어문학연구』 1, 목원대학교 어문학연구소.

권영문(1996), 「맥락과 의미에 관한 연구」, 계명대학교 영어영문학 박사학위논문.

권영문(1998), 「맥락과 의미 해석」, 『신영어영문학』 제10집, 신영어영문학회.

김강희(2013), 「보조용언 '보다' 가정 구문에 대한 맥락 문법 연구」, 연세대학교 대학원 석사학위논문.

김강희(2019), 「한국어 지시화행의 담화문법 연구: 의미, 형태, 사용에 대한 맥락 분석적 접근을 중심으로」, 연세대학교 대학원 박사학위논문.

김경호(2010), 「疑問文에 있어서의 反復言語化 - 應答發話를 中心으로」, 『동북아 문화연구』 제25권, 동북아시아문화학회, 549-564쪽.

김광해(1983), 「국어의 의문사(疑問詞)에 대한 연구」, 『국어학』 제12권, 국어학회, 101-136쪽.

김광해(1984), 「국어 의문사의 발달에 대한 연구」, 『국어교육』 제49권, 한국국어교육연구회, 249-272쪽.

김명희(2005), 「국어 의문사의 담화표지화」, 『담화와인지』 제12권 2호, 담화인지언어학회, 41-63쪽.

김명희(2006), 「국어 의문사 '무슨'의 담화표지 기능」, 『담화와인지』 제13권 2호, 담화인지언어학회, 21-42쪽.

김미선(2010), 「맥락 중심 문학교육 방법 연구」, 부경대학교 국어국문학 박사학위논문.

김보영(2017), 「중국인 한국어 학습자의 과거시제 습득 양상에 대한 종적 연구 - 인터뷰 자료를 중심으로」, 『언어사실과 관점』 41, 연세대학교 언어정보연구원, 139-165쪽.

김보영(2019), 「중국인 한국어 학습자의 시간성 지시 장치 발달 과정 연구 - 과거

사태를 표현하는 시간성 지시 장치를 중심으로」, 연세대학교 일반대학원 박사학위논문.

김서형(2018), 「한국어의 의문사와 부정사의 긍·부정 극성 표현 – 누구와 아무를 중심으로」, 『국제언어문학』 제39호, 국제언어문학회, 83–103쪽.

김선희(2003), 「특수 의문문에서의 양태 의문사에 관한 연구」, 『한글』 제259권, 한글학회, 115–140쪽.

김수진(2009), 「문학작품을 활용한 한국언어문화교육 연구: 맥락 활성화에 기반한 수업사례를 중심으로」, 『한국어교육』 제20권 3호, 국제한국어교육학회.

김슬옹(2009), 「2007년 개정 국어과 교육과정 '맥락' 범주의 핵심 교육 전략」, 『국어교육학연구』 제36집, 국어교육학회.

김슬옹(2010), 「국어교육 내용으로서의 '맥락' 연구」, 동국대학교 국어교육학 박사학위논문.

김시진(2006), 「상황 맥락을 활용한 어휘력 신장 효과의 연구」, 홍익대학교 국어교육 석사학위논문.

김영란(2000), 「{왜}의 화용 기능」, 『한국어 의미학』 제6권. 한국어 의미학회.

김영란(2001), 「한국어 학습자를 위한 화용 정보: {무엇}」, 『한국어교육』 제12권 1호, 국제한국어교육학회.

김영란(2002), 「한국어 학습자를 위한 어휘 정보: {언제}」. 『한국어교육』 제13권 2호, 국제한국어교육학회.

김영란(2003), 「한국어 교육을 위한 의문사 어휘 정보와 교수 방법 연구」, 상명대학교 박사학위논문.

김영희(1975), 「의문문의 이접적 특성」, 『문법연구』 제2권, 문법연구회.

김영희(2005), 「수사 의문문에서의 되풀이 현상」, 『어문학』 제87권, 한국어문학회, 131–155쪽.

김유미(2005), 「한국어 교육에서 자동 문형 검사기 설계를 위한 문형 추출」, 경희대학교 대학원 박사학위논문.

김유정(2008), 「담화 분석을 통해 본 '–구나' 용법 연구 1: 담화 분석 범주 설정과 담화 맥락 분석 결과를 중심으로」, 『한국어학』 통권 제41호, 한국어학회.

김재봉(1995), 「맥락의 의사소통적 기능 1: 맥락의 선택과 맥락효과」, 『인문과학연구』 16, 조선대학교 인문학연구원.

김재봉(2007), 「2007년 개정 국어과 교육과정과 맥락의 수용 문제」, 『새국어교육』 제77호, 한국국어교육학회.

김재욱(2005), 「한국어 학습자의 시제표현 문법형태의 용법별 중간언어 연구」, 『언어과학연구』 32, 언어과학회, 89-108쪽.

김정선(1996), 「맥락에 따른 의문법의 기능에 관한 연구」, 한양대학교 국어국문학 석사학위논문.

김종덕(2009), 「일본어권 학습자의 한국어 의문문 억양 연구 – 의문사 있는 "네/아니요 의문문"을 중심으로」, 『언어사실과 관점』 제24권, 연세대학교 언어정보연구원, 69-99쪽.

김종현(1999), 「한국어의 메아리 질문: 그 기능과 속성」, 『담화와 인지』 제6권 1호, 담화·인지 언어학회.

김중섭(2009), 『한국어능력시험 초급 어휘 목록 개발 연구』, 한국교육과정평가원.

김중섭(2010), 『한국어능력시험 중급 어휘 목록 개발 연구』, 한국교육과정평가원.

김중섭(2011), 『국제 통용 한국어교육 표준 모형 개발 2단계』, 국립국어원.

김중섭(2016), 『국제 통용 한국어 표준 교육과정 활용 점검 및 보완 연구』, 국립국어원.

김진희(2021), 「한국어 의문사의 사용 양상 연구」, 연세대학교 대학원 박사학위논문.

김충효(1992), 「국어의 의문사와 부정사에 관한 연구」, 한양대학교 대학원 박사학위논문.

김충효(2000), 『국어의 의문사와 부정사 연구』, 박이정.

김태엽(2001), 「기능어의 문법화」, 『우리말 글』 23, 우리말글학회, 1-24쪽.

김태자(1993), 「맥락 분석과 의미 탐색」, 『한글』 219('93.3), 한글학회.

김혜영(2001), 「맥락의 강도와 사전 사용이 영어 초급자의 어휘 학습에 미치는 영향」, 서울대학교 영어교육 석사학위논문.

남기심(1995), 「어휘 의미와 문법」, 『동방학지』 88, 연세대학교 국학연구원, 157-179쪽.

남기심·고영근(1985/2011), 『표준국어문법론』, 탑출판사.

남길임(2017), 「한국어 부정 구문 연구를 위한 말뭉치언어학적 접근」, 『한국어 의미학』 56, 한국어의미학회.

남설영(2021), 「한국어 요청화행의 담화문법 연구: 형태와 의미에 대한 맥락 분석적 접근을 중심으로」, 연세대학교 대학원 석사학위논문.

노미연(2011), 「한국어교육을 위한 연발의 연결 표현 연구 –"-자마자, –는 대로"를 중심으로」, 『한국어 교육』 22(4), 국제한국어교육학회, 63-82쪽.

노지니(2004), 「한국어 교육을 위한 '추측'의 통어적 문법소 연구」, 서울대학교 대학원 박사학위논문.

마경기(2008), 「담화와 맥락을 통한 정관사 지도 방안 연구」, 전남대학교 영어교육 석사학위논문.

미즈시마 히로코(2003), 「한국어 불평 화행의 중간언어적 연구」, 이화여자대학교 석사학위논문.

박기선(2011), 「'어느'와 '어떤'의 사용 의미 연구」, 『한국어의미학』 제36권, 한국어의미학회, 149-180쪽.

박미화(2009), 「상황맥락을 통한 중국어 회화 교수법 연구」, 경희대학교 중국어 교육 석사학위논문.

박석준(2007), 「담화표지화의 정도성에 대한 한 논의: "뭐, 어디, 왜"를 대상으로」, 『한말연구』 제21호, 한말연구학회, 81-101쪽.

박선희(2009), 「중국인 한국어 학습자의 과거시제 습득 연구」, 『한국어교육』 20-3, 국제한국어교육학회, 79-110쪽.

박승빈(1935/1972), 「조선어학강의요지」, 『역대한국어문법대계』 〈1〉 48, 탑출판사.

박영순(1991), 「국어 의문문의 의문성 정도에 대하여」, 갈음 김석득 교수 회갑기념논문, 우리말학회 엮음, 한국문화사, 130-131쪽.

박인진(2005), 「언어의 맥락」, 『외대어문론집』 제20집, 부산외국어대학교어문학연구소.

박종갑(1987), 「국어 의문문의 의미기능 연구」, 영남대학교 대학원 박사학위논문.

박종호(1994), 「사회문화적 맥락에 따른 언어사용의 적절성」, 한양대학교 영어영문학 박사학위논문.

박지순(2014a), 「상대높임법 실현의 영향 요인 연구」, 『새국어교육』 98, 한국국어교육학회, 293-329쪽.

박지순(2014b), 「한국어 교육을 위한 상대높임법 체계의 제 문제」, 『문법 교육』 20, 한국문법교육학회, 87-118쪽.

박지순(2014c), 「상대높임법 교육 관점 비교-국어 교육과 한국어 교육을 중심으로」, 『한민족문화연구』 46, 한민족문화학회, 77-102쪽.

박지순(2015a), 「한국어 교육을 위한 의문 기능 문장 사용 양상 분석 - 준구어 말뭉치 분석을 바탕으로」, 『배달말』 제57권, 배달말학회, 375-399쪽.

박지순(2015b), 「한국어 교육을 위한 하오체, 하게체 교육 내용 연구」, 『이중언어학』 59, 이중언어학회, 54-81쪽.

박지순(2015c), 「현대 한국어 상대높임법의 맥락 분석적 연구」, 연세대학교 박사학위논문.

박지순(2019), 『현대 한국어 상대높임법의 맥락 분석적 연구』, 신구문화사.

박지순(2022), 「한국어 교재의 상대높임법 분석」, 『반교어문연구』 60, 반교어문학회, 231-260쪽.

박진희(2003), 「국어 미정사에 대한 연구: 부정사와 의문사 해석을 중심으로」, 서강대학교 석사학위논문.

박창균(2008), 「듣기·말하기 교육에서 맥락 설정에 관한 연구」, 고려대학교 국어교육 박사학위논문.

방성원(2004), 「한국어 문법화 형태의 교육 방안: '-다고' 관련 형태의 문법 항목 선정과 배열을 중심으로」, 『한국어 교육』 15(1), 국제한국어교육학회, 92-93쪽.

배경아(2009), 「중학교 교과서 분석을 통한 의사소통 맥락에서의 문법 교육에 대한 연구」, 충남대학교 영어교육 석사학위논문.

백봉자(1999), 『외국인을 위한 한국어 문법 사전』, 도서출판 하우.

백봉자(1999), 『외국어로서의 한국어 문법 사전』, 도서출판 하우.

서경희(1998), 「맥락분석의 이론과 실제」, 『언어와 언어학』 제23집, 한국외국어대학교 언어연구소.

서정목(1987), 『국어 의문문의 연구』, 탑출판사.

서정수(1985), 「국어 의문문의 문제점」, 『국어학 논총』, 김형기선생 팔지기념, 창학사.

서정수(2013), 『국어문법』, 집문당.

서희정(2009a), 「한국어교육에서 '무엇'의 기술 방안」, 『새국어교육』 제83권, 한국국어교육학회, 261-283쪽.

서희정(2009b), 「한국어교육을 위한 복합형식 연구」, 경희대학교 박사학위논문.

서희정·홍윤기(2011), 「한국어 교육에서 수사의문문의 교육 내용 – "무슨"–수사의문문을 중심으로」, 『새국어교육』 제88권, 한국국어교육학회.

성미향(2018), 「한국어교육을 위한 표현문형 연구: 보조용언 '보다' 구성을 중심으로」, 연세대학교 교육대학원 석사학위논문.

손병룡(2001), 「정보전달에서 맥락의 역할」, 경상대학교 영어영문학 박사학위논문.

손희연(2001), 「중간언어 대화에 나타나는 '-었-' 사용 실태 연구: 결혼이주여성 관련방송의 대화 자료를 중심으로」, 『담화와인지』 18-1, 담화인지언어학회, 41-62쪽.

송창섭(1984), 「脈絡 과 對話的 含蓄意味」, 『논문집』 14. 한남대학교.

신명선(2013), 「맥락 관련 문법 교육 내용의 인지적 구체화 방향」, 『서울대학교 국어교육연구소』.

안주호(1997), 『한국어 명사의 문법화 현상 연구』, 한국문화사.

양명희(2005), 「국어 부정칭의 의미」, 『우리말 연구: 서른아홉 마당』, 태학사.

엄기명(2005), 「텍스트에서의 지시관계에 대한 연구: 맥락의 관여성을 중심으로」, 고려대학교 독어독문학 박사학위논문.

오현아(2011), 「문법 교육에서 맥락의 수용 문제」, 『한말연구』 29호, 한말연구학회.

유나(2015), 「중국인 학습자를 위한 담화표지 "어디"에 대한 연구 - 한, 중 화용 기능의 대조를 중심으로」, 『새국어교육』 제103권, 한국국어교육학회, 283-309쪽.

유소영(2013a), 「한국어교육을 위한 문법표현 연구-문법표현 선정과 등급화를 중심으로」, 단국대학교 박사학위논문.

유소영(2015b), 「한국어교육에서의 표현문형에 대한 연구: 의존명사 {수} 구성 표현문형을 중심으로」, 연세대학교 대학원 석사학위논문.

유해준(2011), 「한국어 교육 문법적 연어 항목 선정 연구」, 중앙대학교 대학원 박사학위논문.

윤세미(2019), 「한국어 의지 표현 교육 방안 연구: 한국어 의지 표현 사용역을 바탕으로」, 건국대학교 대학원 석사학위논문.

윤영숙(2014), 「중국인학습자들의 한국어 의문사의문문과 부정사의문문에 대한 한국어원어민 화자의 지각양상」, 『말소리와 음성과학』 제6권 4호, 한국음성학회, 37-45쪽.

이규호(2017), 「의문사와 부정사의 의미와 용법」, 『국어학』 제82호, 국어학회, 153-180쪽.

이금희(2013), 「국어 부정칭(不定稱) 표현 '아무' 계의 통사적 제약과 의미 변화」, 『한민족어문학』 제65호, 한민족어문학회, 57-87쪽.

이동혁(2020), 「청자를 고려한 맥락 구성의 문법 교육적 탐색」, 『한국초등국어교육』 69호, 한국초등국어교육학회.

이미혜(2005), 「한국어 문법 교육 연구: 추측 표현을 중심으로」, 이화여자대학교 박사학위논문.

이민아(2011), 「일본인 한국어 학습자의 동작류에 따른 과거시제 습득 연구」, 이화여자대학교 국제대학원 석사학위논문.

이병규(2015), 「담화 기능과 그 체계」, 『泮橋語文硏究』 제41호, 반교어문학회, 239-261쪽.

이선웅(2000), 「'의문사+(이)-+-ㄴ가' 구성의 부정(不定) 표현에 대하여」, 『국어학』 제36호, 국어학회, 191-219쪽.

이성하(2013), 『영어와 한국어의 담화전략적 의사의문구문(擬似疑問構文)으로부터 화용표지로의 문법화』, 한국연구재단.

이소현·이정연(2013), 「학문 목적 유학생의 시험 답안 작성을 위한표현문형 연구-인문계열의 설명형 시험 답안 작성을 중심으로」, 『언어와 문화』 9(1), 한국언어문화교육학회, 171-201쪽.

이숙(2013), 「중국어권 한국어학습자의 "-었-" 사용 오류의 특성」, 『외국어로서의 한국어교육』 39, 연세대학교 언어연구교육원, 137-163쪽.

이신영(2003), 「고등학교 영어교과서에 나타난 발화맥락 연구: 전제와 함축을 중심으로」, 충남대학교 영어교육 석사학위논문.

이영진·정해권(2012), 「중국인 학습자의 언어간 영향과 교수방안-타언어권과 대비되는 형용사 과거시제를 중심으로」, 『한국어교육』 23-2, 국제한국어교육학회, 281-300쪽.

이은경(1993), 「疑問文의 活用論的 分析: 상황 맥락 및 청자역할 중심으로」, 경북대학교 석사학위논문.

이은섭(2003), 「현대 국어 의문사 연구」, 서울대학교 박사학위논문

이은섭(2005), 『현대 국어 의문사의 문법과 의미』, 태학사.

이재기(2006), 「맥락 중심 문식성 교육 방법론 고찰」, 『청람어문교육』 제34집, 청람어문교육학회.

이재희·유범·양은미·한혜령·백경숙(2011), 『영어교육을 위한 화용론』, 한국문화사.

이종은(2005), 「어휘적 접근법을 통한 한국어 의존용언 교육 연구」, 상명대학교 대학원 박사학위논문.

이준호(2008), 「화용론적 관점에서 본 의문문 교육 연구 - 한국어 교재에 나타난 의문문을 중심으로」, 『한국어교육』 제18권 2호, 국제한국어교육학회, 281-

306쪽.

이창덕(1992a), 「의문의 본질과 의문문의 사용 기능」, 『연세어문학』 제24집, 연세대학교 국어국문학과, 95-134쪽.

이창덕(1992b), 「질문행위의 언어적 실현에 관한 연구」, 연세대학교 대학원 박사학위논문.

이채연(2008), 「동작류에 따른 한국어 시제와 동작상 습득 양상」, 이화여자대학교대학원 석사학위논문.

이한규(1997), 「한국어 담화 표지어 '왜'」, 『담화와 인지』 제4권 1호, 담화인지언어학회, 1-20쪽.

이한규(1999), 「한국어 담화 표지어 '뭐'의 의미」, 『담화와 인지』 제6권 1호, 담화인지언어학회.

이한규(2008), 「한국어 담화표지어 '어디'의 화용분석」, 『우리말글』 제44권, 우리말글학회, 83-111쪽.

이해영(2003), 「한국어 학습자의 시제표현 문법항목 발달양상 연구-구어 발화자료 분석을 토대로」, 『이중언어학』 22, 이중언어학회, 269-298쪽.

이효진(2005), 「'뭐'의 담화상 의미기능 연구」, 『어문논총』 제16권, 전남대학교 한국어문학연구소, 65-81쪽.

이희자·이종희(2001), 『한국어 학습자용 어미·조사 사전』, 한국문화사.

임성우(2005), 「맥락과 주변장의 관련성에 관한 고찰」, 『독일어문학』 제13권 제4호 통권 31집, 한국독일어문학회.

임은영(2017), 「한국어와 영어의 의문사 대조연구」, 『한국어교육』 제6호, 국제한국어교육학회, 281-306쪽.

임홍빈(1988), 「'무슨'과 '어떤' - 의문에 대하여: 의문의 통사론과 의미론을 중심으로」, 『외국어로서의 한국어교육』 제13권 1호, 연세대학교 한국어학당, 79-194쪽.

임홍빈·장소원(1995), 『국어문법론 I』, 한국방송통신대 출판부.

장미라(2018), 「한국어 의문·부정 관형사의 사용 양상과 교육 내용 선정에 관한 연구 - '어느', '어떤', '무슨'을 중심으로」, 『語文學』 제142권, 한국어문학회, 473-504쪽.

장석진(1975), 「문답의 화용상」, 『어학연구』 제11권 제2호, 서울대학교 어학연구소.

장소원(1998), 「국어 의문사 어휘의 실제적 용법 연구」, 『언어』 제23권 4호, 한국

언어학회, 691-708쪽.

장영준(2000), 「한국어의 두 가지 의문문과 존재양화 해석」, 『한국어학』 제11권, 한국어학회, 293-324쪽.

전나영(1999), 「{- 나 보다 / - ㄹ모양이다 / - ㄹ것 같다 / - ㄹ것이다 / - 겠다} 의 의미기능」, 『외국어로서의 한국어교육』 23(1), 연세대학교 언어교육원, 169-198쪽.

정윤희(2000), 「"왜"의 함축 의미 연구」, 『새얼語文論集』 제13권, 동의대학교 국어국문학과 새얼어문학회, 139-166쪽.

정윤희(2005), 「국어 의문사 "뭐"의 의미 분석」, 『겨레어문학』 제35권, 겨레어문학회, 109-131쪽.

조남호(2002), 『현대 국어 사용 빈도 조사』, 국립국어원.

조남호(2003), 『한국어 학습용 어휘 선정 결과 보고서』, 국립국어원.

조성희(2019), 「한국어 학습자를 위한 의문 관형사 '무슨', '어느', '어떤'의 교육 방안 연구: 모어 화자와 한국어 학습자의 말뭉치 분석 및 오류 분석을 중심으로」, 경인교육대학교 교육전문대학원 석사학위논문.

조윤행(2021), 「한국어 표현문형 '-은/는 것이다' 담화기능 연구 - 사적 대화를 중심으로」, 『언어사실과 관점』 54, 연세대학교 언어정보연구원, 281-309쪽.

조정민(2004), 「한국어 불평화행 연구」, 이화여자대학교 석사학위논문.

종장지(2015), 「한국어 문법교육을 위한 표현문형 연구」, 서울대학교 대학원 박사학위논문.

지현진(2021), 「요청의 의미를 나타내는 한국어 문형의 상황 맥락 정보 분석」, 『어문론총』 89호, 한국문학언어학회.

지현숙·오승영(2018), 「한국어교육에서 '맥락' 논의에 대한 일고찰」, 『새국어교육』 115호, 한국국어교육학회.

진선희(2009), 「국어과 교육 내용 '맥락'의 구현 방향」, 『서울대학교 국어교육 연구』 제45집, 국어교육학회.

진설매(2014), 「한국어 "어디"와 중국어 "那兒/那裡"의 대조 연구」, 『한국어 교육』 제25권 2호, 국제한국어교육학회, 187-220쪽.

진정란(2005), 「한국어 이유 표현의 담화 문법 연구」, 한국외국어대학교 대학원 박사학위논문.

최기영(2012), 「의문사와 부정사(不定詞)에 관한 한국어 교육학적 연구」, 한국외국어대학교 교육대학원 석사학위논문.

최명선(2007), 「한국어 불평·응답 화행의 양상과 교육방안 연구 – 한국인 모어 화자와 일본인, 중국인 학습자의 담화 분석을 중심으로」, 고려대학교 석사 학위논문.

최선옥(1999), 「상황맥락과 발화해석에 관한 연구」, 성신여자대학교 영어교육 석사학위논문.

최영은(2009), 「맥락 단서를 활용한 어휘력 신장 방안」, 『초등국어과교육』 제21 집, 광주교육대학교.

최윤곤(2004), 「한국어교육을 위한 구문표현 연구」, 동국대학교 박사학위논문.

최현배(1937/1977/1999), 『우리말본』, 정음사.

한송화(2017), 「구어 담화에서 보조사 '은/는'의 의미와 담화 기능 – 한국어교육 문법을 위하여」, 『한국어 의미학』 제55권, 한국어의미학회, 81–111쪽.

한송화·강현화(2004), 「연어를 이용한 어휘 교육 방안 연구」, 『한국어교육』 제15 권 제3호, 국제한국어교육학회.

한송화 외(2021), 「한국어 학습자 말뭉치 연구 및 구축 결과 보고서」, 국립국어원 연구보고서.

한하림(2021), 「맥락 중심의 한국어 문법 범주 개발을 위한 시론」, 『Journal of Korean Culture』 52권, 한국어문학국제학술포럼.

홍민경·홍종선(2019), 「구어 담화표지로 쓰이는 '어디'의 기능」, 『학습자중심교 과교육연구』, 제19권 5호, 학습자중심교과교육학회.

홍순희(2009), 「다문화사회의 언어사용과 맥락으로서의 문화(모형)」, 『언어와 문화』 제5권 제2호, 한국언어문화교육학회.

홍혜란(2007), 「고급 한국어 학습자의 문법적 연어 오류 유형 연구」, 경희대학교 교육대학원 석사학위논문.

홍혜란(2016), 「한국어 교육을 위한 복합 연결 구성 연구–사용역에 따른 분포 양상과 의미 기능을 중심으로」, 연세대학교 대학원 박사학위논문.

홍혜란(2018), 「사용역에 따른 가능 표현의 사용 양상 연구 – '–(으)ㄹ 수 있다/없 다'를 중심으로」, 『언어와 문화』 14(4), 한국언어문화교육학회.

홍혜란(2021a), 「보조용언 '보다' 구성의 사용 양상 연구 – 언어 사용역에 따른 형태, 의미, 담화 기능을 중심으로」, 『문법교육』 42, 한국문법교육학회.

홍혜란(2021b), 「사용역에 따른 보조용언의 사용 양상 연구」, 『언어과학』 28(3), 한국언어과학회.

홍혜란·강현화(2013), 「'–(으)ㄹ래(요)'의 의사소통 기능과 그 확장 유형 연구」,

『외국어교육』20(1), 한국외국어교육학회, 295-318쪽.

Andersen, R. W.(1991), Developmental Sequences: The Emergence of Aspect Marking in Second Language Acquisition. In T. Huebner & C. A. Ferguson (Eds.), *Cross Currents in Second Language Acquisition and Linguistic Theory*(pp.305-324). Amsterdam/Philadelphia: John Benjamins Publishing Company.

Bardovi-Harlig, K.(1992), The Use of Adverbials and Natural Order in the Development of Temporal Expression. *IRAL-International Review of Applied Linguistics in Language Teaching*, 30(4), pp.299-320.

Bardovi-Harlig, K.(2000), *Tense and Aspect in Second Language Acquisition: Form, Meaning, and Use.* Oxford: Blackwell.

Batstone, Rob.(1994), Grammar, Oxford University Press, 김지홍 역(2003), 『문법』, 범문사.

Biber, D. & Susan. C.(2009), Register, Genre, and Style. Cambridge.

Biber, D.(1994), An Anlaytical Framework for Register Studies. In Biber, D & E. Finegan.(Eds.). *Sociolinguistic Perspectives on Register.* Oxford UniversityPress.

Biber, D., Conrad, S., and Leech, G.(2002), *Student Grammar of Spoken and Written English*, Longman.

Brown & Levinson(1987), *Politeness: Some Universals in Language Usage.* Cambridge University Press.

Carmen Péerez-Llantada(2009), Textual, genre and social features of spoken grammar: a corpus-based apprach. Language Learning & Technology.

Carter, R., Hughes, R and McCarthy, M.(2000), Exploring Grammar in Context. Cambridge: Cambridge.

Celce-murcia, M(1991), Discourse analysis and grammar instruction. Annual Review of Appplied linguistics, 11, pp.135-151.

Celce-Murcia, M.(2006), "Foley, J. A. (Ed.).(2004), Language, education, and discourse", Studies in second language acquisition, Vol.28 No.1.

Celce-Murcia, M(2007), Towards more context and discourse in grammar Instruction. TESL-EJ, 11, pp.1-6.

Celce-Murica, M. & Olshtai, E.(2000), Discourse and context in langauge teaching: A guide for language teacher. Cambridge: Cambridge University Press.

Chen, J., & Shirai, Y.(2009), The Development of Aspectual Marking in Child Mandarin Chinese. Applied Psycholinguistics, 31(1), pp.1-28.

Chomsky, N.(1965), Aspects of the Theory of Syntax. MIT Press.

Cullen, R. & Kuo. I. C.(2007), Spoken grammar and ELT course materials: A missing link?. TESOL Quarterly, 41, pp.361-386.

David Nunan(1998), Teaching grammar in context, ELELT J 52(2): pp.101-109.

David YW Lee.(2001), Genres, Registers, Text types, Domains, and Styles: Clarifying the concepts and navigating a path through the BNC Jungle. Lancaster University. UK.

Diane Larsen-Freeman(2002), The Grammar of Choice, Eli Hinkel & Sansdra Fotos(Eds.) Perspectives on Grammar Teaching in Second Language Classrooms, Lawrence Erlbaum Associates, pp.103-118.

Diane Larsen-Freeman(2003), Teaching language: from grammar to grammaring, Boston: Thomson/Heinle.

Douglas Biber and Susan Conrad(2010), Register, genre, and style. Cambridge University Press.

Gisle Andersen and Thorstein Fretheim(eds.)(2000), Pragmatic Markers and Propositional Attitude, John Benjamins Publishing Company.

Granger, S., Gilquin, G., & Meunier, F. (Eds.).(2015), *The Cambridge handbook of learner corpus research*. Cambridge University Press.

Halliday, M. A. K., McIntosh. A. & Strevens, P.(1964), *The Linguistic Sciences and Language Teaching*. The English Language Book Society and Longman Group LTD. 이충우·주경희 공역(1993), 『언어 과학과 언어 교수』, 국학자료원.

Helen Leckie-Tarry(1995), Language and context: a functional linguistic theory of register. Martin's Press.

Hewings, A. and Hewings, M.(2004), Grammar and Context, London, Routledge.

Hughes, R., & McCarthy, M.(1998), From sentence to discourse: Discourse grammar and English language teaching. TESOL Quarterly, 32, pp.263–287.

Hymes, D.(1974), Foundations in sociolinguistics—An ethnographic approach, Philadelphia: University of Pennsylvania Press.

Johns, A.M.(1997), Text, role and context: Developing academic literacies. Cambridge: Cambridge University Press.

Johnes, T.(1994), From printout to handout: Grammar and vocabulry teaching in the context of data-driven learning. In T. Odlin(Ed.), Perspectives on pedagogical grammar(pp.293–313). Cambridge: Cambridge University Press.

Johns, T.(1994), From printout to handout: Grammar and vocabulary teaching in the context of data driven learning. In T. Odlin (Ed.), Perspectives on pedagogical grammar (pp.293–313). Cambridge: Cambridge University Press.

K Namba, Language Choice in a Changing Environment.

Larsen-Freeman. D.(2002), The Grammar of Choice(선택의 문법), Eli Hinkel & Sandra Fotos(ed.), New Perspectives on Grammar Teaching in Second Language Classrooms, 김서형·이혜숙·이지영·손다정 옮김(2010), 『새로운 시각으로 논의하는 제2언어 교실에서의 문법 교육』, pp.163-191.

Larsen-Freeman, Diane; Freeman, Donald(2008), "Language Moves: The Place of 'Foreign' Languages in Classroom Teaching and Learning. Review of research in education", Vol 32, Issue 1. pp.147–186. American Educational Research Association and Sage Publications.

Lee, E.-J.(2001), Interlanguage Development by Two Korean Spearkers of English With a Focus on Temporality, *Language Learning*, 51(4), pp.591–633.

Leech, Geoffrey(1983), Principles of Pragmatics. New York: Longman Singapore Publishing.

Leech, Geoffrey(2000), Student's Grammar·Teacher's Grammar·Learner's Grammar. M. Bygate, A. Tonkyn and E. Williams ed.. Grammar and the Language Teacher. 3rd ed. Pearson Education.

Marianne Celce-Murcia(2002), Why It Makes to Teach Grammar in Context and Through Discourse. Eli Hinkel & Sansdra Fotos(Eds.), Perspectives on Grammar Teaching in Second Language Classrooms, Lawrence Erlbaum Associates, 119–134

Martin, J. R.(1997), Analysing Genre: Functional Parameters. In Frances Christie and J.R. Martin(Eds.). *Genre and Linguistics: Social Processes in the Workplace and School.* London: Cassell.

Meisel J. M. (1987), Reference to Past Events and Actions in the Development of Natural Second Language Acquisition. In Pfaff C. W. (Ed.), *First and Second Language Acquisition*(pp.206–224). New York: Newbury House.

Nessa Wolfson(1996), Rules of speaking, Jack C. Richards and Richard W Schmitdt(E)(1996), Language and communication, New York: Lomgman pp.61–87.

Nick C. Ellis, Diane Larsen–Freeman(2006), "Language Emergence: Implications for Applied Linguistics—Introduction to the Special Issue", Applied Linguistics, Vol.27 No.4, Oxford University Press, pp.558–589.

Peterson, S.(1998), Teaching writing and grammar in context. In C. Weaver (Ed.), Lessons to share on teaching grammar in context(pp.67–94). Portsmouth, NH: Boynton/Cook Publishers, Inc.

Salaberry, R.(1999), The Development of Past Tense Verbal Morphology in Classroom L2 Spanish. *Applied Linguistics*, 20 (2): pp.151–178.

Shirai, Y., & Andersen, R. W.(1995), The Acquisition of Tense–Aspect Morphology: A Prototype Account. Language, 71(4), pp.743–762.

Shirai, Y., & Kurono, A.(1998), The Acquisition of Tense–Aspect Marking in Japanese as a Second Language. *Language Learning*, 48(2), pp.245–279.

Shumann, J. H.(1987). The Expression of Temporality in Basilang Speech. *Studies in Second Language Acquisition*, 9, pp.21–42.

Svenja Adolphs(2008), Corpus and context: investigating pragmatic functions in spoken discourse. John Benjamins Pub Co. University Press.

Vendler, Z. (1967). *Linguistics in Philosophy.* Ithaca NY: Cornell University Press.

Weaver, C.(1996), Lessons to share on teaching grammar in context. Portsmouth, NH: Heinemann.
Winkler, Laura(2009), Teaching Grammar in Context: Stepping away from Grammar in Isolation. Peabody College.

〈한국어 교재〉

서강대학교 한국어교육원(2008a), 『서강한국어 1A』, 도서출판 하우.
서강대학교 한국어교육원(2008b), 『서강한국어 1B』, 도서출판 하우.
서강대학교 한국어교육원(2008c), 『서강한국어 2A』, 도서출판 하우.
서강대학교 한국어교육원(2008d), 『서강한국어 2B』, 도서출판 하우.
서강대학교 한국어교육원(2008e), 『서강한국어 3A』, 도서출판 하우.
서강대학교 한국어교육원(2008f), 『서강한국어 6A』, 도서출판 하우.
서강대학교 한국어교육원(2008g), 『서강한국어 6B』, 도서출판 하우.
서강대학교 한국어교육원(2011a), 『서강한국어 3B』, 도서출판 하우.
서강대학교 한국어교육원(2011b), 『서강한국어 4A』, 도서출판 하우.
서강대학교 한국어교육원(2011v), 『서강한국어 4B』, 도서출판 하우.
서강대학교 한국어교육원(2011d), 『서강한국어 5A』, 도서출판 하우.
서강대학교 한국어교육원(2011e), 『서강한국어 5B』, 도서출판 하우.
서울대학교 언어교육원(2012a), 『서울대 한국어 5A』, 투판즈.
서울대학교 언어교육원(2012b), 『서울대 한국어 5B』, 투판즈.
서울대학교 언어교육원(2013a), 『서울대 한국어 1A』, 투판즈.
서울대학교 언어교육원(2013b), 『서울대 한국어 1B』, 투판즈.
서울대학교 언어교육원(2013c), 『서울대 한국어 2A』, 투판즈.
서울대학교 언어교육원(2013d), 『서울대 한국어 2B』, 투판즈.
서울대학교 언어교육원(2015a), 『서울대 한국어 3A』, 투판즈.
서울대학교 언어교육원(2015b), 『서울대 한국어 3B』, 투판즈.
서울대학교 언어교육원(2015c), 『서울대 한국어 4A』, 투판즈.
서울대학교 언어교육원(2015d), 『서울대 한국어 4B』, 투판즈.
서울대학교 언어교육원(2015e), 『서울대 한국어 6A』, 투판즈.
서울대학교 언어교육원(2015f), 『서울대 한국어 6B』, 투판즈.
연세대학교(2013a), 『연세한국어 1-1』, 연세대학교 대학출판문화원.

연세대학교(2013b), 『연세한국어 1-2』, 연세대학교 대학출판문화원.

연세대학교(2013c), 『연세한국어 2-1』, 연세대학교 대학출판문화원.

연세대학교(2013d), 『연세한국어 2-2』, 연세대학교 대학출판문화원.

연세대학교(2013e), 『연세한국어 3-1』, 연세대학교 대학출판문화원.

연세대학교(2013f), 『연세한국어 3-2』, 연세대학교 대학출판문화원.

연세대학교(2013g), 『연세한국어 4-1』, 연세대학교 대학출판문화원.

연세대학교(2013h), 『연세한국어 4-2』, 연세대학교 대학출판문화원.

연세대학교(2013i), 『연세한국어 5-1』, 연세대학교 대학출판문화원.

연세대학교(2013j), 『연세한국어 5-2』, 연세대학교 대학출판문화원.

연세대학교(2013k), 『연세한국어 6-1』, 연세대학교 대학출판문화원.

연세대학교(2013l), 『연세한국어 6-2』, 연세대학교 대학출판문화원.

이화여자대학교 언어교육원(2010a), 『이화 한국어』 1-1, Express.

이화여자대학교 언어교육원(2010b), 『이화 한국어』 1-2, Express.

이화여자대학교 언어교육원(2010c), 『이화 한국어』 2-2, Express.

이화여자대학교 언어교육원(2011a), 『이화 한국어』 2-1, Express.

이화여자대학교 언어교육원(2011b), 『이화 한국어』 3-2, Express.

이화여자대학교 언어교육원(2011c), 『이화 한국어』 3-2, Express.

이화여자대학교 언어교육원(2011d), 『이화 한국어』 4, Express.

이화여자대학교 언어교육원(2012a), 『이화 한국어』 5, Express.

이화여자대학교 언어교육원(2012b), 『이화 한국어』 6, Express.

〈누리집〉

국립국어원 한국어 교수학습샘터 https://kcenter.korean.go.kr/kcenter/index. do (검색일: 2022년 9월 12일)

국립국어원 한국어 학습자 말뭉치 나눔터 https://kcorpus.korean.go.kr/index/ goMain.do (검색일: 2022년 8월 1일)

찾아보기

저자소개

강현화

연세대학교 국어국문학과

khang@yonsei.ac.kr

홍혜란

연세대학교 국어국문학과 BK21Four 교육연구단

anna98kr@yonsei.ac.kr

박지순

연세대학교 글로벌인재대학

slovabog@yonsei.ac.kr

김진희

연세대학교 언어연구교육원

kimjinhee@yonsei.ac.kr

김보영

명지대학교 국어국문학과

larche7@yonsei.ac.kr

한국 언어·문학·문화 총서 **14**

맥락과 한국어교육

2022년 10월 31일 초판 1쇄 펴냄

저 자 강현화·홍혜란·박지순·김진희·김보영
펴낸이 김흥국
펴낸곳 보고사

등록 1990년 12월 13일 제6-0429호
주소 경기도 파주시 회동길 337-15 보고사
전화 031-955-9797(대표), 02-922-5120~1(편집), 02-922-2246(영업)
팩스 02-922-6990
메일 kanapub3@naver.com / bogosabooks@naver.com
http://www.bogosabooks.co.kr

ISBN 979-11-6587-367-7 94700
       979-11-5516-424-2 94080(세트)